금융기관경영

-자산/부채 이론과 쟁점-

조 갑 제

도서출판 두남

※ 본 연구는 2019년도 계명대학교 비사(일반)연구기금으로 이루어졌음(20190375)

들어가며

금융기관 경영환경과 금융시장은 빠르게 변화·발전하고 있다. 특히 글로벌 금융위기 이후 금융시스템의 취약점을 보완하기 위해「바젤 Ⅲ 규제개혁안」이 2010년 마련되고, 2013년부터 시행된 이후 각국에서 제기된 문제점 지적에 따라 다시 광범위한 개편 작업을 거쳐「바젤 Ⅲ 개혁 최종안」이 2017년 말 마무리되어 2022년부터 시행되고 있다. 아울러 금융과 IT기술이 융합된 핀테크 혁신은 새로운 금융서비스를 편리하고 효율적으로 제공하고 있다. 핀테크 혁신과 맞물려 IT 및 통신기업의 인터넷 전문은행업 진출 움직임은 금융산업 구조 및 금융회사의 소유구조에 대한 논쟁을 증대시키고 있다. 그리고 코로나 팬데믹 이후 초저금리 시기를 거쳐 인플레이션에 대응한 급격한 금리상승 움직임 등의 금융시장환경은 새로운 형태의 이자율변동 위험을 증대시키고 있다. 이러한 규제와 환경변화에 대응하여 은행들은 자산/부채관리 및 여러 부문에서의 경영전략을 재점검하고 역량을 강화해야 하는 과제를 안고 있다. 이 책의 집필은 이상의 다양한 도전적 환경변화와 쟁점에 기인한다.

이 책에서는 금융기관경영에서 다루어야 할 주제들을 대부분 포함하면서도 이자율위험에 대응한 자산/부채 종합관리, 바젤 Ⅲ 협약, 금융회사 소유구조 및 금융구조의 변화 등과 관련된 이론과 쟁점을 비중 있게 다루었다. 관련된 이론과 원리를 간결하게 기술하기 위해 노력하였으며, 집필취지에 따라 중요성이 떨어지는 부분은 가급적 생략하여 적당한 분량으로 구성하였다. 이 책이 금융기관에 관심 있는 학생들이나 일반인들에게 도움이 되기를 기대한다.

이 책을 출간하는 데 도움을 주신 도서출판 두남의 전두표 사장님 및 이승구 상무님, 그리고 편집을 위해 수고해 준 직원들에게 감사드린다. 끝으로, 배려와 격려를 해준 아내에게 감사의 마음을 전한다.

2023년 4월
조 갑 제

차 례

Part I 금융기관경영의 기초

Part I

금융기관경영의 기초

Chapter 01

금융기관의 역할과 특성

1. 한국의 금융기관 종류

금융기관 경영이론과 쟁점에 관한 구체적 설명을 진행하기에 앞서 우리나라 금융기관의 종류와 업무를 대략적으로 훑어보고자 한다. 금융기관의 분류 방법은 국가별로 차이가 있으며 우리나라는 각 금융기관의 근거법률을 중심으로 주된 업무의 성격이 유사한 금융기관을 그룹별로 구분하는 방식을 택하고 있다. 우리나라의 금융기관은 은행, 비은행예금취급기관, 금융투자업자, 보험회사, 기타 금융기관, 그리고 공적금융기관 등 6개 그룹으로 구분한다.(한국은행, 2018)

표 1-1 한국의 금융기관 현황

구 분			기관 수
은행	일반은행	시중은행	9
		지방은행	6
		외은지점	35
	특수은행	한국산업은행	1

구 분			기관 수
		한국수출입은행	1
		중소기업은행	1
		농협은행	1
		수협은행	1
비은행 예금취급 기관	상호저축은행		79
	신용협동기구	신용협동조합	873
		새마을금고	1297
		농협·수협·산림조합의 상호금융(신용사업부문)	1350
	우체국예금		1
	종합금융회사		1
금융투자 회사	투자매매중개업자	증권회사	58
		선물회사	4
	집합투자업자		350
	투자일임자문사		294
	신탁업자	은행/증권/보험/부동산신탁	59
보험회사	생명보험회사		23
	손해보험회사	손해보험회사/재보험회사/보증보험회사	30
	우체국보험		1
	공제기관		3
기타 금융기관	금융지주회사	은행지주/비은행지주	10
	여신전문금융회사	리스회사/카드회사/할부금융회사/ 신기술금융회사	131
	벤처캐피탈회사	중소기업창업투자회사	120
	대부업자		8084
	증권금융회사		1
공적 금융기관	한국무역보험공사		1
	한국주택금융공사		1
	한국자산관리공사		1
	한국투자공사		1
	서민금융진흥원		1

자료 : 금융감독원, 「금융통계정보시스템」(2021년 12월).
새마을금고중앙회, 『새마을금고통계』(2021년 12월).

표 1-2 한국의 금융기관별 자산 현황

(단위 : 10억 원, %)

구 분	1995		2010		2021	
	금액	구성비	금액	구성비	금액	구성비
은행	595,826	62.9	1,884,114	54.3	3,731,425	49.9
은행계정	450,061	47.5	1,716,889	49.5	3,274,741	43.8
신탁계정	145,765	15.4	167,225	4.8	456,683	6.1
종합금융회사	45,912	4.8	24,242	1.7	4,767	0.1
상호저축은행	32,612	3.4	91,271	2.6	118,219	1.6
신용협동기구	75,910	8.0	360,863	10.4	855,798	11.4
신용협동조합	13,217	1.4	48,763	1.4	124,408	1.7
새마을금고	20,729	2.2	92,101	2.7	242,057	3.2
상호금융	41,964	4.4	219,999	6.3	489,332	6.5
우체국예금	6,986	0.7	55,392	1.6	92,217	1.2
보험회사	86,584	9.1	539,292	15.5	1,283,835	17.2
생명보험회사	69,677	7.4	408,495	11.8	860,736	11.5
손해보험회사	12,711	1.3	98,987	2.9	359,394	4.8
우체국보험	4,196	0.4	31,809	0.9	63,704	0.9
투자매매중개업자	27,801	2.9	189,384	5.5	610,698	8.2
집합투자업자	75,972	8.0	325,279	9.4	785,687	10.5
합 계	947,603	100.0	3,469,836	100.0	7,482,645	100.0

주 : 집합투자업자는 집합투자기구 설정잔액 기준.

자료 : 한국은행, 『한국의 금융제도』(2018). 금융감독원, 「금융통계정보시스템」(2021). 보험개발원, 『보험통계연감』(2021). 금융투자협회, 「종합통계서비스」(2022). 우정사업본부, 『우체국예금 현황』(2021).

2021년 말 현재 주요 금융기관 총자산에서 개별 금융업이 차지하는 비중을 보면 은행(신탁계정 포함)이 49.9%로 가장 높고 다음으로 보험회사가 17.2%, 신용협동기구가 11.4%의 비중을 차지하고 있다. 이어 집합투자업자 10.5%,

투자매매중개업자 8.2%, 저축은행 1.6%의 순서로 나타나고 있다.

은행(은행계정)의 총자산 비중은 1997년 외환위기 이후 건전성 회복, 경제주체들의 안전자산 선호경향 등으로 잠시 증가하기도 하였으나 장기적으로는 낮은 수익률 등의 영향으로 감소세를 보이고 있다. 비은행예금취급기관 중에서는 신용협동기구의 비중이 주춤하고 상호저축은행의 비중은 저축은행 부실사태 등으로 감소하였다. 한편 보험회사의 비중이 불확실한 미래 및 노후 대비에 대한 관심 증대로 상승세가 꾸준히 확대되고 있으며 금융위기 이후 자본시장이 회복되면서 투자매매중개업의 비중도 상승하였다.

1.1. 은행

은행은 크게 일반은행과 특수은행으로 구분된다. 은행은 고유업무 이외에 이와 분리된 별도의 계정(은행신탁계정)으로 자본시장법에 의한 신탁업을 겸영하고 있다. 일반은행은 은행법에 근거하여 설립되어 영업하며 시중은행, 지방은행 그리고 외국은행 국내지점으로 구성된다. 일반은행은 예금·대출 및 지급결제 업무를 고유업무로 영업하고 있으며 미국의 상업은행(commercial bank)에 해당된다. 시중은행은 전국적인 영업망을 갖추어 영업하고 있으며 2021년 말 현재 우리은행, 국민은행, 신한은행 등 9개(인터넷전문은행 3개 포함)이며 지방은행은 부산, 대구, 경남, 광주, 전북, 제주은행 등 6개이다. 특수은행은 은행법이 아닌 개별적인 특별법에 의해 설립되어 그 설립목적에 부합하는 은행 업무를 핵심 업무로 취급하고 있는 금융기관이다. 특수은행에는 한국산업은행, 한국수출입은행, 중소기업은행, 농협은행 및 수협은행 등이 포함된다.

1.2. 비은행예금취급기관

비은행예금취급기관은 은행과 유사한 여수신업무를 주요 업무로 취급하고 있지만 보다 제한적인 목적으로 설립되어 자금조달 및 운용 등에서 은행과는 상이한 규제를 받는 금융기관이다. 즉 지급결제기능을 전혀 제공하지 못하거나 제한적으로만 제공할 수 있는 등 취급업무의 범위가 은행에 비해 좁으며 영업대상이 개별 금융기관의 특성에 맞추어 사전적으로 제한되기도 한다. 비은행예금취급기관에는 상호저축은행, 신용협동기구, 우체국예금 그리고 종합금융회사가 있다. 설립형태를 보면 상호저축은행과 종합금융회사는 주식회사, 신용협동기구는 비영리 협동조합, 우체국예금은 국영금융 등으로 다양하다. 비은행예금취급기관중 상호저축은행과 신용협동기구는 자금의 대부분을 특정지역의 서민이나 영세상공인으로부터 저축성예금 형태로 조달해 이들에 대한 대출로 운영함에 따라 서민전문금융기관으로 분류되기도 한다. 한편 우체국예금은 농어촌 및 도시 지역 가계에 소액 가계저축수단을 제공하는 등 서민금융 역할을 수행하고 있으나 서민전문금융기관으로 분류하지는 않는다.

1.3. 금융투자업자

금융투자업자는 직접금융시장에서 금융투자상품의 거래와 관련된 업무를 주된 업무로 하는 금융기관을 모두 포괄한다. 금융투자상품이란 이익추구나 손실회피를 목적으로 특정 시점에 금전 등을 지급 또는 지급하기로 약정함으로써 취득하는 투자성 있는 권리를 말하며, 증권과 장내·장외파생상품으로 분류된다. 금융투자상품의 투자성 있는 권리란 투자자 입장에서 투자하는 금액보다 회수하는 금액이 더 적을 수 있는 위험이 있음을 의미한다. 금융투자업자에는 투자매매중개업자(증권회사 및 선물회사), 집합투자업자, 투자일임자문업자, 그리고 신탁업자가 있다. 즉, 금융투자업자는 금융위원회의 인가를 받거나 금융위원회에 등록을 하여 투자매매업, 투자중개업, 집합투자업, 투자자문업, 투자일임업 및 신탁업의 전부 또는 일부를 영위하는 금융기관이다.

1.4. 보험회사

보험회사는 사망·질병·노후 또는 화재나 각종 사고를 대비하는 보험을 인

수·운영하는 기관이다. 보험업은 보장해주는 위험의 종류에 따라 생명보험업, 손해보험업, 제3보험업으로 구분된다. 생명보험업은 사람의 생존 또는 사망과 관련된 보험금을, 손해보험업은 우연한 사건으로 발생하는 손해에 관한 보험금을, 제3보험업은 질병, 상해 및 간병에 관한 보험금을 지급한다. 또한 생명보험은 미리 약정한 금액을 보험금으로 지급하는 정액보상인 반면 손해보험은 피보험자가 사고로 입은 손해를 보험금으로 지급하는 실손보상이라는 데에 차이가 있다. 우리나라의 경우 생명보험업과 손해보험업의 상호 겸영을 원칙적으로 금지하고 있으나 제3보험업은 겸영이 가능하다. 보험회사는 업무특성과 기관 특성을 함께 고려하여 생명보험회사, 손해보험회사, 우체국보험, 공제기관 등으로 구분된다. 손해보험회사에는 일반적인 손해보험회사 이외에 재보험회사와 보증보험회사가 있다.

1.5. 기타 금융기관 및 공적금융기관

기타 금융기관은 앞에서 열거한 그룹에 속하는 금융기관의 업무로 분류하기 어려운 금융 업무들을 주된 업무로 취급하는 기관을 말한다. 여기에는 금융지주회사, 여신전문금융회사(리스회사, 신용카드회사, 할부금융회사, 신기술사업금융회사), 벤처캐피탈회사(중소기업창업투자회사), 대부업자 및 증권금융회사 등이 있다.

공적금융기관은 금융거래에 직접 참여하기보다 정책적 목적으로 각각의 기능에 맞게 설립된 기관을 의미한다. 여기에는 한국무역보험공사, 한국주택금융공사, 한국자산관리공사, 한국투자공사, 서민금융진흥원 등이 해당된다.[1)]

1) 공적금융기관의 경영에 관한 구제적 논의는 본서에서 생략한다.

2. 금융기관의 역할

금융시장에서는 금융수단(financial instrument) 혹은 금융상품의 수요자와 공급자간에 금융거래가 이루어진다. 금융기관(financial institution)은 금융시장에서의 금융거래과정에서 주로 브로커(broker) 기능과 자산변환(asset transformation) 기능을 통해 중요한 경제적 역할을 수행한다. 브로커 기능이란 증권의 매매가 원활히 이루어지도록 매도자와 매수자를 연결시켜주는 기능을 말한다. 자산변환이란 금융기관이 본원증권(primary security) 혹은 직접증권(direct security)을 매입하고 간접증권(secondary security)을 판매하는 것을 의미한다. 브로커 기능은 주식이나 채권시장과 같은 직접금융시장에서 주로 이루어지고 자산변환 기능은 은행의 예대시장, 보험시장과 같은 간접금융시장에서 주로 이루어진다.[2] 금융기관은 두 가지 기능 즉, 브로커 및 자산변환기능을 수행하는 가운데 아래와 같은 역할을 한다.

우선 금융기관의 경제적 자원을 효율적으로 배분하는 역할을 한다. 가령, 뛰어난 기술을 보유하고 있으나 자본이 부족한 기업이 존재한다면, 이 기업은 금융기관으로부터 부족한 자본을 조달하여 생산활동을 수행하여 고용을 창출할 수 있을 것이다. 결과적으로 금융기관은 생산적인 금융거래를 성사시킴으로써 자본, 기술, 노동과 같은 경제적 자원을 효율적으로 활용하도록 한다.[3]

다음으로 금융기관은 금융거래에 수반되는 거래비용(transaction cost)을 감소시키는 역할을 수행한다. 거래비용은 금융거래에 소요되는 가격을 제외한 모든 명시적 비용 및 묵시적 비용을 포함한다.[4] 여기에는 정보탐색비용, 모니

2) 금융기관별로 주된 업무 외에 부수적 업무도 겸업하고 있으므로 엄격히 구분하기는 어렵다. 즉, 대부분의 금융기관은 자산변환기능과 브로커기능을 겸업한다고 볼 수 있다.

3) Schumpeter(1912)에 의하면, 경제성장의 핵심적인 동인은 이윤을 추구하는 혁신적인 기업가에게 있으며, 금융산업은 이러한 혁신적인 기업가들에게 필요한 자금을 공급함으로써 혁신적인 활동 및 기술발전을 통해 경제성장을 견인하는 중요한 역할을 한다고 주장하였다.(조갑제 2012)

터링 비용, 수수료 등을 포함한다. 금융시장의 공급자와 수요자가 직접적으로 거래하는 경우 신뢰할만한 상대방을 찾고 서로 만족하는 거래조건을 성립시켜 거래를 성사시키는 데는 상당한 비용이 소요된다. 가령, 자금 공급자가 금융기관을 거치지 않고 자금 수요자를 직접 물색하여 여유자금을 운용하고자 한다면, 차입자의 채무상환능력을 파악하는 데 상당한 명시적 및 시간적 비용이 소요될 것이다. 그리고 대부자와 차입자간 금융거래 시에 구체적이고 전문적인 대출계약서를 작성하기 위해 변호사를 고용한다면 변호사에 대한 수수료 비용이 발생할 것이다. 또한, 대출거래가 성사된 후에도 차입자가 자금을 생산적인 활동에 사용하지 않고 위험한 주식거래나 경마장에 사용하지 않는지 모니터링하는 데 따른 상당한 비용이 발생할 수 있다.

금융기관은 전문성과 규모의 경제(economies of scale)를 통해 이러한 거래비용을 감소시킴으로써 금융거래가 원활하게 이루어지도록 한다. 예를 들어, 대차거래의 경우 금융기관에 종사하는 금융인들은 일반 사람들에 비해 자금차입자에 대한 중요한 정보를 파악하고 모니터링하는 데 전문성을 갖고 있다. 마치 금융기관은 소액의 저축자들을 대신해서 차입자를 감시하고 정보를 수집하는 대리 감시자(delegated monitor)의 역할을 한다고 볼 수 있다(Diamond 1984). 또한, 금융기관의 법무팀은 전문적으로 대출계약서 혹은 약관을 작성할 수 있다. 그러한 대출계약서 혹은 약관은 수많은 금융 거래에 반복적으로 활용됨에 따라 1건당 거래비용이 대폭 감소하는 규모의 경제가 이루어진다. 결국 금융기관은 거래비용을 감소시켜 금융거래가 활발히 이루어지도록 하여 경제성장을 뒷받침하는 역할을 수행한다.[5)]

---

4) 거래비용(transaction cost)을 엄격히 정의하여 정보비용(information cost)과 구분하기도 한다. 정보비용은 금융거래 상대방의 신용도 등의 정보를 획득하고 거래 상대방의 행동을 모니터링하는 데 소요되는 비용을 의미한다. 본서에서는 거래비용의 개념을 광의로 정의하며 정보비용을 포함하여 사용하기로 한다.

5) Kenneth Arrow(1964) 및 Gerard Debreu(1959)에서는 금융기관이 제반 거래비용을 절감시키고 경제성장을 뒷받침한다는 경제성장에 대한 금융부문의 기능적 접근이론에 대한 기본모형을 제기하였다.

그리고 금융기관은 금융시장에서의 정보의 비대칭성(information asymmetry) 문제를 완화시킨다. 금융시장에서의 정보의 비대칭성이란 금융거래의 양 당사자 중에서 한쪽의 당사자가 상대방 거래자에 비해 많은 정보 혹은 좋은 정보를 보유하는 경우를 말한다. 금융시장에서의 공급자와 수요자가 보유하는 정보의 양과 질이 서로 다르기 때문에 정보 비대칭성이 발생한다. 예를 들면, 자금 차입자인 기업이 대부자(투자자)들에 비해 기업의 내부 사업프로젝트에 관한 위험성 등에 관한 정보를 많이 보유하고 있거나 다 나은 정보를 가지고 있는 경우가 비대칭 정보 상황에 해당된다.

정보의 비칭성은 역선택(adverse selection)과 도덕적 해이(moral hazard) 문제를 발생시킨다. 역선택이란 정보의 비대칭성하에서 정보 우위자에 비해 정보의 열위자 입장에서 불리한 거래가 선택된다는 것이다. 앞서 설명한 대부거래의 예에서, 위험성이 높은 투자자안을 보유하고 있는 잠재적 차입자는 적극적으로 높은 이자를 부담하고자 할 것이나, 위험성이 낮은 안전한 투자프로젝트를 보유한 잠재적 차입자의 경우 높은 이자를 부담하기를 꺼려할 것이다. 결국, 정보의 비대칭성이 존재하는 상황에서는 사업프로젝트의 위험성에 대한 정보의 열위자인 대부자는 높은 이자를 기꺼이 부담하려는 위험성이 높은 상대방과 거래하는 선택을 하게 되는 역선택이 초래될 가능성이 높다. 이러한 역선택은 금융거래가 이루어지기 이전에 발생한다는 점에서 금융거래 이후에 발생하는 도덕적 해이와 차이가 있다. 도덕적 해이란 정보 우위자가 정보 열위자 입장에서 볼 때 바람직하지 못한 숨겨진 행동을 하는 경우를 말한다. 앞서의 예에서, 자금 대출 거래가 이루어진 이후에 차입자는 대부자가 차입자의 행동을 정확히 파악할 수 없는 정보 비대칭성 상황에서 차입한 돈으로 위험한 도박을 하는 경우가 도덕적 해이에 해당된다.

금융기관은 전문적인 금융기술 및 경영기술을 활용해 자금 조달자의 정보를 잘 파악하고 감시함으로써 정보의 비대칭성을 완화하는 역할을 수행한다. 직접금융시장에서 금융기관은 자금조달자로서 주식과 채권을 발행하는 기업 혹은 정부의 사업내용, 성과지표, 현금흐름 등에 관한 정보를 전문적으로 파악하고 투자자에게 제공함으로써 정보의 비대칭성을 완화시키다. 가령, 특정 기업이 채권을 발행하여 대규모 투자를 하는 경우, 금융기관은 그 투자안의 내용과 예측에 대한 정보를 투자자들에게 제공함으로써 역선택 문제를 억제할 수 있다. 또한, 투자가 실행된 이후에도 투자 프로젝트의 실적에 대한 모니터링을 지속함으로써 도덕적 해이의 발생을 제한할 수 있다.

간접금융시장에서도 금융기관은 전문성을 발휘하여 차입자의 신용정보를 잘 획득하고 파악할 수 있다. 그리고 차입자와 지속적이고 반복적인 거래를 통해 정보분석에 관한 전문적 노하우를 축적하고 차입자의 탐색 및 감시에 활용함으로써 정보의 비대칭성을 완화시켜 금융거래를 활성화 시킬 수 있다.

금융기관은 또한 금융거래 과정에서 투자자들의 위험을 감소시키거나 위험을 분담(risk sharing)하는 역할을 한다. 앞서 설명한 바와 같이 정보획득 및 자산운용에 대한 금융기관의 전문성은 투자자가 위험에 노출되는 정도를 감소시켜준다. 금융기관은 자산변환 과정에서 위험을 분담한다는 것을 알 수 있다. 예를 들어, 은행은 차입자에게 위험도가 높은 대출을 제공하는 반면, 예금자에게는 위험도가 낮은 저축상품을 판매한다. 즉, 은행은 투자자의 위험을 분담한다. 은행이 전문성을 활용하여 위험을 분담함으로써 투자자(대부자)가 직접 차입자인 기업을 탐색하여 자금을 대부하는 것에 비해 그 위험은 크게 감소한다. 금융기관은 조달된 자금을 운용함에 있어서 분산투자(diversification)를 통해 투자자의 위험 노출을 감소시킬 수 있다. 분산투자는 수익률 변화의 상관성이 낮은 자산에 투자함으로써 자산 포트폴리오 전체의 위험을 줄이게 된다.

하지만, 금융기관이 항상 순기능적 역할만 수행하는 것은 아니다. 금융기관이 앞에서 설명한 순기능적인 역할을 수행하지 못할 경우 경제성장을 위축시키고 급기야 금융위기(financial crisis)를 초래할 수 있다. 우리나라의 금융발전 역사를 회고해 볼 때, 은행의 위험관리 능력이 미흡한 상황에서 민간부문에 대한 여신의 급증은 은행의 잠재적인 부실규모를 증가시키고 경제성장을 위축시키는 요인으로 작용한 측면이 크다. 대표적으로 1997년 금융위기의 주요 원인 중 하나로 지적되는 요인은 기업들에 대한 과다한 신용공여문제이다.

즉, 1997년 경제위기 이전에 기업들이 팽창정책을 추진하면서 과잉투자 및 중복투자가 누적되었고 금융기관의 도덕적 해이(moral hazard)로 인해 기업들에게 과다하게 신용을 제공해 준 금융기관들이 외부충격에 취약한 구조적 문제를 가지고 있었다는 견해이다. 또한, 2002-2003년도 경기회복을 위한 신용카드 대출 남발은 신용카드사의 유동성 위기를 가져왔고, 2004년 저금리 정책에 따라 과잉공급된 시중 유동성은 2005-2006년도에 부동산가격을 급등시켜 경제성장을 위축시키는 작용을 하였다.(조갑제, 2012)

금융기관은 또한 통화정책의 파급(transmission of monetary policy)경로에서 중요한 역할을 한다. 통화량을 측정하는 통화량 지표(M1, M2 등)는 기본적으로 현금과 유동성이 높은 금융자산의 합계로 측정된다. 예금취급기관의 예금은 유동성이 높은 금융자산의 대부분을 차지한다. 예금취급기관은 개인과 기관으로부터 예금을 받고 대출을 제공하는 금융중개 과정에서 통화량의 수준을 결정하는 데 중요한 역할을 수행한다. 만약, 금융기관이 지준금(reserves) 보유 비중을 높이고 대출금을 축소시킨다면 통화량은 오히려 감소할 수 있다. 실례로, 2008년 미국의 금융위기로 인한 양적완화 정책으로 인해 2007~2009년 기간에 본원통화는 200% 이상 증가하였으나 통화량(M1)은 25%도 증가하지 않는 결과를 보였으며 그 이유는 은행들이 지준율을 크게 증가시켰기 때문이었다.(Mishkin, 2012)

그 외에도 금융기관은 지급결제(payment and settlement)수단을 제공하여 경제활동에 수반되는 자금의 결제가 원활히 이루어지도록 함으로써 경제활동을 촉진하는 기능을 수행한다. 지급결제란 실물 및 금융거래의 결과 발생한 거래당사자간 채권·채무관계를, 지급수단을 사용하여 화폐적 가치를 이전함으로써, 해소하는 것을 말한다. 여기서 지급(payment)은 현금, 수표 또는 카드의 제시나 계좌이체를 통해 정당한 수취인에게 화폐 청구권을 이전하는 행위를, 결제(settlement)는 비현금지급수단 사용으로 발생한 금융기관간 채권과 채무를 상계하고 상계 후 남은 차액을 각 금융기관의 한국은행내 당좌계정간 이체를 통해 처리하는 것을 말한다. 지급수단에는 현금, 어음, 수표, 신용카드, 계좌이체 등이 있으며 장표의 실제 이동여부에 따라 어음, 수표, 지로 등 장표방식 지급수단과 신용·직불·선불카드 및 계좌이체 등 전자방식 지급수단으로 구분할 수 있다.(한국은행, 2018)

3. 브로커 기능과 자산변환 기능

앞 서 설명한 바와 같이, 금융기관이 존재함으로써 발생하는 주된 이점 중 하나는 금융시장에서 브로커 기능과 자산변환 기능을 효율적으로 수행하는 가운데 거래비용을 최소화시킨다는 것이다. 금융시장에서의 공급자와 수요자가 보유하는 정보의 양과 질이 다름에 따라 발생하는 정보의 비대칭성이 클수록 거래비용도 더 커진다. 이러한 거래비용의 최소화를 통해 발생하는 수익을 통해 금융기관의 이해관계자를 만족시킬 뿐만 아니라, 자금의 공급자와 수요자에게 모두 이익을 가져다준다. 그러므로 거래비용을 최소화시키는 금융기관의 경영능력은 금융기관의 존립근거라고 볼 수 있다. 금융기관이 브로커 기능과 자산변환 기능을 수행하는 가운데 어떻게 거래비용을 최소화시킬 수 있는 지 보다 구체적으로 살펴보고자 한다.

3.1. 브로커 기능

브로커는 자금 조달자가 발행한 주식이나 채권 등의 증권에 관한 투자정보를 자금 공급자에게 제공하고 매매를 성립시키는 서비스를 제공하는 대가로 수수료를 받는다. 순수한 브로커는 고객의 계산하에 증권의 매도자와 매수자를 단순히 알선하는 업무를 수행한다. 딜러(dealer)는 자기 자신의 자금으로 자금 조달자가 발행한 주식이나 채권 등의 증권을 매입하여 자금 공급자에게 매도하는 매매의 당사자로서 업무를 수행하며 가격변동위험도 분담하게 된다. 브로커와 딜러 업무는 주로 주식이나 채권시장과 같은 직접금융시장에서 수행된다. 증권회사의 경우, 브로커로서 고객의 계산 및 증권회사의 명의로 투자자를 대리하여 증권 매매를 알선해 주는 업무를 하기도 하고, 딜러로서 증권회사의 계산 및 증권회사의 명의로 증권을 사고팔기도 한다. 가령, 우리가 증권회사의 온라인 거래를 이용하여 주식을 매매하고 증권회사에게 수수료를 지불하는 경우, 그 증권회사는 브로커 업무를 수행하는 것이다.

「자본시장법」 상으로 두 업무는 투자중개업과 투자매매업으로 구분된다. 딜링 업무를 수행하는 투자매매업자는 누구의 명의로 하든지 자기의 계산으로 금융투자상품의 매도·매수, 증권의 발행·인수 또는 그 청약의 권유, 청약, 청약의 승낙을 영업으로 한다. 그리고 브로커 업무를 수행하는 투자중개업자란 타인의 계산에 의해 영업이 이루어진다는 점에서 투자매매업자와 구분된다.

브로커 기능을 효율적으로 수행함으로써 거래비용을 절감시킬 수 있는 이유는 브로커의 전문성과 대규모 거래에 따른 규모의 경제가 존재하는 데에 있다.[6] 증권의 거래를 성립시키기 위해 브로커는 자금조달자로서 주식과 채권의 발행자인 기업에 관한 정보뿐만 아니라 주식과 채권 상품의 구체적인 내용에 관한 전문지식을 필요로 한다. 기업에 관한 정보는 특수성을 갖고 있으므로 증권회사에서는 에널리스트가 산업별로 체계적으로 분석하고 그 기업의 사업내용, 성과지표, 현금흐름 등에 관한 정보를 투자자에게 제공한다. 또한, 주식과 채권 상품의 구체적 속성 즉, 듀레이션, 수급상황, 세금 등과 같은 정보를 고객에게 제공한다. 이러한 특수한 정보는 투자자가 직접 그 정보를 파악하는 데는 어려움이 있거나 상당한 비용이 소요되므로 전문성을 갖추고 있는 금융기관이 거래비용을 절감할 수 있다.

브로커 기능을 통해 거래비용을 절감시킬 수 있는 또 다른 이유는 규모의 경제가 존재하기 때문이다. 규모의 경제란 생산량 혹은 거래량이 증가할수록 평균비용이 감소하는 현상을 의미한다. 주식이나 채권을 거래하는 데 있어서 소액을 거래하는 것과 비교하여 대규모 금액을 거래하더라도 금융거래에 따

6) 본 장에서 브로커 기능이 의미하는 것은 순수한 브로커 업무와 딜러 업무를 엄격히 구분하기보다는 딜러 업무를 포함하는 광의의 개념이다.

른 1건당 총비용은 크게 증가하지 않는다. 그러므로 금융기관이 여러 투자자의 자금을 모아서 대규모 자금으로 주식과 채권을 거래함으로써 단위 투자 금액당 비용 즉, 평균비용을 절감하는 규모의 경제를 실현할 수 있다. 금융기관이 대규모 금융거래를 함에 따른 규모의 경제는 정보의 재사용에 기인하는 부분도 있다. 금융기관이 전문성을 활용해 파악한 정보는 대규모 금융거래로 인해 재사용됨에 따라 금융기관은 거래비용을 절감할 수 있다. 가령, 증권회사의 애널리스트가 작성한 특정 기업 및 산업에 관한 증권분석 정보는 다수의 고객에게 재사용됨에 따라 정보비용이 절감될 수 있다. 투자자 고객이 증가하여 거래규모가 커질수록 규모의 경제를 더욱 더 누릴 수 있다.

3.2. 자산변환 기능

자산변환 기능은 금융기관이 저축자 혹은 투자자들에게 간접증권을 발행하고 자금 조달자에 의해 발행된 본원증권 혹은 직접증권을 매입하는 것이다. 본원증권은 자금 조달자가 발행한 대출증서, 주식, 채권 등을 말하며, 간접증권은 예금, 보험증서, 수익증권(펀드) 상품과 같이 금융기관이 자금조달을 위해 발행한 증권을 의미한다. 자산변환 기능은 은행시장, 보험시장과 같은 간접금융시장에서 주로 이루어진다.[7)]

자산변환 과정에서 금융기관은 저축자들의 요구를 충족시킬 수 있도록 간접증권을 발행하고 직접증권을 구입함으로써 저축자와 차입자를 모두 만족시키게 된다. 이와 같이 간접금융시장에서 자산변환 기능을 수행하는 금융기관을 금융중개기관(financial intermediaries)이라고 한다.

금융중개기관은 은행과 같이 자기명의로 예금상품을 판매하여 자금을 조달하여 자기 판단 하에 투자대상을 결정하여 대출하는 가운데 위험을 부담하게 된다. 하지만 직접금융시장에서의 브로커 기능을 수행하는 금융기관은 투자

7) 우리나라의 간접금융시장은 예대시장, 집합투자시장(펀드시장), 신탁업시장, 보험시장을 포함한다.

중개업자(증권사)처럼 금융거래에 수반되는 위험을 부담하지 않고 자금공급자와 수요자를 단순히 연결하는 기능만을 수행한다는 점에서 자산변환 기능을 수행하는 금융기관과 차이점이 있다.

가령, 금융중개기관이 예금으로 자금을 조달하여 기업이 발행한 장기 회사채에 투자한다고 하자. 장기 회사채는 만기가 길고 시장금리에 의해 회사채의 가격이 변동하는 금리위험이 있으며 그 기업의 사업 불확실성에 의한 상당한 채무불이행위험이 있다. 반면에 금융중개기관이 발행한 예금상품은 예금 고객의 입장에서 채무불이행위험이 거의 없으며 예금 인출도 용이하므로 유동성도 좋다. 그러므로 자금공급자인 저축자 입장에서는 위험성이 높은 장기 회사채 자산속성이 위험성이 낮은 예금자산으로 자산변환 과정이 이루어졌다고 볼 수 있다. 그러므로 금융중개기관이 자산변환 기능을 수행하는 가운데 위험분담(risk sharing) 기능도 수행한다. 금융기관은 이러한 자산변환 과정의 위험분담 서비스에 대한 보상으로 예대마진 이자율 수익을 얻는다고 볼 수 있다.

금융중개기관의 자산변환 과정에서 자산변환의 대상이 되는 자산의 속성은 앞서 설명한 채무불이행위험 외에도 만기, 금액, 유동성, 통화 등이 포함된다. 자금 차입자의 경우 만기가 긴 장기적 대출을 원하는 반면 자금 공급자인 저축자는 상대적으로 만기가 짧은 예금을 원한다. 그러므로 금융중개기관은 자산과 부채간 만기 불일치(maturity mismatch)로 인해 이자율위험(interest rate risk)에 노출된다. 즉, 시장이자율이 변동할 때 장기 자산의 가격변동이 단기 부채의 가격변동보다 더 크게 나타남에 따라 이자율위험 발생하게 된다.

자금 차입자는 큰 금액을 빌리기를 원하는 반면 저축자는 소액을 저축하는 경우가 상대적으로 더 많다. 그러므로 금융중개기관은 다수의 소액예금을 모아서 저축의 풀링(pooling)을 통해서 대규모 자금을 자산운용할 수 있다. 금융중개기관은 자산운용 시에 다양한 자산에 분산해서 투자함으로써 개별 저축자 입장에서는 간접적으로 분산투자의 혜택도 받게 된다.

유동성(liquidity)은 비용과 시간 등의 면에서 쉽게 현금화할 수 있는 현금화의 정도 혹은 용이성을 의미한다. 간접증권은 유동성이 높은 반면 본원증권은 상대적으로 유동성이 낮다. 가령, 요구불성 예금은 고객들이 현금화하기가 용이하지만, 대출의 경우 대출자산 소유자인 금융기관이 단기적으로 저비용으로 현금화하는 것이 용이하지 않다. 즉, 자산의 속성 중에서 유동성이 금융중개기관의 자산변환 과정에서 그 대상이 된다.

금융중개기관은 달러를 조달하여 국내 기업들에게 원화로 대출하기도 하고, 원화로 조달된 자금으로 외국통화 표시 국외 자산에 투자하기도 한다. 금융중개기관은 보유 자산과 부채 간에 통화의 불일치(currency mismatch)에 따른 환율변동 위험을 부담하게 된다. 예를 들어, 1억 달러를 외국 금융기관으로부터 조달하였으며 환율(1$=1000원)을 적용하여 국내 기업들에 대해 1,000억 원의 대출 자산을 보유한다고 하자. 만약 환율이 1$=1200원으로 상승하는 경우, 금융중개기관의 부채 상환 부담금이 200억 원 증가하게 된다.

금융중개기관이 이와 같이 자산의 속성을 변환시키는 자산변환 기능을 통해 거래비용을 절감시켜 금융거래를 활성화할 수 있는 것은 금융중개기관의 전문성과 규모의 경제에 기인한다. 자금공급자와 수요자가 직접 거래할 경우 적절한 차입자의 물색, 계약 체결, 계약 이후 모니터링 등의 거래과정에 상당한 거래비용이 발생한다.

자금공급자가 직접 차입자의 신용도를 체계적으로 분석하여 적절한 수요자를 물색하는 데 상당한 전문성이 요구되며 비용이 많이 든다. 그러한 높은 탐색비용(search cost)으로 인해 직접적인 자금거래 자체가 불가능할 수 있다. 특히, 자금 수요자가 기업인 경우 가계의 경우보다 회계분석 및 산업분석 관련 높은 전문성이 필요하다. 금융중개기관은 차입자의 신용도 분석에 관해 분야별로 전문가를 보유하고 있으며, 획득한 정보를 반복적으로 지속적으로 거래함에 따라 통해 전문적 노하우가 축적되고 정보의 활용에 대한 규모의 경제를 누리게 된다. 자금 거래 계약의 체결 과정에서도 마찬가지다. 금융기관의 법무팀은 전문적으로 대출계약서 혹은 약관을 작성할 수 있다. 그러한 대출계약서 혹은 약관은 수많은 금융 거래에 반복적으로 활용됨에 따라 1건당 거래비용이 대폭 감소하는 규모의 경제가 이루어진다.

금융중개기관은 신용공여가 이루어진 이후 소액의 저축자들을 대신해서 차입자를 감시하고 정보를 수집하는 데 특화되어있다. 즉, 금융기관은 소액의 저축자들의 '대리 감시자'(delegated monitor)의 역할을 효과적으로 수행한다. 차입자를 감시하기 위해 수집된 정보는 일종의 공공재로써 다른 투자자들도 그 정보를 통해 효율적으로 감시기능을 수행하여 이득을 볼 수 있다. 소액의 개인 투자자 입장에서는 차입자에 대한 감시를 위해 정보를 수집하는 데는 상당한 비용이 소요되므로 직접적으로 감시기능을 수행할 인센티브는 작고 공공재에 대한 무임승차 유인이 크다. 은행에게 대출은 중요한 수익원이므로 차입자를 감시하기 위한 유인이 크다. 은행은 차입자를 감시하기 위해 스스로 수집한 정보의 기밀을 유지함으로써 감시기능 수행에 따른 이득이 커지므로 무임승차문제를 회피할 수 있다.

은행은 대규모의 대출거래를 하므로 대출규모 대비 정보수집 비용은 은행에게 작은 반면, 그에 따른 이득은 자산운용 규모가 클수록 더 커지는 규모의 경제 이점이 있다. 또한, 은행은 차입자인 기업의 거래계좌를 통해 업데이트 된 재무정보 및 사업내용을 파악하여 효과적으로 감시기능을 수행할 수 있다.

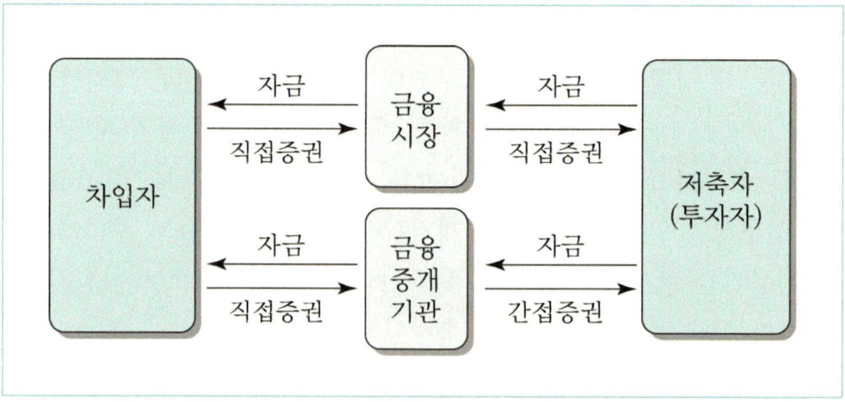

그림 1-1 브로크 기능과 자산변환 기능

4. 금융기관경영의 특성

4.1. 공공성

금융기관은 일반기업과 마찬가지로 이윤을 추구하고 기업가치의 극대화를 목표로 삼고 있다. 하지만, 일반 사기업과 달리 금융기관은 공공성의 특성을 갖고 있어 국민경제에 미치는 영향이 상대적으로 크다. 앞서 살펴본 바와 같이, 금융기관은 흑자경제주체와 적자경제주체 간의 자금융통을 활성화시켜 효율적 자원배분을 통해 국민경제의 경제성장을 견인하는 역할을 수행한다. 아울러 금융기관의 건전한 경영이 이루어질 경우 금융시장의 충격이 발생하더라도 그 충격을 흡수하여 다른 금융기관과 일반기업으로 충격이 전파되어 경제위기로 확산되지 않도록 예방하는 역할을 한다. 이와 같이 금융기관은 공공성의 특성을 갖고 있으므로 일반기업에 비해 더 많은 규제를 받고 있다. 여러 차례의 금융위기를 거치면서 금융기관에 대한 규제는 더욱 강화되어왔다. 그러므로 금융기관경영은 일반기업보다 더 많은 규제를 충족시키면서 기업가치의 극대화 목표를 추구해야하는 제약조건을 안고 있다.

4.2. 수익성

금융기관도 충분한 수익을 확보해야만 주주, 직원, 채권자, 정부 등 이해관계자의 요구를 충족시킬 수 있다. 주주의 경우, 위험부담을 안고 투자를 하는데 대한 충분한 보상이 필요하며 향후 새로운 투자유치를 위해서도 충분한 요구수익률을 제공하여야한다. 채권자(예금자)에 대해서는 적절한 이자를 지급해야만 일정 규모의 자산성장을 위한 자금조달이 가능해진다. 정부에 대해서도 각종 정부규제를 충족하기 위해서는 금융기관의 수익성이 필요하다.[8] 예

8) 정부는 1996년부터 금융기관에 대한 경영실태평가 제도를 시행하여 수익성 부문도 직접적으로 평가하고 있다. 은행에 대한 경영실태평가는 CAMEL-R방식으로 시행된다.

를 들어, 정부는 자기자본규제의 일환으로 은행의 부실여신에 따라 예상되는 대출손실을 보전하기 위해 일정액의 대손충당금을 미리 쌓도록 규제하고 있다. 이러한 규제를 충족시키기 위해서는 충분한 수익성이 확보되어야 한다.

일반기업과 달리 금융기관의 수익 창출 과정은 일반기업과 달리 금융서비스를 산출하는 서비스 산업이다. 실물이 아닌 금융서비스 상품을 생산하기 위해서는 고객정보 및 자산과 부채관련 각종 정보를 수집, 분석처리, 개발하는 기술이 필요하다는 점에서 금융기관 업무는 정보산업이라고 볼 수 있다. 그러므로 제조업에서는 상품생산을 위한 공장설비가 필요하지만, 금융기관의 경우 막대한 정보를 효과적으로 활용하기 위한 전산화 정보화 장치가 매우 중요하며, 금융서비스 생산과정에 필요한 전문지식을 가진 인력이 필요하다는 특징이 있다. 최근에는 인터넷뱅킹이 오프라인 영업력을 능가하고 있고 온라인 위주로 영업하는 인터넷 기반 금융기관이 급속히 성장하면서 정보화 기술 경쟁도 가속화되고 있다

4.3. 유동성

금융기관의 경영에서 유동성이란 고객의 요구에 부응해서 용이하게 현금화할 수 있는 능력을 의미한다. 일반적으로 금융기관은 현금화가 용이한 자산을 적정 수준 보유하는 방식으로 대응하고 있다. 예금자가 예금인출을 요구하거나 차입자가 대출을 요구할 때 금융기관은 고객의 요구에 부응해서 신속하게 현금화하여 고객의 요구를 충족시켜야 한다. 그렇지 못할 경우 유동성을 확보하기 위한 추가적 비용이 발생한다. 더욱이 우수한 고객을 놓칠 수 있고 영업력의 큰 손실이 발생할 수 있다. 특히, 금융기관의 유동성은 예금자의 예금인출 요구를 충족시키고 예금인출사태(bank run)에 대비한다는 측면에서 그 중

CAMEL-R이란 자본적정성(capital adequacy), 자산건전성(asset quality), 경영관리적정성(management), 수익성(earnings), 유동성(liquidity), 리스크관리(risk management) 등 6개 부문을 의미한다.

요성이 크며 일반기업과는 다른 특성이다. 금융중개기관이 평상시에 예금 고객들에게 수시로 인출이 가능하도록 유동성서비스를 제공할 수 있는 것은 다수의 고객이 한꺼번에 예금을 인출할 가능성이 통계적으로 매우 낮은 '대수의 법칙'(law of large number)이 작용하기 때문이다. 하지만, 큰 금융충격이 발생하거나 특정 금융기관의 유동성에 상당한 문제가 있다는 정보가 확산될 경우, 예금자들이 일시에 한꺼번에 예금을 인출하는 예금인출사태가 발생하고 은행의 도산을 초래할 수 있다.

4.4. 안전성 및 위험관리

금융기관의 자산은 일반기업과 달리 대부분 금융자산으로 구성되어 있다. 일반기업은 상당한 고정비용이 소요되는 공장설비 등 실물자산이 많으므로 자산 대비 자기자본의 비중도 높지만, 금융기관의 자산은 금융자산 위주로 구성되어 있으며 금융자산의 90%이상은 예금, 채권 등의 자금조달에 기반하고 있으므로 자기자본의 비율이 상대적으로 작다. 그리고 금융자산은 그 특성상 자산의 가치가 금융환경의 변화에 따라 상대적으로 크게 변동한다. 즉, 금융기관은 자기자본의 비율이 상대적으로 낮을 뿐만 아니라 자산의 가치가 쉽게 하락할 수 있으므로 이에 따라 자본금이 부족하거나 잠식당하여 도산할 수 있는 위험이 상대적으로 높다는 특징이 있다. 그러므로 금융기관은 이해관계자들에게 안전성에 대한 공신력을 유지하기 위해 충분한 자기자본을 관리함과 아울러 자산변환 과정에서 부담하는 각종 위험에 대한 위험관리능력이 매우 중요하다.

연습 문제

01 은행과 금융투자업자의 주된 업무와 특징을 비교·설명하시오.

02 1998년 금융위기 이전과 현재를 비교하여 금융산업내 자산의 비중이 가장 크게 감소한 금융기관의 종류는 무엇인가?

03 다음과 같은 금융기관의 역할을 각각 설명하시오.

- 효율적 자원 배분
- 거래비용 감소
- 정보의 비대칭성 완화
- 투자자(대부자)의 위험분담(risk sharing)

04 다음 용어를 간략히 설명하시오.

- 역선택
- 도덕적 해이
- 본원증권(직접증권)과 간접증권

05 금융기관의 브로커기능 및 관련된 금융기관에 관해 설명하시오.

06 금융기관의 자산변환기능 및 관련된 금융기관에 관해 설명하시오.

07 금융기관은 통화정책의 파급경로에서 어떤 역할을 수행하는가?

08 자산변환과정에서 금융기관이 부담하게 되는 위험에 관해 설명하시오.

09 금융기관의 규모의 경제와 전문성이 어떻게 거래비용을 감소시키는지 설명하시오.

10 직접금융시장과 간접금융시장을 비교·설명하고, 관련된 금융기관을 각각 설명하시오.

11 저축자들에 대한 '대리 감시자'(delegated monitor)의 의미를 설명하시오.

12 금융기관경영의 공공성 특성을 2가지 측면에서 설명하시오.

13 금융기관이 일반기업(비금융 사기업)에 비해 위험에 더 많이 노출되어있다는 주장에 관해 설명하시오.

14 금융기관 경영에서 유동성 관리의 중요성에 관해 설명하시오.

Chapter 02

금융하부구조와 금융제도

1. 지급결제제도

1.1. 지급결제제도의 의의

금융하부구조는 금융기관이 본연의 기능을 원활히 수행할 수 있도록 도와주는 토대가 되는 것으로 금융규제 및 감독제도, 예금보호제도와 같은 금융안전망, 지급결제시스템 등을 모두 포괄하는 개념이다.[9] 이러한 금융하부구조는 금융기관의 경영체계와 긴밀한 연계성을 갖는다. 그러므로 금융기관의 이해에 있어서 주요 금융하부구조에 관한 지식이 필수적이다.

본 절에서는 우선 지급결제시스템의 주요 내용을 살펴본다. 지급결제(payment and settlement)란 경제주체들이 지급수단을 이용하여 각종 경제활동에 따라 발생한 채권·채무관계를 해소하는 행위를 일컫는다. 여기서 지급(payment)은 현금, 수표 또는 카드의 제시나 계좌이체를 통해 정당한 수취인에게 화폐 청

9) 우리나라 금융하부구조 내용과 관련하여 주로 『한국의 금융제도』(한국은행, 2018)을 참고함.

구권(지급수단)을 이전하는 행위를 의미하며, 결제(settlement)는 비현금 지급수단 사용으로 발생한 금융기관간 채권과 채무를 상계하고 상계 후 남은 차액을 각 금융기관의 한국은행내 당좌예금계좌간 이체를 통해 처리하는 것을 말한다.[10] 현금을 지급수단으로 사용하는 경우에는 지급과 결제가 동시에 완료된다.

지급수단은 크게 현금과 비현금 지급수단으로 구분된다. 비현금 지급수단은 그 특성에 따라 어음, 수표, 지급카드 및 계좌이체 등으로 세분할 수 있다. 비현금 지급수단은 장표의 이용여부에 따라 장표방식 지급수단과 전자방식 지급수단으로 구분된다. 장표방식 지급수단에는 어음, 수표, 장표지로 등이 있으며, 전자방식 지급수단에는 지급카드 및 타행환, CD/ATM, 인터넷뱅킹, 모바일뱅킹 등을 이용한 계좌이체 등이 있다. 최근에는 정보통신기술의 발달에 힘입어 장표방식 지급수단에서 전자방식으로의 전환이 활발히 이루어지고 있다.

참여기관은 지급서비스 제공기관, 금융시장인프라 운영기관, 그리고 한국은행 등으로 구분할 수 있다. 지급수단을 제공하는 지급서비스 제공기관에는 은행, 우체국, 금융투자회사, 신용카드회사 등 금융기관이 대표적이었으나 금융과 IT의 융합이 진전됨에 따라 이동통신회사, 모바일기기 제조업체, IT 관련 기업 등 비금융기업의 참여가 확대되고 있다. 청산과 결제를 담당하는 금융시장인프라 운영기관은 금융결제원, 한국거래소, 한국예탁결제원, 외환결제 관련 운영기관 등을 말한다. 한국은행은 거액결제시스템의 운영기관인 동시에 화폐발행, 최종결제서비스 제공, 최종대부자로서 결제부족자금의 지원, 지급결제제도에 대한 감시 및 개선·확충 등 지급결제제도의 중추적인 역할을 하고 있다.

10) 여기서 말하는 결제란 청산과 협의의 결제를 합친 광의의 개념이다. 지급에 따라 발생하는 금융기관간 채권과 채무를 상계 처리하는 것을 청산(clearing)이라 하고, 채무의 전액 또는 청산되지 않은 차액을 금융기관이 한국은행 당좌계정을 통해 이체함으로써 채권·채무관계를 종료시키는 것을 (좁은 의미의) 결제(settlement)라 한다(한국은행, 2018).

지급결제시스템은 결제가 이루어지는 대상에 따라 거액의 자금을 취급하는 거액결제시스템(large-value payment system)과 소액자금을 대량으로 취급하는 소액결제시스템(retail payment system)으로 분류할 수 있다. 거액결제시스템은 주로 거액거래를 결제하는 시스템이지만 실제로 거래되는 지급지시에 최소금액이 설정된 것은 아니다. 통상 금융기관간 자금거래, 증권 또는 외환거래 등에 따른 대금결제가 이루어지기 때문에 은행간 자금이체시스템(interbank fund transfer system)이라고도 한다. 이러한 결제는 건당 금액이 크고 결제시점의 중요도가 높아 대부분 국가에서는 거액결제시스템을 중앙은행이 직접 운영하고 있다. 한편 소액결제시스템은 주로 기업이나 개인의 소액결제를 처리하는 자금결제시스템으로서 거래 대상이 광범위하고 결제건수가 매우 많은 점이 특징이다. 주로 계좌이체나 지급카드, 수표, 지로 등과 관련된 결제가 소액결제시스템으로 처리된다. 우리나라는 금융결제원이 주요 소액결제시스템을 운영하고 있다.

자금결제시스템의 결제방식에는 일정기간의 거래금액을 집계하여 금융기관간 채권과 채무를 상계하고 남은 차액만을 결제하는 차액결제와 채권과 채무의 집계 및 상계과정 없이 거래 발생 즉시 거래금액 전체를 결제하는 총액결제, 그리고 이 둘의 장점을 혼합한 혼합형 결제가 있다. 차액결제방식은 금융기관간 채권·채무의 차액만을 결제하므로 결제 빈도와 금액을 줄일 수 있으나 지급시점과 최종 결제시점까지 시차가 있기 때문에 결제위험이 발생하는 문제가 있다. 총액결제방식은 지급과 동시에 결제가 이루어지기 때문에 결제위험을 최소화하는 장점이 있으나 건별 결제로 빈도가 잦고 규모가 큰 단점이 있다. 이에 따라 차액결제방식은 금융기관의 대고객 거래 등 건당 거래금액은 크지 않으나 거래량이 많은 소액결제시스템에, 총액결제방식은 건당 거래금액이 크고 거래량이 많지 않은 거액결제시스템에 이용된다.

결제위험(settlement risk)은 예기치 못한 사정으로 결제가 예정대로 이루어지지 않을 가능성 또는 그로 인하여 야기되는 손실발생 가능성을 의미한다. 결제위험은 금융기관 지급시점과 자금결제시점의 차이, 지급결제시스템의 오류, 결제참가자의 재무건전성 미흡 등이 주요 원인이다. 지급결제제도는 경제활동에 수반되는 자금의 결제가 원활히 이루어지도록 함으로써 경제활동을 촉진하는 기능을 수행한다. 그러나 지급결제에는 각종 위험이 내재되어 있기 때문에 이러한 위험이 적절히 제어되지 않는다면 전체 금융제도가 불안해질 수 있다.

1.2. 주요 지급결제시스템

(1) 거액결제시스템 : 한은금융망(BOK-Wire+)

우리나라의 거액결제시스템은 1994년 12월 가동한 한은금융망이다. 한국은행과 금융기관의 전산시스템을 상호 연결하여 금융기관간 거액의 자금이체를 실시간 처리할 뿐만 아니라 소액결제시스템에서의 금융기관간 채권·채무를 지정시점에 최종 결제하는 등 우리나라 지급결제시스템의 중추적인 역할을 수행하고 있다. 또한 증권대금동시결제와 외환동시결제에 연계하여 증권 및 외환 거래에서의 결제리스크 감축에도 기여하고 있다.

(2) 소액결제시스템

소액결제시스템으로는 어음교환시스템, 지로시스템, 금융공동망, 전자상거래지급결제시스템 등이 있으며 소액의 결제를 다수 처리하기 때문에 주로 차액결제방식을 이용한다.

어음교환이란 다수의 은행이 일정한 시간에 어음교환소에 모여 자기은행이 수납한 어음 중 타은행을 지급지로 하는 어음과 타은행이 수납한 어음 중 자기은행을 지급지로 하는 어음을 서로 교환하고 대금을 결제하는 것을 말한다. 최근에는 IT의 발전 및 관련법률시행 등으로 어음을 실물로 교환하지 않고 어음에 기재된 내용을 전자적으로 정보화하여 교환하는 방식으로 전환되었다. 참가은행간 어음교환에 따라 발생하는 교환차액은 한국은행에 개설된 참가은행의 당좌예금계좌에서 대차 결제된다.

지로시스템은 지로를 통한 계좌이체가 지급결제중계센터에서 일괄처리되는 지급결제제도이며 전기·전화요금 및 물품판매대금 등 대량의 수납·지급거래에 편리한 지급수단이다.

금융공동망은 금융기관과 금융결제원의 전산시스템을 연결하여 고객에게 각종 금융거래서비스와 거래정보를 제공하는 지급결제시스템으로서 우리나라 소액결제시스템의 중추를 담당하고 있다. 현재 운영되고 있는 금융공동망에는 현금자동인출기(CD)공동망, 타행환공동망, 전자금융공동망 등이 있다.

전자상거래지급결제시스템은 인터넷 등을 통한 전자상거래에서 이용되는 지급결제시스템으로 거래 상대방에 따라 B2C 및 B2B 지급결제시스템으로 구분된다.

(3) 증권결제시스템

증권결제란 증권시장에서 주식 또는 채권을 거래함에 따라 발생하는 매도자와 매수자간의 채권·채무관계를 증권인도와 대금지급을 통해 종결시키는 행위로써 청산(clearing)과 결제(settlement)를 포함한다.

증권결제시스템이란 이러한 증권결제를 가능하게 하는 증권거래의 매매확인, 청산, 결제 및 증권의 보관을 포함하는 일련의 장치이다. 증권결제는 증권인도시기와 대금결제시기가 달라 거래당사자중 한쪽이 계약을 불이행할 경우 발생하는 리스크를 축소하기 위하여 증권과 대금의 결제가 동시에 이루어지도록 하는 증권대금동시결제(DvP; Delivery versus Payment) 방식으로 이루어진다.

우리나라 증권결제시스템에는 한국거래소와 한국예탁결제원이 운영하는 유가증권시장결제시스템, 코스닥 및 코넥스시장결제시스템 그리고 한국예탁결제원이 운영하는 채권기관투자자결제시스템 및 주식기관투자자결제시스템 등이 있다.

유가증권, 코스닥 및 코넥스시장결제시스템은 한국거래소가 청산을 통해 증권회사별로 결제일에 수수할 증권과 대금을 확정하면 증권은 한국예탁결제원의 예탁계좌에서 계좌대체방식으로, 결제대금은 지정은행에 개설된 한국예탁결제원 계좌를 통해 자금이체방식으로 동시에 결제된다. 한편 채권기관투자자결제시스템 및 주식기관투자자결제시스템은 한국예탁결제원이 청산하며 증권수수는 한국예탁결제원 계좌에서 대체되나 결제대금은 한국은행에 개설된 한국예탁결제원 계좌를 통해 증권과 동시에 결제된다.

(4) 외환결제시스템

외환결제란 외환시장에서 외환거래에 따라 발생하는 채권·채무관계를 서로 다른 통화의 이전을 통해 해소하는 것을 말한다. 외환거래는 서울외국환중개 또는 한국자금중개를 통한 장내거래와 거래당사자간 직접 접촉에 의한 장외거래가 있다. 장내거래는 중개회사가 실시간으로 제공하는 시황정보를 파악하여 직통전화로 거래가 주문·체결되는 전화주문방식이나 중개회사의 전자중개시스템(EBS; Electronic Brokering System)을 통해 거래가 체결되는 전자주문방식에 의해 이루어진다. 중개회사를 경유하지 않는 장외거래는 주로 로이터단말기의 딜링 머신 등을 통해 딜러간 가격 및 거래조건을 결정하는 점두거래 형태로 이루어진다.

외환매매에 따른 외국환업무 취급기관간 자금결제는 원화의 경우 대부분 한국은행에 설치된 외국환업무 취급기관의 당좌예금계좌를 통해 이루어지고 있다. 외화의 경우 매도기관은 한은금융망을 이용하여 자신의 환거래은행 또는 CLS(Continuous Linked Settlement)은행을 통해 자금을 결제한다.

환거래은행을 통한 외환결제는 은행간 외환거래에 있어서 가장 일반적인 결제방식으로 SWIFT(Society for Worldwide Interbank Financial Telecommunication)망을 통해 자신의 환거래은행에 매도통화의 지급을 지시하면 환거래은행이 해당 통화의 지급결제시스템을 통하여 거래상대방의 환거래은행에 자금을 이체함으로써 결제가 이루어진다.

그러나 환거래은행을 통한 결제방식은 매도통화와 매입통화의 결제시점이 서로 달라 외환결제리스크에 노출된다. 따라서 전세계 중앙은행들은 국제결제은행(BIS)과 함께 민간결제기구 설립을 통한 외환동시결제(PvP; Payment versus Payment) 방식을 구현하게 되었다. 이에 따라 전세계 주요 상업은행들은 외환동시결제방식을 구현하기 위하여 CLS(Continuous Linked Settlement) 은행을 설립하였고 2002년 9월부터 CLS시스템이 가동되었다. 우리나라의 경우 2004년 한은금융망과 CLS은행을 연결하는 CLS연계시스템을 가동하고 금융결제원에 CLS공동망을 구축하여 2004년 12월부터 CLS은행을 통한 원화·외화간 및 외화간 거래에 대해 동시결제를 할 수 있게 되었다.

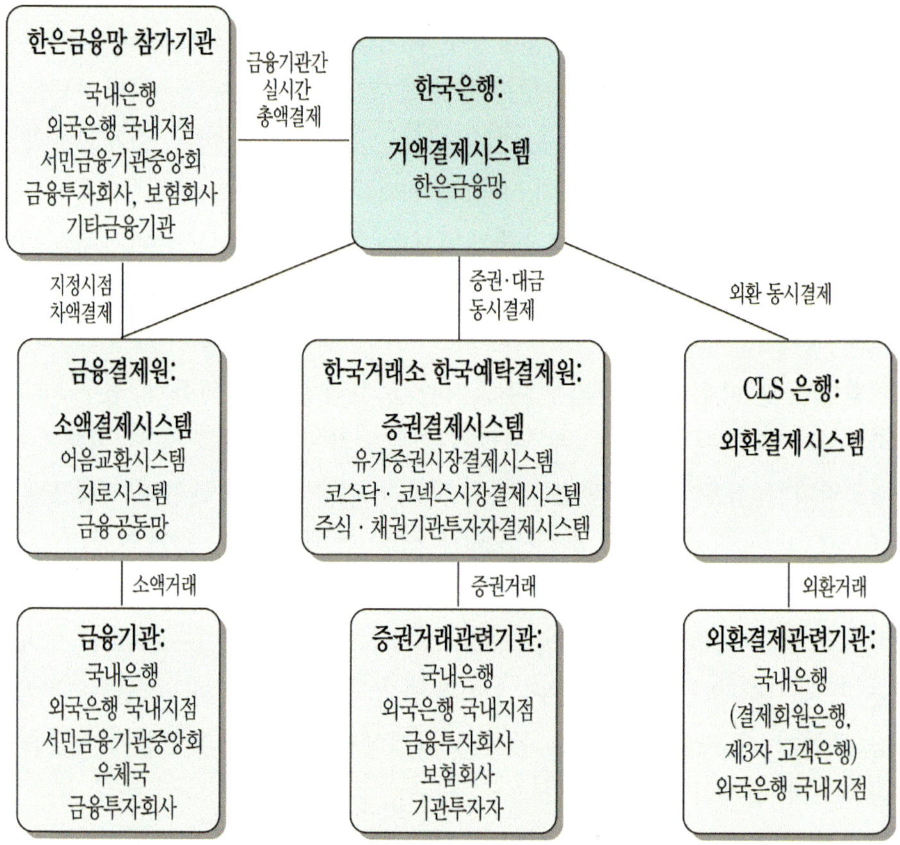

자료 : 한국은행, 『한국의 금융제도』(2018).

| 그림 2-1 | 한국의 지급결제시스템

2. 금융감독체제

2.1. 금융감독의 의의

금융감독이란 금융행위로부터 유발되는 각종 위험이 금융시장의 불안과 건전성 저해를 초래하여 전체 금융시스템의 안정성 훼손으로 확대되는 것을 방지하기 위해 취하는 규제행위이다(강병호 외, 2014). 좁은 의미에서 금융감독은 개별 금융기관의 설립을 인가하고 금융기관이 업무 수행시 지켜야 할 각종 규칙을 제정하며 이의 준수 여부를 감시하는 것을 의미한다(한국은행, 2018).

금융감독은 금융기관 업무에 대한 허가·금지·제한·권유 등의 형태로 이루어진다는 점에서 금융기관 경영에 대한 일종의 규제이다. 은행을 포함한 금융기관이 다른 산업에 비해 상대적으로 많은 규제를 받는 이유는 우선, 금융기관의 공공성 특성으로 인해 금융불안정에 따른 경제적 비용이 너무 크기 때문이다. 앞에서 설명한 바와 같이 금융기관은 기업과 가계에게 자금과 다양한 금융서비스를 제공하여 경제성장을 견인하고 금융위기(financial crisis)를 방지하는 공공성을 갖고 있다. 만약 금융기관들이 자금 및 금융서비스를 효율적으로 제공하는 역할을 수행하지 못하고 금융충격에 취약할 경우, 정상적으로 운영되던 기업들도 자금난으로 도산함으로써 경제위기와 경기침체로 이어질 수 있다. 이로 인해 국가의 경제적 성장은 뒤처지고 고용도 부진하게 된다.

둘째, 금융기관의 운영을 시장자율에만 맡겨둘 경우 시장실패(market failure)가 발생하기 때문이다. 금융산업은 경쟁적 시장에만 맡길 경우 정보의 비대칭성, 외부효과와 같은 시장실패가 발생할 수 있다. 앞에서 금융기관은 브로커 기능 및 자산변환 과정을 통해 금융시장에서 발생하는 정보의 비대칭성을 완화하는 순기능 역할을 수행한다는 내용을 살펴보았다. 즉, 금융기관은 자금차입자 혹은 자금 조달자에 관한 정보를 파악하는 전문적 노하우를 활용함으로써 정보의 비대칭성을 완화시키고 금융거래를 활성화시킬 수 있다.

다른 한편으로 금융기관은 고객 특히 예금주와의 관계에서 채무자에 해당한다. 그러므로 금융기관은, 규제가 미비한 상황에서, 예금주(고객)에 대해 정보의 비대칭성에 따른 역선택과 도덕적 해이 문제를 야기시킬 수 있다. 가령, 금융기관이 고객에게 금융상품 판매시 금융상품의 위험한 정보를 숨긴채 판매하는 경우, 고객입장에서 위험한 상품을 매입함으로써 발생하는 역선택의 피해를 입을 수 있다. 그리고 매우 투기적이거나 기만적인 기업이 은행업을 영위하는 경우, 고객의 예금으로 매우 위험한 투자를 실행하는 것과 같은 도덕적 해이로 인해 고객에게 피해를 줄 수도 있다.

금융산업에서 발생하는 또 다른 시장실패는 부정적 외부효과(externality)이다. 부정적 외부효과는 특정 거래자의 경제 행위가 거래 당사자 이외의 제3자에게 영향을 미쳐 비용을 가중시키는 것을 말한다. 따라서 외부효과 혹은 외부성이 존재하면 사적비용(private cost)에 비해 사회적 비용(social cost)이 더 크다.

금융산업에서의 외부성은 전염효과(contagion effect) 혹은 파급효과(spillover effect)라고 부르기도 한다. 가령, 특정 지역의 한 은행이 도산위기에 직면하여 예금인출사태(bank run)가 발생하는 경우, 그 지역의 금융시장에서는 불안심리가 확산되어 그 지역의 다른 동종 은행들에서도 연쇄적으로 예금인출사태가 발생하는 도미노 현상이 나타날 가능성이 높다. 금융산업의 외부성은 비단 특정 지역에서만 한정된 것이 아니라 국제 금융시장에서도 나타나는 현상이다. 1997년 중반 태국에서 발생한 금융위기가 인근의 말레이시아, 인도네시아, 필리핀으로 번졌고, 1997년 말에는 훨씬 큰 경제규모인 한국에까지 외환위기가 전파된 것은 대표적인 전염효과의 예이다.(조갑제, 2017)

금융감독은 개별 금융기관에 대해 인가, 규제, 검사, 제재 등을 실행하는 미시적 금융감독과 거시경제 및 전체 금융시스템의 안정을 도모하기 위해 여러 금융기관에 공통적으로 실행되는 거시적 금융감독으로 구분된다. 전통적으로 금융감독은 미시적 금융감독 위주로 실행되었으나, 범세계적으로 여러 금융위기를 겪으면서 2000년대에 들어서 거시적 금융감독의 중요성이 제기되었다. 금융위기의 발생 원인이 개별 금융기관의 실패 및 타 금융기관으로의 전염효과와 같은 미시적 원인에만 국한된 것이 아니라, 경기침체나 글로벌 경제 충격과 같이 모든 금융기관에게 적용되는 공통적 요인(common exposure)에 의해서도 금융위기가 발생하기 때문이다(Borio, 2003). 따라서 최근 글로벌 금융위기 이후 주요국의 금융감독체계는 거시적 감독기능을 강화하는 방향으로 개편되었다.

금융감독은 형식상 인가, 규제, 검사, 제재 등을 포함하는데 내용상으로는 크게 ① 진입 제한, 가격 규제, 업무범위 규제 등의 구조적 규제(structural regulation) ② 자본비율, 유동성비율 등 건전성 규제(prudential regulation) ③ 경영정보 및 금융상품 공시 등의 영업행위 규제(business conduct regulation) 등으로 나누어진다(한국은행, 2018). 자본비율, 유동성비율 등 건전성 규제에 관한 구체적 내용은 별도의 챕터에서 살펴보고자 한다.

2.2. 금융감독기구

1948년 7월 대한민국정부가 수립될 당시에는 재무부가 은행감독업무를 당당하였으나, 1950년 6월 한국은행법이 제정된 이후 한국은행의 최고의결기구인 '금융통화위원회'에서 은행감독권을 행사하였고 한국은행 내부의 '은행감독원'이 그 업무를 집행하였다. 한국은행은 설립초기에는 독립성이 강하였으나, 1962년에 한국은행법이 대폭 개정되면서 은행감독의 권한이 한국은행에서 재무부로 대폭 이관되었고 이와 같은 금융감독체계의 기본적 지배구조는 사실상 1990년대 중반까지 지속되었다.

1997년 말 금융위기 직후 '금융감독기구의 설치 등에 관한 법률'이 제정되었다. 동 법률에 의거 1998년 4월 통합감독기구인 '금융감독위원회'가 설립됨으로써, 한국은행의 은행감독권과 증권·보험·비은행에 대한 감독권이 '금융감독위원회'로 이관되었다. 또한, 1999년 1월 4개 감독기관(은행감독원·증권감독원·보험감독원·신용관리기금)이 통합된 '금융감독원'이 출범하였다. 금융감독위원회는 금융감독관련 주요 정책을 결정하는 최고의사결정기구로써 국무총리 소속 합의제 행정기관이다. 금융감독원은 금융감독업무를 직접 수행하는 무자본 특수법인으로써 금융감독과 관련한 주요사항을 금융감독위원회에 보고하며 필요한 경우 금융감독위원회의 지시와 감독을 받는 금융감독 집행 기관이다.(조갑제, 2008)

이후 2008년 4월 개정된 '금융위원회의 설치 등에 관한 법률'에 의거 과거 재경부의 금융정책국과 금융감독위원회를 통합하여 금융위원회가 설립되었다. '금융위원회'는 종전 '금융감독위원회'의 역할인 금융감독업무에 더하여 종전의 재경부가 보유하던 금융정책기능이 추가됨으로써 권한과 조직이 크게 확대 되었다. 따라서 현행 금융감독기구는 2008년 4월 이후 금융위원회와 금융감독원으로 구성·운영되고 있다.

금융위원회는 금융감독 관련 정책 및 금융기관 인·허가 등 금융감독과 관련한 중요사항을 심의·의결하고 금융감독원은 금융위원회가 결정한 사항을 집행하고 금융기관을 검사·감독하는 업무를 수행한다. 이처럼 금융위원회와 금융감독원은 금융감독기구로서 밀접하게 관련되어 있지만 금융위원회는 정부조직법상의 정부조직인 반면 금융감독원은 무자본특수법인으로서 양자는 별개의 조직이다.(한국은행, 2018)

금융감독체계의 일원화는 감독기관의 종합적인 감시 및 감독기능을 강화시키고 중복감독을 방지하며 또한 명확한 감독책임소재를 규명할 수 있어 감독의 투명성을 제고 시킨다는 장점이 있다. 그러나 실제로는 우리나라의 현행 금융감독당국은 금융위원회와 금융감독원의 이원구조이다. 금융정책을 담당하는 재정경제부·금융위원회와 금융감독 집행을 담당하는 금융감독원 간의 정보공유와 협력 미흡에 대한 비판이 제기된다.(조갑제, 2008)

금융위원회는 증권 및 선물 분야에 대한 별도의 심의·의결을 위해 내부조직으로 증권선물위원회를 설치·운영하고 있다. 증권선물위원회는 자본시장의 불공정거래 조사, 기업회계의 기준 및 회계감리에 관한 업무, 자본시장의 관리·감독 및 감시 등과 관련된 주요사항에 대한 사전심의 및 금융위원회 위임업무 등을 수행한다.

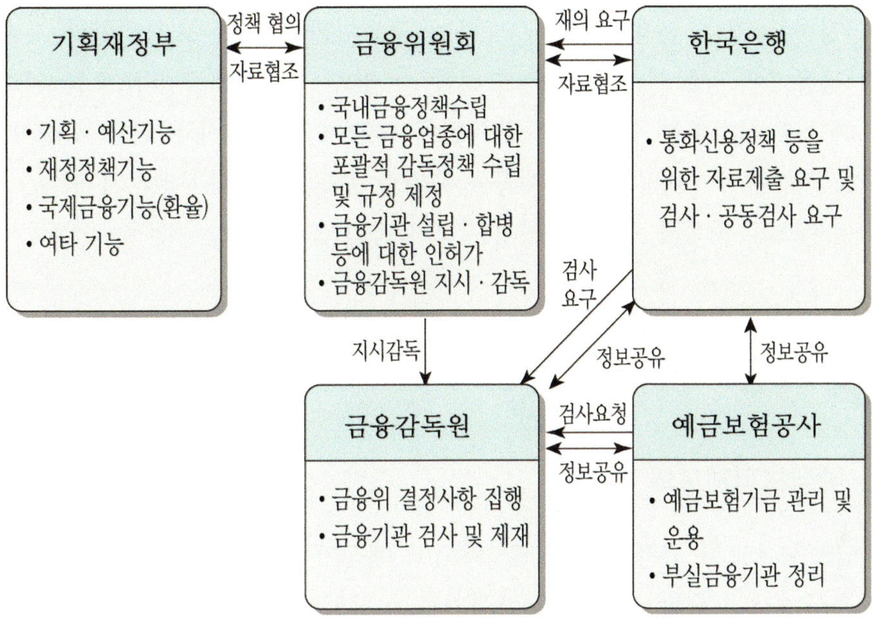

자료 : 한국은행, 『한국의 금융제도』(2018).

그림 2-2 한국의 금융감독체계

한편 금융감독당국 뿐만 아니라 제한적인 금융감독기능을 보유한 한국은행, 예금보험공사, 기획재정부 등도 금융감독체계를 구성하고 있다. 한국은행은 금융통화위원회가 통화신용정책의 수행을 위하여 필요하다고 인정하는 경우 금융감독원에 대하여 구체적인 범위를 정하여 금융기관에 대한 검사를 요구할 수 있으며 필요시 한국은행 직원이 금융감독원의 금융기관 검사에 공동으로 참여할 수 있도록 요구할 수 있다. 또한 금융감독원에 대하여 검사결과의 송부를 요청하거나 검사결과에 따라 금융기관에 대한 필요한 시정조치를 요청할 수 있다. 아울러 한국은행 금융통화위원회는 금융위원회가 통화신용정책과 직접 관련되는 금융감독상의 조치를 하는 경우 이의가 있을 때에는 재의를 요구할 수 있다.

예금보험공사는 예금자 보호와 금융제도의 안정성 유지를 위하여 필요하다고 인정하는 경우 금융감독원에 대하여 금융기관 검사를 요청하거나 소속직원의 금융기관 공동검사 참여를 요청할 수 있다. 또한 예금자 보호를 위하여 필요하다고 인정하는 경우 금융감독원에 대하여 구체적인 범위를 정하여 부보금융회사 등에 대한 자료의 제공을 요청할 수 있으며 부실우려가 있다고 인정되는 부보금융회사 등에 대해서는 독자적인 조사를 실시할 수 있다.

3. 예금보험제도

3.1. 예금보험제도의 의의

예금보험제도는 금융기관이 부실화되어 예금자의 예금인출 요구에 대해 지급불능사태가 발생할 경우 예금보험기구가 예금액의 전부 또는 일부를 대신 지급해주는 제도이다. 즉 금융기관이 예금자의 예금인출 요구에 응할 수 없는 상황에서 예금자를 보호함으로써 예금인출사태(bank run)가 발생하여 확산되는 것을 방지하는 데 그 목적이 있다. 예금자보호제도의 운영원리는 예금보험공사가 평소에 금융기관으로부터 예금보험료를 받아서 예금보험기금을 적립한 후, 금융기관이 예금을 지급할 수 없는 경우 금융기관을 대신하여 예금보험금을 지급하는 것이다.

예금보험제도는 1933년 은행법(The Banking Act) 혹은 소위 글래스-스티걸법(Glass-Steagall Act)에 의거 미국에서 처음 국가차원에서 도입되었다.[11] 1929~1933년 대공황 시기에 9000여개의 수많은 은행이 도산하여 은행산업이 공신력을 잃게 됨에 따라 미국 정부는 연방예금보험공사(FDIC; Federal Deposit Insurance Corporation)를 설립하였다. 1980년대 이후 범세계적으로 잇따른 금융위기를 겪으면서 예금보험제도가 여러 나라에서 빠르게 도입되었다. 우리

11) FDIC가 설립되기 이전에도 13개주에서 각 주별로 예금보험제도를 운영하였다.

나라의 예금보험공사는 1995년 12월에 제정된 예금자보호법에 따라 1996년 6월 설립되었다.

3.2. 우리나라 예금보험제도 내용

1996년 우리나라의 예금보험공사가 설립된 당시에는 은행만을 대상으로 한 예금보험기구였으나 1997년 12월 예금자보호법 개정(1998년 4월 1일 시행)으로 금융권별로 분산되어 있던 예금보험관련 기금이 예금보험공사 내의 예금보험기금으로 통합되었다. 이후 수산업협동조합의 지역조합과 신용협동조합이 각각 2003년 1월과 2004년 1월에 예금보험 적용대상기관에서 제외되었다. (한국은행, 2018)

현재 예금자보호대상 금융기관은 은행, 투자매매·중개업자, 보험회사, 종합금융회사 및 상호저축은행이 포함된다. 그리고 농협은행, 수협은행 및 외국은행 국내지점도 보호대상 금융회사이다. 상호금융(농·수협 지역조합), 신용협동조합, 새마을금고는 현재 예금보험공사의 보호대상 금융회사는 아니며, 관련 법률에 따른 자체 기금에 의해 보호된다.

예금자보호대상 금융상품은 예금보험 가입 금융기관이 취급하는 예금, 보험계약, 예탁금 등이다. 양도성예금증서(CD), 환매조건부채권(RP), 금융투자상품(수익증권, 뮤추얼펀드, MMF 등), 금융채 등은 보호대상에서 제외된다.

1996년 6월 출범 당시에는 예금보호 한도가 1인당 2천만 원이었으나, 외환위기 발생 직후인 1997년 12월 5일 예금자보호법 등의 시행령을 개정하여 2000년 말까지 한시적으로 부보금융회사가 파산하는 경우 이들 회사의 예금에 대해 원리금 전액을 보장하기로 하였다. 그 후 전액보호제도의 부작용이 발생함에 따라 1998년 8월 이후 가입한 예금 등에 대해서는 원금이 2천만 원 이내일 때에는 2천만 원 한도 내 원리금을, 원금이 2천만 원을 초과할 때에는 원금만을 보장하도록 하였다.

| 표 2-1 | 예금자보호대상 금융상품

구분	보호금융상품	비보호금융상품
은행	• 보통예금, 기업자유예금, 별단예금, 당좌예금 등 요구불예금 • 정기예금, 저축예금, 주택청약예금, 표지어음 등 저축성예금 • 정기적금, 주택청약부금, 상호부금 등 적립식예금 • 외화예금 • 예금보호대상 금융상품으로 운용되는 확정기여형 퇴직연금제도 및 개인형 퇴직연금제도의 적립금 • 개인종합자산관리계좌(ISA)에 편입된 금융상품 중 예금보호 대상으로 운용되는 금융상품 • 원본이 보전되는 금전신탁 등	• 양도성예금증서(CD), 환매조건부채권(RP) • 금융투자상품(수익증권, 뮤추얼펀드, MMF 등) • 은행 발행채권 • 주택청약저축, 주택청약종합저축 등 • 확정급여형 퇴직연금제도의 적립금 • 특정금전신탁 등 실적배당형 신탁 • 개발신탁
투자매매 · 중개업자	• 증권의 매수 등에 사용되지 않고 고객계좌에 현금으로 남아 있는 금액 • 자기신용대주담보금, 신용거래계좌 설정보증금, 신용공여담보금 등의 현금 잔액 • 예금보호대상 금융상품으로 운용되는 확정기여형 퇴직연금제도 및 개인형퇴직연금제도의 적립금 • 개인종합자산관리계좌(ISA)에 편입된 금융상품 중 예금보호 대상으로 운용되는 금융상품 • 원본이 보전되는 금전신탁 등 • 증권금융회사가 「자본시장과 금융투자업에 관한 법률」 제330조제1항에 따라 예탁받은 금전	• 금융투자상품(수익증권, 뮤추얼펀드, MMF 등) • 청약자예수금, 제세금예수금, 유통금융대주담보금 • 환매조건부채권(RP) • 금현물거래예탁금 등 • 확정급여형 퇴직연금제도의 적립금 • 랩어카운트, 주가지수연계증권(ELS), 주가연계파생결합사채(ELB), 주식워런트증권(ELW) • 증권사 종합자산관리계좌(CMA) • 증권사 발행채권 • 「자본시장과 금융투자업에 관한 법률」 제117조의8에 따라 증권금융회사에 예탁되어 있는 금전 • 「자본시장과 금융투자업에 관한 법률 시행령」 제137조 제1항제3호의2에 따라 증권금융회사에 예탁되어 있는 금전

구분	보호금융상품	비보호금융상품
보험	• 개인이 가입한 보험계약 • 퇴직보험 • 변액보험계약 특약 • 변액보험계약 최저사망보험금·최저연금적립금·최저중도인출금·최저종신중도인출금 등 최저보증 • 예금보호대상 금융상품으로 운용되는 확정기여형 퇴직연금제도 및 개인형 퇴직연금제도의 적립금 • 개인종합자산관리계좌(ISA)에 편입된 금융상품 중 예금보호 대상으로 운용되는 금융상품 • 원본이 보전되는 금전신탁 등	• 보험계약자 및 보험료납부자가 법인인 보험계약 • 보증보험계약, 재보험계약 • 변액보험계약 주계약(최저사망보험금·최저연금적립금·최저중도인출금·최저종신중도인출금 등 최저보증 제외) 등 • 확정급여형 퇴직연금제도의 적립금
종합금융회사	• 발행어음, 표지어음, 어음관리계좌(CMA) 등	• 금융투자상품(수익증권, 뮤추얼펀드, MMF 등) • 환매조건부채권(RP),양도성예금증서(CD), 기업어음(CP), 종금사 발행채권 등
상호저축은행 및 상호저축은행 중앙회	• 보통예금, 저축예금, 정기예금, 정기적금, 신용부금, 표지어음 • 예금보호대상 금융상품으로 운용되는 확정기여형 퇴직연금제도 및 개인형 퇴직연금제도의 적립금 • 개인종합자산관리계좌(ISA)에 편입된 금융상품 중 예금보호 대상으로 운용되는 금융상품 • 상호저축은행중앙회 발행 자기앞수표 등	• 저축은행 발행채권(후순위채권 등) 등 • 확정급여형 퇴직연금제도의 적립금

자료 : 예금보험공사, 홈페이지(2023.2.16.).

2001년부터는 예금보험제도를 전액보호제도에서 부분보호제도로 환원하면서 금융시장에 미치는 충격을 최소화하기 위하여 보호한도를 종전의 2천만 원에서 5천만 원으로 상향조정하였다. 이에 따라 2001년 1월 1일 이후 부보금융회사의 보험사고가 발생하는 경우, 예금보험공사는 원금과 소정의 이자를 합하여 5천만 원까지 보호한다. 보험회사의 경우 해약환급금(또는 만기 시 보험금이나 사고보험금)에 기타 지급금을 합한 금액을 최고 5천만 원까지 보호한다. 이후 퇴직연금제도 가입자의 수급권을 보다 두텁게 보호하기 위한 예금보호한도의 개선 필요성이 제기되었다. 이에 2015년 2월부터 확정기여형 퇴직연금제도 및 개인형 퇴직연금제도의 적립금에 대해서는 기존의 부보예금 5천만 원 보호한도와 별도로 5천만 원의 예금보호한도를 적용하고 있다.(한국은행 2018)

3.3. 예금보험제도와 도덕적 해이 문제

예금보험제도가 시행된 이후 지금까지도 논란이 되고 있는 점은 예금보험제도가 야기하는 도덕적 해이 문제이다. 예금보험제도하에서 보험가입자인 은행은 예금인출사태를 걱정할 필요가 없으므로 위험한 자산운용을 행하는 도덕적 해이가 발생한다는 것이다. 일반적인 민간보험의 경우 보험가입자가 부주의하게 행동하는 도덕적 해이의 유인이 발생하는 것과 마찬가지 논리이다.

미국의 FDIC는 설립이후 1993년까지 예금보험료 설정시 은행의 위험도와 상관없이 모든 은행들에게 일률적인 보험료를 부과하는 고정보험요율제도를 채택하였다. 고정보험요율제도 하에서는 예금주들도 예금보험제도에 의해 자신들의 예금이 보호되므로 위험한 자산운영을 하는 부실한 은행과 건전한 은행을 구분하고 모니터링하는 시장규율이 작동하지 않으므로 은행의 도덕적 해이가 더욱 증대하였다. 그리고 고정보험요율제도에서는 건실한 금융회사가 부실한 금융회사를 보조하게 되는 형평성 문제가 제기되었다. 이러한 배경 하에 FDIC는 1993년부터 은행들의 경영 위험도에 따라 예금보험료를 달리 적용하는 차등보험료율 제도를 도입하였다.

우리나라의 예금보험공사의 경우 2009년 2월 개정된 예금자보호법에 따라

2014년부터 전체 부보금융회사를 대상으로 부보금융회사의 경영 및 재무상황에 따라 예금보험료율을 달리 적용하는 차등보험료율 제도 시행이 의무화되었다. 예금보험공사는 부보금융회사로부터 매년 예금 잔액의 0.5%를 초과하지 않는 범위 내에서 대통령령이 정한 보험료율을 적용하여 산출된 보험료를 징수한다. 보험료율은 현재 업종별로 달리 적용하고 있으며 동일 업종 내에서 보험료율을 금융회사별로 10% 이내에서 차등 적용하고 있다.

차등보험료율 제도 하에서는 위험한 자산운용을 행하는 금융기관은 더 높은 예금보험료를 지불해야하므로 도적적 해이 유인을 감소시킬 수 있다. 그럼에도 불구하고 차등적인 예금보험료의 징수 부담이 크지 않아 여전히 은행의 위험한 자산운용을 부추기는 도적적 해이를 야기시킨다는 비판이 있다(Rose and Hudgins, 2013). 그러므로 최근 예금보험제도의 과제는 금융기관의 도덕적 해이를 제거할 수 있도록 적절한 차등보험료를 어떻게 측정 및 산출하여 부과할 것인가 하는 점이다.

예금보험금의 인상 여부 문제도 도덕적 해이 논쟁을 야기시켰다. 미국 FDIC의 경우 1934년 설립초기에 예금보험금 $2500에서 점차 인상되었으며 1980년부터 한도로 설정된 $100,000로 장기간 유지되었다. 예금보험제도의 초기 설립취지는 소액의 예금자들을 보호하는 데 있었으며 $100,000한도는 그 취지를 달성하는 데 충분하다고 간주되었다. 만약 예금보험금을 $100,000이상으로 인상할 경우 은행들은 높은 예금보험금의 혜택을 입게 되고 높은 위험의 대출을 취하는 도덕적 해이를 초래한다는 비판으로 인해 장기간 $100,000 한도에 머물렀다. 이후 2010년 도드-프랭크 법안(Dodd-Frank Regulatory Reform Act)에 따라 현재의 $250,000로 인상되었다.(Rose and Hudgins, 2013)

한편 금융위기를 거치면서 미국, 한국을 포함한 여러 국가에서는 예금보험기구의 역할이 보험료의 수납과 보험금 지급 등 예금보험기금의 관리에만 국한하지 않고 부실금융회사 정리, 자금지원 및 부보금융회사에 대한 일정한 감독기능을 수행하고 있다. 금융기관의 부실한 경영으로 인해 예금인출사태가 발생하면 그 손실을 예금보험기구가 부담하므로 예금보험기구가 감독기능을 수행할 경우 보다 효과적으로 감독할 수 있다는 이점이 있기 때문이다.

금융위기를 거치면서 예금보험기구와 규제당국은 대형 부실은행에 대해서는 도산을 허용하지 않고 정부의 구제금융을 지원하는 소위 대마불사정책(too big to fail policy)을 채택함으로써 또 다른 도덕적 해이 문제를 야기시켰다. 대형 부실은행에 대해서 예금보험기구가 청산방식(payoff method)을 채택할 경우 예금주에게, 한국의 경우, 5천만 원까지 예금액을 지급하고 그 은행을 도산시키게 된다. 그럴 경우 시장규율은 확보할 수 있으나 전체 금융시스템의 안정성에 대한 공신력을 잃게 되어 금융위기가 확대될 수 있다. 2007-2009년 글로벌 금융위기 당시 Bank of America, JP Morgan Chase 등의 대형금융기관에 대해 미국 정부가 구제금융을 지원하여 지급불능을 해결한 것이 대마불사정책(too big to fail policy)의 예이다.

4. 금융제도 : 소유구조와 업무영역

금융제도(financial system)는 금융거래에 관한 일체의 체계와 규범을 총칭하는 개념으로 금융기관, 금융시장, 금융수단·금융상품 등의 구조나 형태를 포괄하는 경제제도이다(한국은행, 2018). 금융제도는 각국의 정치·경제·법률·역사적 배경 등에 따라 나라마다 다르게 발전해왔다. 금융제도의 유형은 금융기관의 소유구조와 업무영역 측면에서 다음과 같이 구분된다. 은행중심 금융제도(bank-based financial system)와 시장중심 금융제도(market-based financial system), 전업주의(specialized banking system)와 겸업주의(universial banking system), 그리고 금융자본과 산업자본의 분리주의와 결합주의로 대별할 수 있다.

4.1. 전업주의와 겸업주의

(1) 전업주의와 겸업주의의 의의

금융기관의 업무영역은 크게 은행, 증권, 보험업의 3대 권역의 업종으로 구분할 수 있다. 이 중에서 한 가지 업종만을 취급할 수 있는 경우를 전업주의 혹은 전업은행제도(specialized banking system)라고 하며, 한 금융기관이 모든 업종을 제한 없이 취급할 수 있는 경우를 겸업주의 혹은 겸업은행제도(universial banking system)이라고 한다. 두 가지 금융시스템의 차이에 있어서 중요한 쟁점은 은행(commercial bank)이 주식과 채권의 인수 및 중개와 같은 증권(investment bank)업무를 함께 수행할 수 있느냐 유무이다.

전통적으로 미국, 영국, 일본 및 한국은 오랫동안 전업주의를 고수해왔으며, 독일, 프랑스, 이태리 등 유럽대륙국가들은 겸업주의를 채택하였다. 미국의 경우 대공황 이전시기에는 은행들이 증권회사 자회사를 통해서 증권업무를 취급할 수 있었다. 그러나 1929년~1933년 대공황 시기에 주식시장의 붕괴와 연계되어 9000여개의 수많은 은행이 도산함에 따라 1933년 글래스-스티걸법(Glass-Steagall Act)을 제정하여 은행과 증권의 겸업을 엄격히 제한하였다.[12)] 대공황의 주요 원인 중 하나는 은행이 증권업무를 겸업함에 따른 부작용에 있다고 지적되었기 때문이다.

이후 미국에서는 1999년 '금융서비스현대화법(Gramm - Leach - Bliley Act)'을 제정하여 은행, 증권, 보험 겸업을 금지한 '글래스-스티걸법'을 폐지하고 금융지주회사 혹은 은행의 자회사 형태로 투자은행업 및 보험업의 겸업을 할 수 있도록 허용하였다.

영국은 전통적으로 대형 결제은행이 수행하는 상업은행업무와 머천트뱅크

12) 글래스-스티걸 법은 은행의 국채와 지방채에 대한 인수와 중개업무는 예외적으로 허용하였다. 그리고 은행지주회사의 증권관련 자회사의 수익중 증권인수업무 수익이 50%미만인 경우, 글래스-스티걸 법안에서 은행과 증권의 겸업을 제한하는 조항 제20조를 위반하지 않으므로, 예외적으로 이른바 '제20조 관계자회사(section 20 affiliates)' 형태로 증권업 겸업이 허용되었다.

가 수행하는 증권업무를 분리해 왔으나 1986년 금융빅뱅(Big Bang) 정책을 계기로 겸업주의로 전환되었다. 금융빅뱅(Big Bang) 정책은 일종의 금융자율화 정책으로 대형 결제은행이 자회사를 통해 증권업에 진출할 수 있도록 허용함으로써 일찍이 전업주의 원칙이 수정되었다.

독일은 19세기 초 영·미에 비해 직접금융시장이 발전되지 못한 상태의 후발 자본주의 국가였으므로 독일정부는 산업화를 빠르게 추진하기 위해 겸업은행(universial banking system)을 발전시켰다. 독일은행은 원래 기업들에 대한 산업화를 지원하기위해 사채 및 주식인수와 같은 투자은행업(investment banking) 위주였으나 이후 일반 상업은행업과 보험업 등도 겸업하였다. EU가 출범하면서 EU는 은행 비즈니스 모델로 독일과 같이 은행업과 증권업(투자은행업)을 포함하는 겸업주의를 따르게 되었다.

일본은 1993년 일련의 금융개혁법안을 시행하여 은행이 증권회사를 자회사로 둘 수 있도록 허용한 데 이어 1998년 소위 일본판 빅뱅정책을 도입하여 금융지주회사 방식을 통해 은행, 증권, 보험업간 금융겸업화를 본격적으로 허용하였다. 우리나라도 전업주의를 채택해왔으나 2000년에 '금융지주회사법'을 제정하여 금융지주회사를 통한 금융겸업화를 추진하였다.

(2) 겸업주의의 장·단점

겸업주의의 단점은 우선 겸업이 금융시스템의 금융불안정성을 높이고 금융위기를 초래할 수 있다는 것이다. 증권업무가 은행업무에 비해 상대적으로 위험성이 더 높으므로 증권업에서의 부실이 은행부문으로 전파되어 금융시스템 위기로 확대될 수 있다. 은행은 지급결제와 같은 금융하부구조의 핵심 역할을 하고 있기 때문에 증권부분의 부실이 은행으로 전이되면 전체 금융시스템의 불안정성을 높이게 된다는 것이다.

또한, 겸업은행은 그렇지 않은 금융기관보다 규모가 큰 대형 금융기관이므로 정부는, 대형은행 도산 시 발생할 경제위기가 두려워, 대형은행의 도산을 방치하지 않을 것이라는 믿음에 근거한 대마불사정책(too big to fail policy)의 도덕적 해이를 유발한다는 것이다. 이러한 도덕적 해이로 인해 겸업을 하는 대형 금융기관이 과도하게 위험한 자산운용을 추구하도록 유발할 수 있다.

그리고 겸업주의는 이해상충문제를 야기시킬 수 있다는 것이 단점으로 지적된다. 금융거래에서 이해상충문제란 다른 고객을 희생시키면서 한 고객의 이익을 추구한다든지, 금융기관의 이익을 추구하기 위해 고객의 이익을 희생시키는 것을 말한다. 은행과 증권업의 겸업에 따른 이해상충의 예로는 은행이 고객에게 증권상품을 판매 시 고객에게는 불리하더라도 겸업은행의 이익을 위해 겸업은행 자신의 상품을 권유할 유인이 있다는 것이다. 그리고 은행이 인수업무를 겸업하는 경우 인수한 증권을 투자자에게 모두 매각하지 못함에 따라 인수손실위험이 발생할 수 있다. 이 경우 손실가능성을 피하기 위해 겸업은행이 관리하는 신탁계정에 매각되지 않은 증권을 편입시켜 신탁계정 가입 고객에게 피해를 입히는 것도 주요한 이해상충의 예이다.

겸업주의의 장점은 우선 범위의 경제(economies of scale)가 있다는 것이다. 범위의 경제란 여러 업무를 한 금융기관에서 함께 취급할 경우 비용을 더욱 감소시킬 수 있다는 것을 의미한다. 우선 겸업은행은 각 업무로부터 취득된 고객의 정보를 공유할 수 있다는 점에서 범위의 경제가 있다. 가령 기업에 대한 대출업무를 취급하면서 취득된 기업의 정보를 해당 기업에 대한 유가증권을 인수할 경우 그 기업에 대한 정보를 추가적인 비용 없이 활용할 수 있다. 그리고 건물, 전산시설, 노동력 등 고정적 투입요소를 여러 금융업무에 효과적으로 공동으로 활용함으로써 비용을 줄일 수 있다. 또한 특히 IT기술의 혁신적인 발전에 의해 고객과 고객의 니즈(needs)에 관한 정보를 공유하여 고객이 원하는 복합금융상품을 개발하는 시너지를 창출할 수 있다. 그리고 겸업은행은 한 고객이 여러 금융서비스를 동시에 편리하게 취급할 수 있도록 one-stop 서비스를 제공하는 데 유리하다.

겸업주의의 또 다른 장점은 업무다각화로 인해 안정적인 수익 흐름을 나타낼 가능성이 높다. 은행, 증권, 보험업무의 수익흐름이 다른 방향을 나타내는 경우가 많다. 은행업무의 수익이 좋지 않더라도 증권 혹은 보험분야의 수익이 좋은 경우 겸업금융기관의 전체적인 수익은 안정적인 수익을 보일 것이다.

이상에서 논한 겸업주의의 장점과 단점에 대한 논거를 입증하기 위해 학계에서 오랫동안 노력해 왔으나 여전히 혼재된 연구결과를 보여주고 있다. 특히 다수의 연구 결과 겸업화에 의해 수익이 증가하고 수익의 안정성이 제고되는 것으로 나타나고 있으나, 비용측면에서 범위의 경제가 유의적으로 나타나는지에 대해서는 여전히 통일된 결론에 이르지 못하고 있다.[13)]

4.2. 시장중심 금융제도와 은행중심 금융제도

국가마다 경제발전 역사, 법률적 체계 등에 따라 간접금융 위주의 금융구조를 형성하기도 하고 직접금융위주의 금융구조를 갖고 있기도 하다.[14)] 기업이 자금조달을 하는 방법 중에서 주식, 채권과 같은 직접금융의 비중이 상대적으로 높은 경우 시장중심 금융제도(market-based financial system)이라고 하며, 대출과 같은 간접금융의 비중이 더 높은 경우 은행중심 금융제도(bank-baed financial system)이라고 한다. 독일, 일본, 한국의 금융구조는 은행중심제도로 은행이 금융시장에서 중추적인 역할을 하며 미국, 영국은 대표적인 시장중심제도로 자본시장이 중요한 역할을 한다.

〈표 2-2〉는 자금순환통계를 활용하여 2019-2021년 중 우리나라 기업부문의 자금조달과 운용 구조를 보여준다. 자금순환통계는 국가경제를 구성하는 정부, 기업, 가계 등 경제주체 간에 일정기간 동안의 자금흐름이 어떤 형태를 나타내는지 종합한 통계이며 각 경제부문별 자금운용 및 조달 구조를 파악하는데 유용하다. 기업부문이 자금조달을 하는 방법을 살펴봄으로써 은행중심 금

13) Saunders and Cornett(2014)는 특정 금융서비스에 대해 효과적인 시설이 다른 금융서비스의 생산에는 오히려 비효율적이므로 범위의 경제가 금융산업에서 잘 나타나지 않는다고 주장한다.

14) La Porta et al(1998)는 영미법(common law) 체계를 가진 국가는 시장중심 금융제도를 형성하며, 대륙법(civil law) 체계를 가진 국가는 은행중심 금융제도를 나타낸다고 주장하였다.

융제도인지 시장중심 금융제도인지 파악할 수 있다.[15)]

2021년 중 기업무분은 256.2조원을 운용하고 330.5조원을 자금조달하였으므로 기간 중 자금운용액(저축)에서 자금조달액을 차감한 금액은 -74.3조원이며 그 만큼 순자금조달(net borrowing) 혹은 자금부족이 발생하였다.

표 2-2 우리나라 기업부문의 자금조달 및 운용

(연중, 조원)

	2019	2020	2021
자 금 운 용 (A)	104.0	184.8	256.2
금 융 기 관 예 치 금	38.2	120.6	122.7
채 권[2)]	9.8	3.8	11.4
지분증권 및 투자펀드[3)]	27.9	1.8	49.7
국 외 운 용[4)]	12.0	30.7	53.7
기 타[5)]	16.1	27.8	18.7
자 금 조 달 (B)	156.9	274.3	330.5
금 융 기 관 차 입	99.5	160.0	174.4
직 접 금 융	50.6	57.7	93.5
• 채 권 발 행[2)]	15.9	23.6	29.2
• 지분증권 및 투자펀드	34.7	34.2	64.3
국 외 조 달[4)]	19.6	16.0	31.4
기 타[6)]	-12.8	40.6	31.1
자금운용 및 조달 차액 (A-B)	-52.9	-89.6	-74.3

주 : 1) 비금융준법인기업 포함
2) 해외채권 제외
3) 비거주자 발행주식 제외
4) 해외채권, 비거주자 발행주식, 직접투자, 기타대외채권·채무
5) 현금, 상거래신용, 미수금 등
6) 상거래신용, 정부융자 등

자료: 한국은행, 보도자료, 2022.4.7.

15) 자금순환통계에서 기업은 비금융법인기업으로 공기업과 민간기업을 포함한다.

따라서 기업은 금융시장에서 순차입자인 것을 알 수 있다. 기업부문은 저축을 초과하는 투자를 실행하므로 그 차이만큼 금융시장에서 자금조달하게 되며 이를 외부자금(external fund)이라고 한다.

2021년 중 기업무분의 자금조달 구조를 보면 금융기관 차입 즉 간접금융을 통한 조달이 52.8%를 차지하고 직접금융을 통한 자금조달은 28.3%를 차지한다. 따라서 우리나라 기업들의 자금조달 원천 중 금융기관의 대출이 가장 중요한 역할을 하고 있음을 알 수 있다.

시장중심 금융제도와 은행중심 금융제도는 자금제공자의 기업감시 방식에 차이가 있다. 증권시장이 잘 발달된 시장중심 금융제도에서는 주가와 채권가격의 변동, 적대적 인수합병과 같은 증권시장을 통한 시장규율이 기업 감시에 중추적인 역할을 한다. 시장중심 금융제도에서는 주주중심 자본주의를 배경으로 하고 있는 만큼 주주들이 투자 시 투자자보호와 기업회계의 투명성이 중요시된다.

반면 은행중심 금융제도에서는 기업에 대한 자금의 공급이 주로 은행을 통해 이루어지므로 기업에 대한 감시도 은행이 중요한 역할을 수행한다. 은행중심 금융제도에서는 다수의 투자자가 아니라 특정 은행과 기업 간 장기적 거래관계가 중요하다. 은행은 기업과의 장기적 거래관계에서 배타적이고 중요한 정보를 획득함으로써 정보의 비대칭성을 최소화하고 안정적인 수익성을 확보하게 된다. 그러므로 거래은행이 그 기업에 대한 감시기능을 수행한다. 은행중심 금융제도에서는 기업과 은행의 관계가 탄탄하고 기업이 은행의 보호를 받고 있는 경우 주식시장에서의 주가변동이나 적대적 인수합병의 위협으로부터 상대적으로 자유롭기 때문에 기업의 경영진은 중장기적인 안목으로 안정적인 경영이 가능하다.

이와 같이 은행중심 금융제도는 장기고객관계에 의해 정보비대칭성을 완화 축소하고 은행이 기업의 많은 정보를 갖고 있어 대리인문제를 감소시킨다는 측면에서 장점이 있다. 하지만, 기업이 부실해질 경우 은행이 손실을 부담하게 되며 기업이 도산 시 은행도 위기에 직면할 위험이 있다. 반면 시장중심 금융제도는 혁신산업에 대한 적정한 자금배분 측면에서 장점이 있다. 은행중심 금융제도에서는 은행은 상대적으로 보수적인 자산운용을 함에 따라 혁신적인 기업에 대출하기보다는 전통적인 제조업에 대출하는 행태를 보인다. 그러나 주식시장을 통한 투자자들의 자금공급은 고수익을 추구하면서 위험을 부담하는 모습을 보이기 때문에 혁신적인 기업에 대한 적정한 자금배분 측면에서 우월하다. 그리고 시장중심 금융제도는 투자자보호 장치가 잘 정비되어 있고 기업경영의 투명성이 높다는 장점이 있다. 하지만, 시장중심 금융제도에서는 수많은 주주에 의해 소유가 분산되어있고 소유와 경영도 분리되어 있어 주주가 경영자에 대해 적극적인 감시가 어려워 대리인 문제가 발생할 수 있다. 이러한 대리인 문제로 인해 기업경영자는 단기적인 성과위주의 경영행태를 보일 유인이 크다는 단점이 있다.

시장중심 금융제도와 은행중심 금융제도 중에서 어떤 금융구조가 경제성장이나 기업의 자금조달 측면에서 우월한가에 대한 많은 연구가 진행되었다. 이와 관련한 연구 결과를 종합하면, 금융발전이 경제발전에 중요한 역할을 한다는 점에서는 통일된 결과가 나타났으나, 특정 금융구조가 경제발전을 견인하는 데 더 우월하다고 단정하기 어렵다. 다만, 경제가 선진화될수록 시장중심 금융제도의 역할이 더 중요해지며 저개발국가나 아직 선진화되지 못한 경제발전 단계에서는 은행중심 금융제도가 경제성장에 상대적으로 중요한 역할을 하는 것으로 나타난다.(Gambacorta, 2014; Jo, 2002)

4.3. 금융기관의 소유구조 : 금융자본과 산업자본

금융기관을 소유하고 있는 이해관계자들의 지분 구조를 금융기관의 소유구조(ownership structure)라고 한다. 금융기관의 소유구조도 각 국가의 경제발전 역사, 법률적 체계 등에 따라 차이가 있다. 금융기관의 소유구조에서 중요한 쟁점은 국민경제의 이득과 위험 측면에서 금융자본(금융기관)과 산업자본(비금융기업)을 분리하는 것이 좋은지 아니면 결합하는 것이 나은지에 관한 것이다. 특히 산업자본이 금융자본 중에서 은행을 소유하거나 은행이 산업자본을 소유하도록 허용할 것인가 여부가 핵심쟁점이라고 볼 수 있다.

전통적으로 미국, 영국, 한국은 금융자본과 산업자본의 분리원칙을 준수해 왔으며 독일과 일본은 금융자본과 산업자본의 관계가 긴밀한 시스템을 갖고 있다. 우리나라에서는 산업자본이 은행에 대해서는 소유하는 데 제한을 두고 있으나 은행이외 금융회사에 대해서는 소유제한이 없으므로 금산분리가 아니라 은산(銀産)분리의 원칙을 따르고 있다고 할 수 있다.

금산분리가 필요하다는 논거는 다음과 같다.[16] 우선 산업자본과 금융자본이 결합되면 경제력 집중 문제가 있다는 것이다. 가령 비금융회사가 은행을 지원할 경우 자신의 기업에 유리한 자금지원을 함으로써 자원의 합리적 배분과 구조조정을 저해할 우려가 있다는 것이다. 둘째 금산결합 시 금융업의 안정성이 저해될 수 있다는 것이다. 은행이 계열기업에 대해 철저한 심사에 근거한 대출보다는 관계인 대출(connected lending)이 증가할 소지가 있으며 이로 인해 대출이 부실화될 우려가 있다는 점이다. 셋째, 금산결합은 이해상충 문제를 야기할 수 있다. 겸업주의에서의 이해상충 문제와 마찬가지로 금융기관의 이익을 추구하기 위해 고객의 이익을 희생시키는 경우가 발생한다는 것이다. 가령, 계열기업이 보유한 부실채권을 계열금융기관이 인수하거나, 금융기관이 보유한 고객의 사적정보를 계열기업이 이기적으로 유용할 가능성이 있다. 반면, 금산결합을 주장하는 논거는 우선 규모의 경제와 범위의 경제를 가져온다는 것이다. 그리고 금산결합 시 기업의 잉여자본이 은행에 투입되고 은행자본의 확충이 용이해져 은행경영의 안정성이 제고된다는 것이다. 셋째, 계열기업 간 정보 공유와 교류가 용이해짐에 따라 정보비대칭성 문제가 완화된다는 것이다.

금산분리 쟁점에 관한 연구는 2008-2009년 글로벌 금융위기 이전에는 겸업화 추세와 함께 금산결합이 가져다주는 규모의 경제, 범위의 경제 등을 주장

16) 강병호 외(2013)을 참조함.

하는 연구가 힘을 얻었다. 그러나 글로벌 금융위기 과정에서 금융자본과 산업자본이 결합된 거대기업의 폐해 및 그림자금융의 부작용을 지적하는 연구가 크게 부각되었다.[17] 이에 따라 글로벌 금융위기 이후 2010년 7월 제정된 미국의 '도드-프랭크법(Dodd-Frank Wall Street Reform and Consumer Protection Act)'에서는 은행·은행지주회사 및 계열 자회사가 수행할 수 없는 비은행기업에 헤지펀드, 사모펀드(PEF), 벤처캐피탈 회사를 포함함으로써 금산분리 정책을 더욱 강화시켰다.

우리나라 금산분리 정책의 시작은 1961년 '금융기관에 대한 임시조치법'이다. 당시 재벌에 의한 금융자원의 독점 현상이 심각하였다. 이에 따라 박정희 정부는 대기업의 독점적인 은행지배에 따른 문제점을 해소하기 위해 정부는 이 법에 근거하여 재벌이 소유한 시중은행 주식을 모두 정부에 귀속시키는 사실상의 은행 국유화를 단행하였다. 국내 은행법상 산업자본의 은행지분에 대한 보유 한도는 1982년에 처음 도입되었다. 1961년 임시조치법으로 국유화된 은행이 1981년 민영화되는 과정에서 은행법은 대기업의 은행지분 보유한도 8% 제한을 도입하였다. 산업자본의 금융지배 우려를 반영하여 1994년에는 은행법상 산업자본의 은행지분보유한도가 4%로 강화되었다. 하지만 1994년 개정 후 기존 3년에 걸친 경과조치기간 중인 1997년에 외환위기가 발생하였고 금산결합에 따른 정실자본주의(crony capitalism)가 금융위기의 한 원인으로 지적되었다.(김자봉, 2021)

우리나라에서는 2000년 10월 금융지주회사법이 제정되어 금융회사가 대형화·겸업화 할 수 있도록 하였다. 금융지주회사란 주식 또는 지분의 소유를 통하여 금융업을 영위하는 회사 또는 금융업의 영위와 밀접한 관련이 있는 회사를 지배하는 것을 주된 사업으로 하는 회사이다. 금융지주회사법에서도 금산분리 원칙이 유지되어 금융지주회사는 비금융회사를 자회사로 소유할 수

17) 그림자금융(Shadow banking)이란 은행과 유사한 신용중개기능(banking)을 수행함에도 불구하고 은행과 같은 건전성규제를 받지 않으며 중앙은행의 유동성 지원이나 예금자보호도 받지 않는 기업을 의미한다.

없고 일반지주회사는 금융회사를 자회사로 소유할 수 없다. 자회사중에서 은행이 없는 비은행지주회사는 2009년에 제도가 대폭 완화되어 비금융회사를 자회사로 소유할 수 있도록 허용하였다.

이후 인터넷전문은행의 출범과 함께 금산분리 원칙 완화여부가 금융정책의 중요한 쟁점이 되었다. 금융당국은 핀테크의 발전을 배경으로 ICT회사가 주도적으로 경영할 수 있는 인터넷전문은행을 설립하겠다는 정책방침에 따라 소위 '인터넷전문은행 특례법'을 제정하여 2019년 1월부터 시행하였다. ICT기업이 대주주로서 은행 지분을 소유할 수 있는 법적 근거를 만들었다. 기존의 금산분리 원칙에 의하면 비금융주력기업은 은행의 지분을 10% 초과해서 소유할 수 없었으나, 인터넷전문은행에 한해 ICT기업일 경우 예외적으로 은행의 지분을 34%까지 보유할 수 있도록 허용하였다. 인터넷은행의 예외인정 이후에 나타난 또 다른 논란은 빅테크 기업과 기존의 은행들 간의 형평성 문제이다. 각종 규제를 받고 있는 기존 은행들에 비해 빅테크기업은 금융업을 하면서도 규제에 있어 상대적으로 자유롭다는 논란이 있다. 아울러 금융부문은 공공성을 띠고 있는 특성이 있으므로 금융업을 영위하는 빅테크기업에게는 각종 위험관리에 대한 책임성도 부여되어야한다는 논란이 있다.

미국의 금산분리원칙은 1864년의 국가은행법(the National Bank Act)에서부터 시작되었다. 국가은행법에서는 미국 정부의 인허가를 받은 은행은 은행업 이외 일반기업의 사업을 영위할 수 없도록 엄격히 제한하였다. 하지만 은행지주회사법(Bank Holding Company Act of 1956) 이전까지 산업자본의 은행 소유 금지에 대한 명확한 규정이 없었으므로 비금융기업이 은행을 소유한 경우가 흔히 있었다. 은행지주회사법에서 은행을 소유하는 회사를 은행지주회사라고 하고 비금융회사가 은행지주회사가 되기 위한 조건을 정의해 놓고 은행지주회사는 은행업과 밀접한 관련성이 있는 업무만 할 수 있도록 허용하였으며 기업주식도 보유하지 못하도록 함으로써 은행과 산업자본을 명확히 분리하였다. 현재 은행지주회사법에 의거 일반기업이 은행지주회사 지분 25% 이상을 보유하는 것을 금지하며, 지분 5%를 초과하여 보유하기 위해서는 연준의 사전승인을 받아야한다. 따라서 실질적으로 기업이 은행지분의 5%이상 소유할 수 없도록 상당히 엄격히 제한하고 있다.[18]

1999년 '금융서비스현대화법(Gramm - Leach - Bliley Act)'을 제정하여 금융지주회사 혹은 은행의 자회사 형태로 증권회사, 보험회사를 두고 겸업화 할 수 있도록 허용하였으나 여전히 금산분리 규제는 남겨두었다. 다만 '본질적으로 금융업(financial in nature)'으로써 금융업과 관련된 회사는 금융지주회사의 자회사로 둘 수 있게 다소 완화되었으며 은행을 소유할 수 있는 회사도 이러한 기준을 충족하도록 하였다.[19]

영국은 전통적으로 금산분리 원칙을 고수하였으나 1986년 금융빅뱅(Big Bang) 정책을 통해 은행과 증권회사 간 겸업화를 허용하면서 금융자본과 산업자본 간의 벽도 명목상으로 완화하였다. 영국은 현재 원칙적으로 은행이 일반회사를 소유할 수 있고 일반회사도 은행을 소유할 수 있으나 은행감독당국이 '적합하고 적절한(fit and proper)' 소유자로 인정한 경우에 한정하고 있다. 실제적으로 금산분리가 아닌 금산결합의 형태를 보이는 소유구조는 흔하지 않다.

독일에서는 전통적으로 은행들이 기업들에 대한 산업화를 지원하면서 투자은행업(investment banking)이 발전함에 따라 은행과 기업 간에 밀접한 관계를 형성하였다. 독일의 겸업주의는 은행과 기업 간의 긴밀한 관계를 유지시키면서 특유의 주거래은행제도(Hausbank system)를 발전시켰다. 주거래은행은 기업에 대한 감시를 위해 임원을 파견하여 회사경영에 관여하고 주식을 취득하여 대주주로써 지배력을 행사하였다. 이러한 배경 하에 독일은 산업자본과 금융자본이 상당부분 결합된 시스템을 갖고 있다. 즉 기업이 은행을 소유하거

18) 은행지주회사법(1970, 1987, 1999년 개정)에서 비금융회사의 은행(은행지주회사)을 지배하는 것으로 정의하는 요건은 다음과 같다. 은행(은행지주회사)에 대해 의결권 있는 주식을 25% 이상 보유하거나 사실상 지배하는 경우, 과반수이상의 이사를 선임하거나 영향력을 행사는 경우, 또는 은행이사회에 직간접적으로 지배력을 행사한다고 연준이 판정하는 경우이다.

19) 법률상에 정의된 은행(Bank)으로 간주되지 않는 경우 예외적으로 금산결합이 가능한 경우도 있다. 비금융회사가 금융업을 영위하는 GE Capital이 대표적 사례이다.

나 은행이 기업을 소유하고 있다. 특히 은행이 기업의 지배주주인 경우가 흔하다.[20] 그리고 독일의 기업이 은행을 소유하고자 하는 경우에는 EU의 은행산업 규제법률인 'EC의 제2차 은행업지침(The EC Second Banking Directive)'에 의거, 기업의 은행지분 소유를 직접적으로 제한하지는 않지만, 일정지분(10%, 25%, 33%) 이상 직·간접적으로 보유 시에는 감독당국의 적격성 심사를 받도록 하고 있다.

일본의 경우에도 은행과 기업 간에 밀접한 연계와 협력체제를 유지하고 있다. 일본의 기업은 독일의 경우와 유사하게 주거래은행(main bank)로 불리는 은행과 밀접한 관계를 형성하고 있으며 은행과 기업 간 상호 지분을 소유하고 있다. 주거래은행은 그 기업의 최대 대출자이며 흔히 대주주로써 전직 은행임원을 기업에 이사로 파견한다. 특정 주거래은행과 협력체제를 구축하고 있는 거래기업들은 게이레츠(keiretsus)로 불리는 연합체를 형성하고 이에 소속된다. 독점금지법에 따라 은행이 특정 기업의 5% 이상 지분을 직접적으로 소유하지 못하도록 제한하고 있으나 자회사를 통해서 간접적으로 15% 지분을 보유할 수 있도록 허용함으로써 주거래은행은 계열기업에 대해 상당한 지배력을 행사할 수 있다. 그리고 기업이 은행을 소유하고자 하는 경우 20%이상 은행 지분소유 시 감독당국의 승인이 필요하다.

20) 독일의 은행이 기업의 지분을 소유하는 데 있어서 느슨한 제한규정을 두고 있다. 독일 은행이 특정기업의 주식보유 시 은행 자본금의 15%를 초과하지 않아야하며 은행이 소유하는 전체 기업주식의 합이 은행 자본금의 60%를 초과하지 않아야한다.

연습 문제

01 지급(payment)과 결제(settlemnt)의 의미를 각각 설명하시오.

02 지급결제에 있어서 한국은행, 금융결제원, 증권예탁결제원의 역할을 각각 설명하시오.

03 은행 간 외환거래에 있어서 'CLS(continuous linked settlement)은행시스템'이란 무엇인가? 환거래은행을 통한 외환결제방식과 CLS은행시스템을 통한 외환결제방식의 차이를 설명하시오.

04 금융기관이 다른 산업에 비해 상대적으로 규제를 더 많이 받는 이유를 설명하시오.

05 금융산업에서 발생할 수 있는 시장실패에 관해 설명하시오.

06 금융산업에서의 부(−)의 외부성에 관해 설명하시오.

07 우리나라 금융감독기구 중 금융위원회와 금융감독원의 역할을 비교·설명하시오.

08 현재 우리나라 금융감독체계에서 한국은행의 금융감독기능은 무엇인가?

09 예금보험제도의 의미와 주된 목적을 설명하시오.

10 예금보험제도가 은행의 도덕적 해이를 발생시킨다는 주장의 내용을 설명하시오.

11 차등예금보험료제도가 은행의 도덕적 해이 유인을 감소시킬 수 있는 이유를 설명하시오.

12 대마불사정책(too big to fail policy)이 어떻게 은행의 도덕적 해이를 야기시킬 수 있는가?

13 전업주의와 겸업주의의 장·단점을 설명하시오. 어떤 나라들이 전업주의와 겸업주의를 각각 채택하고 있는가?

14 글래스-스티걸 법(Glass-Steagall Act)을 간략히 설명하시오.

15 시장중심 금융제도와 은행중심 금융제도의 장·단점을 설명하시오. 우리나라는 어떤 금융구조를 형성하고 있는가?

16 금융자본과 산업자본의 분리원칙 즉, 금산분리가 필요하다는 주장의 논거를 설명하시오.

Chapter 03

금융위기와 금융산업의 변화

1. 97년 금융위기 이전 금융산업의 변화[21)]

1.1. 정부주도의 개발금융 : 1960-1970년대

1961년 정부는 우리 경제구조를 성장위주 및 수출위주로 전환시키기 위해 제1차 경제개발 5개년 계획을 수립하였다. 당시 금융시장이 잘 발전하지 못한 상황에서 정부는 산업화를 위해서는 자금의 동원과 배분을 정부가 직접 주도해 나가는 정부 주도적 개발금융체제를 선택하였다. 이러한 정비작업의 일환으로 정부는 중앙은행에 대한 정부의 통제권을 강화하고 시중은행을 국유화하였다. 또한 경제개발에 필요한 내외자 동원을 위한 중요한 정책을 추진하였다.

이러한 정부 주도적 금융체제 및 경공업위주의 수출드라이브 정책을 통해 60년대의 고도성장을 이룩하는 데는 성공하였다. 1970년대 들어 제조부분의 실질임금 상승, 오일쇼크의 발생 등 제반환경요인으로 인해 노동집약적인 경공업 위주의 산업구조에서 탈피하여 중화학공업 위주로 수출을 촉진하는 정

21) 윤영진·조갑제(2008)을 주로 참고함.

책에 주력하였다. 중화학공업화를 추진하기 위해 막대한 투자자금이 필요하고 투자결과의 불확실성이 높은 상황에서 금리규제 및 자금배분 등 금융부문에 대한 정부의 역할 및 통제가 더욱 강화되었다. 이로써 1960년대 초부터 약 20년간 우리나라에서는 자금의 배분 및 금리의 결정에 정부가 직간접적으로 상당한 영향력을 행사하는 정부주도 개발금융이 자리 잡았다.

우리나라는 대한민국정부가 수립된 이후 1950년 6월 제정된 한국은행법에 따라 창립된 한국은행의 최고의결기구인 '금융통화위원회'에서 은행 감독권을 행사하게 되었고 한국은행 내부의 은행감독원이 그러한 감독업무를 집행하였다. 우리나라의 한국은행은 미국의 연방준비제도를 모델로 삼아 창립됨으로써 설립당시에는 독립성이 강한 편이었다. 그러나 1962년에 한국은행법이 전면 개정되면서 '금융통화위원회' 의장을 한국은행 총재에서 재무부(현 기획재정부) 장관으로 변경하였다. 은행감독과 통화신용정책의 권한이 한국은행에서 재무부로 대폭 이관됨으로써 한국은행의 위상은 '재무부의 남대문 출장소'로 불릴 만큼 격하되었고 금융정책은 산업개발정책 목표를 달성하기 위한 하부구조로 운영되었다. 이와 같은 기본구조는 1980년대 말까지 지속되었다.

정부는 한국은행에 대한 통제력 강화와 더불어 금융기관에 대한 통제력을 강화하기 위해 1961년 6월 '금융기관에 관한 임시조치법'을 제정하여 금융기관 임원에 대한 임명승인권을 은행감독원장에게 부여하였다. 1982년 말 이 법이 폐지될 때까지 정부가 금융기관의 인사권을 장악하였다. 또한 이법에 의하여 민간주주 의결권한을 총발행 주식의 일정한도(추후 10%)로 제한시킴으로써 은행에 대한 대주주의 은행지배력을 약화시켰고, 이 때 부터 은행이 산업자본으로부터 분리되기 시작했다. 뿐만 아니라 1961년 6월 제정된 '부정축재처리법'에 근거하여 당시 소수의 재벌이 소유하고 있던 일반은행의 주식 대부분을 정부에 귀속시킴으로써 결과적으로 대부분의 시중은행이 국유화되었다.

1960년대에는 또한 국내외 은행이 신설 확충되었다. 농업협동조합중앙회(1961), 중소기업은행(1961), 국민은행(1963), 한국외환은행(1967), 한국주택은행(1969) 등의 특수은행이 설립되었고, 지방금융의 활성화 및 지역경제발전을 위해 대구은행(1967) 설립을 필두로 1971년까지 10개의 지방은행이 설립되었다. 또한 정부는 장기산업투자를 위한 자금지원을 위하여 1961년에 '한국산업은행법'을 대폭 개정하였다. 이와 같이 1960년대에 시행된 은행의 확충은 국내외 개발자금의 확충이라는 측면과 함께 농어민, 영세민, 영세기업에 대한 금융혜택의 확대 및 국민생활의 안정측면에도 그 목적이 있었다.

한편, 1962년 1월 '증권거래법'을 제정하여 국채위주에서 주식거래 위주로 증권시장을 육성하기 시작했다. 동 법에 의거 재정경제부가 증권회사에 대한 감독을 관장했으며, '보험업법'의 제정(1967)으로 보험회사에 대해서도 재정경제부가 감독권을 보유했다. 증권시장은 1963년 증권파동으로 73일간 증권거래소가 폐쇄되기도 하면서 1960년대의 증권시장은 소수종목 주식에 대한 투기적 유통시장에 지나지 않았으며, 1968년 11월에 '자본시장 육성법'을 제정하여 기업공개를 촉진하면서부터 본격적으로 자본시장이 활성화되기 시작했다.

1970년대에 들어 중화공업 육성 및 수출드라이브 정책 목표를 뒷받침하기 위한 금융제도 및 금융감독상의 특징은 부실기업 구제를 위해 '8.3조치'로 일컬어지는 사금융 동결정책 추진, 제2금융권 및 자본시장의 육성 그리고 중화학공업 육성을 위한 정책금융의 강화로 요약 할 수 있다.

정부는 1972년 8월 3일 '8.3긴급경제조치'를 단행하여 사채의 동결, 은행단기대출금의 장기저리대출로의 전환, 중소기업 신용보증의 확충, 중요산업의 설비투자에 대한 특별감가상각률 인상 등의 조치를 취하였다. 당시 사금융시장은 국내 여신잔액의 30% 이상에 달하는 큰 규모이며 금리가 높았으므로 기업의 재무구조를 개선하고 민간기업의 투자를 촉진해 실물경제의 문제점을 타개하는 데 목적이 있었다.

8.3조치와 더불어 1970년대 금융정책의 핵심은 제2금융권과 자본시장의 정비 및 확충에 있다고 볼 수 있다. 1972년 8.3조치로 해체된 사금융시장을 제도금융권으로 흡수하기 위하여 정부는 '단기금융업법', '상호신용금고법', '신용협동조합법'을 제정하여 단자회사(투자금융회사)를 비롯해 상호신용금고 및 신용협동조합을 설립하였다. 투자금융회사는 1972-1979년 기간 중 15개가 설

립되어 사채시장을 대신하여 기업의 단기자금 조달에 큰 기여를 하게 되었다.

그리고 정부는 기업이 직접금융시장을 이용한 자금조달을 촉진하기 위하여 자본시장의 육성을 본격적으로 추진하였다. 1972년 12월 '기업공개촉진법'을 제정하여 일정금액 이상의 금융지원을 받는 기업들을 공개대상법인으로 지정하여 주식공개를 권고하고, 이에 불응할 경우 세제상의 불이익을 가함과 동시에 금융지원을 제한하였다. 또한, 수차에 걸친 '증권거래법'의 개정 등, 기업공시제도 확립, 투자신탁회사의 설립(1974년), 증권관리위원회 및 증권감독원의 설립(1977) 등 자본시장 육성을 위한 일련의 정책을 추진하였다. 자본시장은 규모면에서 빠르게 성장하였으나 자본시장육성으로 정부는 은행뿐만 아니라 제2금융권과 자본시장을 포함한 전체 금융시장에 대한 영향력은 더욱 확대되었다.

1960-1970년대 우리나라의 금리정책을 살펴보면 정부는 금리를 규제하면서 전반적 저금리 정책을 추진하였는데 이는 기업의 자금조달비용을 낮은 수준으로 유지하여 투자를 촉진하고 높은 경제성장을 달성하기 위한 정책목표에서 비롯되었다. 1960-1970년대 정부 주도의 저금리 정책이 장기간 시행되면서 대부자금에 대한 초과수요가 만연함에 따라 금융기관의 금리와 시장균형금리 간 격차가 커졌다. 이는 결국 금리의 효율적 자원배분 기능을 저하시키는 부작용을 야기했다고 볼 수 있다.

1.2 금융발전과 금융자율화 : 1980-1997년

1960-70년대 개발금융을 통한 정부주도, 수출주도형 경제성장전략은 높은 경제성장률에는 어느 정도 기여하였으나, 특정산업에 대한 저금리의 정책금융 지원은 산업간 불균형 성장을 초래하였고, 또한 통화증발에 의한 정부재원의 조달로 인해 만성적인 인플레이션을 초래하였다. 1979년에 들어 제2차 석유파동 및 세계경기의 침체로 우리경제는 불황속에서 극심한 인플레이션을 겪게 되었다.

이에 따라 1980년대 들어 정부는 그 이전의 정책과는 달리 물가안정을 우선적 정책으로 선택하여 성장우선 정책에서 안정적 성장으로 경제정책이 전환되었다. 이러한 정책기조에 따라 금융제도와 정책면에서 관치금융이 완화되고 점진적인 금융자율화가 단행되면서 금융발전이 진전되기 시작하였다. 금융자율화의 대표적 정책으로는 정책금융의 축소, 시중은행의 민영화, 금리자유화 추진 및 자본시장의 개방 등을 들 수 있다. 통화신용정책면에서도 경제의 장기적 안정적 성장기반 구축에 중점을 두고 통화공급을 최대한 억제하는 방향으로 운용하였다.

1970년대에 총여신의 약 50%를 차지하던 정책금융은 1980년대 들어서면서 무역금융 지원제도를 폐지 내지 축소하는 등 그 비중이 크게 축소되었다고 볼 수 있다. 그러나 산업구조조정의 과정에서 금융기관에 대한 개입이 지속됨으로써 관치금융의 완화는 실질적으로는 큰 진전이 없었다. 특히 은행의 주요 인사권과 산업구조조정을 위한 부실채권 및 정책금융관련 많은 업무들이 여전히 정부에 의해 관장되었다. 1980년대 중반 정부주도의 부실기업정리 과정에서 대규모의 산업합리화자금이 시중은행을 통해 공급되었다. 1986-1988년 기간 중 78개의 부실기업을 정리하는 과정에서 지원된 자금은 7조 3천억 원에 달하였다. 한국은행은 이들 시중은행의 수지악화를 보전하기 위해 1985-1987년 기간에 당시 은행 총대출의 5%에 달하는 금액(1조 7천억 원)을 저금리의 특별융자 방식으로 시중은행에게 공급하였다.(조윤제, 1995)

1980년대 들어서 은행경영 자율성을 통해 신용배분의 효율성을 증대시키기 위해 은행의 민영화가 단행되었다. 1973년 상업은행이 처음으로 민영화 된 이후 1980년대에 나머지 4개의 시중은행(상업은행, 제일은행, 서울신탁은행, 조흥은행)이 민영화 되었다. 민영화 과정에서 대기업에 의한 은행 소유를 막기 위하여 은행법 개정(1982년)으로 동일인 소유지분을 8%로 제한하였다. 1990년대 들어서 특수은행(외환은행, 국민은행, 주택은행)을 민영화 하였다. 그리고 시중은행의 진입규제가 완화되어 1982년 신한은행을 포함하여 1992년까지 8개의 시중은행이 새로 설립되었다. 그러나 은행 최고경영자에 대한 실질적인 인사권을 정부가 여전히 보유하였고 은행의 자산운용에 있어서도 정부의 영향력은 여전하였다.

1980년대 후반 들어서 금융자율화의 핵심이라고 할 수 있는 금리자유화의 진전이 있었다. 금리자유화는 금리의 가격기능을 높이고 금융시장의 경쟁을 촉진시키고 자원배분의 효율성을 제고시키는 데 기여한다. 1980년대 전반에 부분적인 자유화에 머물렀던 것이 1980년대 말부터 금리자유화가 진전을 보였다는 점은 관치금융의 완화 및 금융산업 발전에 있어서 큰 의미가 있다. 1988년 12월 재무부가 금리자유화 조치를 발표 및 시도하였으나 국내 경기가 다시 침체기로 들어서는 상황에서 기업부담이 가중될 것이라는 이유로 인해서 금리자유화가 실제 실행되지는 못하였다. 1991년에 들어서서 4단계 금리자유화추진계획을 발표하면서 금리자유화가 단계적으로 추진되었다.

1986년 이후 우리나라가 대폭적인 경상수지 흑자 기조를 4년 이상 지속함에 따라 미국을 중심으로 한국금융시장에 대한 개방 압력이 더욱 거세어졌다. 결국 1988년 12월 자본시장 국제화의 단계적 확대를 추진하게 되었다. 1990년대에 들어서 자본시장의 국제화를 중심으로 금융의 국제화를 본격적으로 추진하였으며, 그 배경요인으로는 개방체제로의 전환 필요성, 금융규제완화 지속 필요성, 대외적으로 WTO체제의 확립, 미국의 금융시장 개방 압력 가중 등을 들 수 있다. 1993년 5월 정부는 '제3단계 금융자유화 및 시장개방계획(Blue Print for Financial Liberalization and Market Opening)'을 발표하였다. 이에 따라, 1993년 외국인 투자자의 우리나라 주식에 대한 직접적 투자를 종목별로 10%범위 내에서 허용한 이후, 그 투자한도를 지속적으로 확대하여 97년 외환위기 직전에 그 한도를 20%까지 확대했으며 외환위기를 계기로 완전히 철폐하였다. 우리나라 채권에 대한 투자의 경우도 1994년에 중소기업이 발행한 전환사채에 대한 투자를 허용한 이후, 채권형 펀드를 통한 국내 상장채권에 대한 간접투자허용(1995년), 중소기업발행 무보증사채에 대한 직접투자 허용(1996년) 등 단계적으로 개방하였다. 국내투자자의 해외증권에 대한 투자의 경우, 기관투자자에 대해서는 1990년대 중반까지 전부 자유화하였고, 개인 및 법인 등 일반투자자의 경우에도 그 투자한도를 점진적으로 확대하여 1996년에는 완전히 자유화하기에 이르렀다. 외환자유화의 경우에도 1990년 3월에 환율제도가 '시장평균환율제도'로 전환되면서 환율의 1일 변동폭이 초기에는 기준환율을 중심으로 0.4%로 제한되었으나 1997년 11월에는 기준환율 상하 10% 수준까지 점차로 확대되어 왔다.

자본시장 개방은 우리나라의 금융발전을 위하여 바람직한 정책방향이라는 데에 학자들 간 큰 이견이 없다. 그러나 1990년대 중반에 한국의 자본시장이 너무 급속하게 준비 없이 졸속으로 개방되었으며 특히 단기적 국제자본이동 위주로 자본의 구조가 형성되면서 단기 외화부채의 급증과 급격한 자본유출 위험성을 증대시켰고 결국 1997년 외환위기를 초래하는 주요 원인이 되었다고 볼 수 있다.(Furman and Stiglitz, 1998)

2. 97년 금융위기 극복과 금융산업의 안정화

우리나라는 1997년에 몇 가지 요인으로 인해 외환위기 및 금융위기를 맞게 되었다. 1997년의 금융위기를 수습하는 금융구조조정을 계기로 우리나라의 금융감독 및 통화신용정책에 있어서 큰 변화가 있었다. 이러한 금융구조조정은 금융위기의 원인을 치유 개선하기 위하여 추진되었으므로, 금융구조조정의 내용을 구체적으로 검토 평가하기 전에 우선 금융위기의 원인을 간략히 짚어 볼 필요가 있다.

2.1 1997년 금융위기 원인

한국의 외환·금융위기는 당시 대다수의 전문가들이 미처 예상하지 못한 가운데 발생하였고 그 원인 규명에도 학자들 간에 이견이 노출되었다. 크게 보아 우리나라의 금융위기 원인을 외부적 요인에 있다고 보는 견해와 한국 내부의 문제점에 기인한다고 보는 두 가지 견해로 구분해 볼 수 있다. 첫 번째 견해는 우리나라의 거시경제여건이 크게 열악하지도 않았지만 금융시장이 개방된 상태에서 동남아의 금융위기가 주변국인 우리나라로 전염(contagion)되어 나타났다는 설명이다. 이러한 전염효과는 투자자들이 시류에 편승하는 투자행태를 보이는 소위 군집행동(herd behavior)에 의해 더욱 증폭되었다고 풀이된다. 두 번째 견해는 한국경제의 위기는 우리 경제 내부의 취약성에 기인한다는 견해이다. 특히, 대기업들이 팽창정책을 추진하면서 과잉투자 및 중복투자가 누적되었고 정부는 관치금융체제를 지속함에 따라 금융기관의 도덕적 해이(moral hazard)로 인해 기업들에게 과다하게 신용을 제공해 준 금융기관들이 외부충격에 취약한 구조적 문제를 가지고 있었다는 견해이다. 결과적으로 보면 두 가지 견해 모두 어느 정도 일리가 있으나, 우리나라가 준비되지 않은 자본자유화 및 세계화를 성급하게 추진하는 과정에서 과도하게 높은 단기부채의 비중으로 외채구조가 취약했고, 단기부채 대비 외환보유액이 부족했던 점이 위기를 직접적으로 촉발시킨 원인이었음을 추가로 지적할 수 있다.(Jo, 2001)

실제 당시 우리나라의 거시경제여건은 그 이전의 금융위기를 경험한 국가들에 비해 상대적으로 나은 상황이었다. 예컨대, 1990년대 들어서 경제성장률 및 GDP의 부문별 구성요인들이 높은 성장률을 보였다. 물가상승률도 5% 이내로 억제되어 왔으며 재정수지 또한 다년간 균형을 유지하였다. 경상수지는 금융위기 직전 적자를 보였으나 GDP대비 약 4%수준으로써 경제위기를 불러올 정도는 아니었다고 볼 수 있다. 그러나 국내외 금리차가 크고 경상수지 적자로 인해 기업들의 달러가 부족한 상황에서 은행 및 종금사들이 해외 단기차입금으로 달러를 많이 조달하였다. 더구나 국제금융 및 외환업무에 대한 미숙으로 인해 당시 외화자금을 지나치게 단기차입 위주로 조달하여 장기로 국내외에 운용하는 만기구조의 불일치를 보임으로써 유동성위기에 대한 취약성을 안고 있었다. 또한, 1997년 11월에는 가용외환보유액이 겨우 10억 달러에 불과했으며 외환보유액 대비 단기외채 비율이 약 2배에 달했던 점이 위기를 촉발시킨 직접적인 원인이 되었다. 결국, 한국의 금융위기는 외부적 원인도 있었으나 내부적으로 내재되어있던 금융시스템의 취약성 및 정부의 금융위험 관리능력 부재에서 비롯되었다고 축약할 수 있을 것이다.

2.2 금융위기 이후 금융구조조정

이상에서 언급한 금융시스템의 취약성을 개선하기 위하여 추진된 주요 금융구조조정 정책으로는 금융제도의 정비, 부실금융기관의 인가취소 및 인수합병, 금융감독체계의 정비, 한국은행법의 개정 등이 있다. 이러한 금융정상화 조치는 1997년 12월 IMF로부터 받은 특별 신용의 공여 조건에 의해 추진되었다고 볼 수 있다. 정부와 IMF는 12월 3일 IMF(210억 달러), 세계은행(100억 달러), ADB(40억 달러), 그리고 주변국 협조융자(약 230억 달러)를 포함하여 총 580억 달러 수준의 긴급자원 지원에 합의했다. 이러한 자금지원에 따른 양해각서를 제출함으로써 그 이후 IMF로부터 경제전반에 걸친 감시 감독을 받는 이른바 'IMF 체제'에 들어갔다.

1997년 말 정부는 '금융감독기구의 설치 등에 관한 법률'을 제정하고 '한국은행법'을 개정하여 재정경제부, 한국은행(은행감독원), 증권감독원, 보험감독원, 신용관리기금 등 금융권역별로 분리되어 있던 금융감독체계를 금융감독위원회·금융감독원으로 일원화 하였다. 금융감독체계의 일원화는 당시 외환위기의 원인중 하나는 금융기관 경영의 불투명성과 이에 대한 정부의 감독소홀이었다는 인식 때문이었다. 결국, 금융개혁을 위해 정부가 외환위기 이전부터 의도한 대로 은행감독원을 한국은행으로 부터 분리시키고 이를 증권감독원 및 보험감독원과 합병시켜 금융감독원을 신설하고 금융감독위원회를 정부 내에 설치하였다.

한편, 1997년 '예금자 보호법'을 개정함으로써 분산되어 있던 예금보험기구가 예금보험공사에 통합되어 부실금융기관의 인수·합병 등을 위한 자금지원 및 정리기능이 대폭 강화되었다. 이와 더불어 1997년 '금융기관 부실자산 등의 효율적 처리 및 한국자산관리공사의 설립에 관한 법률'을 제정하여 금융기관이 보유하고 있는 부실채권을 조기에 처리할 수 있는 제도적 장치를 마련하였으며, 자산관리공사와 부실채권정리기금을 설치하였다. 자산관리공사는 금융기관으로부터 부실자산의 정리를 위임받거나 이를 인수함으로써 금융기관이 보유하고 있는 부실채권의 회수·추심 또는 자산의 매각 등을 조기에 정리할 수 있도록 하였다.

1997년의 금융위기 이후 추진된 금융구조조정은 2000년대 초까지 2단계로 진행되었다. 제1차 금융구조조정은 1998년부터 1999년까지 국회동의를 받아 조성된 64조원의 공적자금(채권발행자금 및 회수자금)을 이용하여 추진되었다. 일반은행의 경우, IMF에 자금 지원을 요청한 시점을 기준으로 BIS자기자본비율 8%를 지키지 못한 12개 은행에 대해서 자구계획을 정부에 제출하고 충분한 손실준비금을 축적한 상태에서 6개월부터 2년의 유예기간 안에 BIS자기자본비율을 달성하도록 의무를 부과하였다. 이 중 자력갱생이 어려웠던 하위 시중은행 및 지방은행 5개 은행(동남, 동화, 대동, 충청, 경기)은 퇴출되어 각각 상위 시중은행에게 인수합병되었다. 자기자본 대비 채무초과가 발생한 2개의 은행(제일, 서울)에 대해서는 공적자금을 투입하여 국유화 시킨 후 외국금융기관에 매각을 추진하였다.

제2차 구조조정은 1999년 대우사태로 인해 다시 부실화된 금융기관의 정상화를 위해 2차로 조성된 40조원의 공적자금과 회수자금을 이용하여 추진되었다. 2000년부터 2001년 까지 주로 투신, 보험, 저축은행, 신협 등 제2금융권의 예금대지급 및 6개 은행(보람, 충북, 강원, 장기, 상업, 한일) 등의 구조조정을 지원하였다. 2002년 이후에는 공적자금의 상환대책이 마련되었고, 시장자율에 의한 상시구조조정체제로 전환되었다.

금융회사의 수는 1·2차 금융구조조정 등을 거치면서 1997년 말 2,138개에서 2004년 말 1,383개로 755개(35.3%)가 감소하였다. 1997년부터 2001년까지의 금융구조조정에 투입된 공적자금은 총 155조원(GDP대비 약 30%)으로 주로 자본증강(49%), 부실채권매입(25%), 자산매입(9%), 예금자보호(17%) 등에 사용되었다.

이상의 금융구조조정 결과 일반은행의 BIS 자기자본비율이 향상되고, 부실채권규모가 급속히 축소되었으며 외국계 금융기관이 증가하였다. 1997년 말에는 일반은행의 BIS자기자본비율이 7%에 머물렀으나 공적자금 투입이 시행됨으로써 2002년 말에는 전 은행이 BIS기준 최저 자기자본비율인 8%를 상회하였고 일반은행의 경우 동비율이 10.5%로 상승하였다. 수익성면에서도 일반은행의 자기자본 순이익률(ROE)가 1997년 -14.2%, 1998년 -52.0%에서 2002년 말 12%로 크게 상승하였다. 부실채권의 경우에도 총여신 대비 고정이하 여신의 비율이 1998년 10.5%에서 2002년 말에는 3.9%로 축소되었다.

이와 같이 외환위기 이후 매우 신속하고 대대적으로 진행된 우리나라의 금융구조조정은, 앞 서 언급한 바와 같이 금융기관의 수익성, 건전선, 지배구조 등의 면에서 어느 정도 소기의 성과를 거두었다고 평가할 수 있다. 그러나 위험도와 수익성을 너무 중시한 나머지 기업대출보다는 가계대출을 선호하고, 여전히 담보가 부족한 중소기업에 대한 대출을 회피하는 현상이 나타나게 되었다. 그리고 외환위기 이후의 금융구조조정은 정부출자에 의한 부실채권정리에 의해 주로 이루어졌으며, 그것도 은행권에 집중되었다. 따라서 기업구조조정에 대한 손실부담을 은행에게 직·간접적으로 전가함으로써 은행의 잠재부실규모를 증가시키는 요인으로 작용한 측면이 있다. 또한, 금융감독기구의 조직형태, 감독유관기관간의 권한배분 등을 놓고 이해관계자간의 이해상충으로 인해 감독행정의 효율성을 저해할 수 있는 불씨를 남겨둠으로써, 그 이후 금융감독행정의 효율성을 저해하는 작용을 하였다.

한편, 1997년 12월 한국은행법의 개정으로 통화신용정책의 집행 및 수립기능 등이 재정경제부에서 한국은행으로 이관됨으로써 한국은행의 독립성이 한층 제고되었다. 통화신용정책의 정치적 중립성과 대표성 및 전문성을 보장하기 위해 금융통화위원회 의장을 종전의 재경부장관에서 한국은행총재가 겸임하도록 하였다. 그리고 한국은행의 예산을 금융통화위원회가 심의·의결하게 함과 동시에 경비예산은 재경부장관의 승인을 받도록 하였다.[22] 결과적으로 외환위기 이후 한은법 개정으로 한국은행과 재정경제부의 관계가 종래의 수직적 관계에서 수평적 관계로 변화하는 등 중앙은행의 독립성이 강화되었다고 평가할 수 있다.

2000년대 들어 금융기관에 대한 규제감독은 금융기관 업무영역 확대, 금리자유화 등 영업상 규제완화를 추진함과 아울러 금융기관의 부실 재발을 방지하기 위하여 금융기관 경영건전성에 대한 규제를 강화하는 방향으로 진행되었다.[23] 먼저 은행의 경우를 보면 은행 부수업무의 범위는 꾸준히 확대되었다. 2000년에 '금융지주회사법'을 제정하였다. 1998년 9월 은행의 수익증권 판매를 허용하였으며 2003년 8월에는 방카슈랑스를 도입하였다. 2004년 1월에는 '간접투자자산운용업법'을 제정하여 간접투자증권 판매를 활성화하고 간접투자기구의 자산운용을 확대하였다. 이와 함께 보험회사, 증권회사 등 금융기관의 설립기준을 완화하고 자산운용 및 점포에 대한 규제를 완화하였다. 그리고 2004년 12월 요구불예금에 대한 금리규제를 폐지함으로써 1991년부터 추진된 4단계 금리자유화계획을 완결하였다.

정부는 금융기관 경영건전성에 대한 규제를 강화하기 위해 1998년 4월 적기시정조치제도를 은행, 종합금융회사 및 증권회사를 대상으로 도입한 후 그 대상을 보험사(1998년 6월), 상호저축은행(1999년 12월), 신용협동조합(2003년 12월) 등으로 점차 확대하였다. 1998년 7월에는 금융기관의 자산건전성 분류기준을 강화하여 종전에는 6개월 이상 연체 시 요주의 자산으로 분류하던 것을 3개월 이상 연체 시 요주의자산으로 분류하도록 하였다.

외환위기 이후 정부는 금융구조조정과 함께 금융개방, 금융규제 완화, 금융건전성 규제 개선 등을 꾸준히 추진해온 결과 금융시장 안정, 대외신인도 향상, 금융기관 경영건전성 제고 등의 성과를 거두었다. 이를 바탕으로 정부는 2000년대 중반 이후 금융업을 높은 부가가치와 양질의 고용을 창출할 수 있는

22) 그 이후 2003년 9월 한은법 7차 개정 시 재경부장관의 승인을 받아야 하는 예산의 범위가 급여성경비로 축소되었다.

23) 이하 본 절의 내용은 한국은행(2018)을 주로 참고함.

성장산업으로 육성하기 위한 금융제도 개선을 추진하였다.

2007년 8월 종래의 '증권거래법', '간접투자자산운용업법', '신탁업법' 등 자본시장 관련 6개 법률을 통합한 '자본시장과 금융투자업에 관한 법률'(2009년 2월 시행, 이하 '자본시장법'이라 함)이 제정되었다. 자본시장과 금융투자업에 대한 규제를 재편하여 금융혁신과 경쟁을 촉진하고, 대형 투자은행 육성과 자본시장 활성화 등 직접금융시장을 확충함으로써 기존 은행중심의 간접금융체계와 조화를 도모하기 위한 기반을 조성하는 것이었다.

금융투자업을 투자매매업·투자중개업·집합투자업·신탁업·투자일임업·투자자문업 등 6개로 구분하고 금융투자업을 영위하려는 자로 하여금 원하는 업무를 복수 또는 단수로 선택적으로 인가를 받거나 등록을 한 후 영업을 할 수 있도록 하였다. 동법은 금융투자상품을 포괄주의(negative system)에 입각하여 원본손실이 발생할 가능성이 있는 모든 금융상품으로 정의하였다. 기존의 자본시장 관련법 체계는 금융기관이 취급할 수 있는 금융상품의 종류가 법령에 제한적으로 열거되어 있는 열거주의(positive system)이므로 창의적인 금융상품을 개발·취급하는 데 제약이 있었다. 자본시장법에서는 금융투자상품을 증권, 장내파생금융상품, 장외파생금융상품으로 구분하고 증권은 다시 채무증권, 지분증권, 수익증권, 증권예탁증권, 투자계약증권, 파생결합증권 등으로 구분하였다.

이러한 자본시장 확대 및 제도 정비 등에 따라 2000년대 중반 이후 증권관련기관의 신설이 크게 늘어났다. 금융투자매매업자(증권회사) 11개, 집합투자업자 39개가 2005~2010년 중 신설되었다.

3. 글로벌 금융위기 이후 최근 금융환경

2008년 9월 글로벌 투자은행인 리먼 브러더스(Lehman Brothers)의 파산과 함께 글로벌 5대 투자은행들이 파산 및 퇴출되면서 발발한 글로벌 금융위기는 1930년대의 대공황 이후 발생한 국제금융위기 중에서 가장 충격이 큰 것으로 평가된다. 엄청난 규모의 금융위기가 발생하게 된 원인에 대해 많은 연구들이 진행되었으나, 다양한 요인들이 복합적으로 작용했던 것으로 파악된다. 거시경제적으로 통화정책의 문제와 미시경제적으로 증권화(securitization)된 금융상품에 대한 규제와 감독이 미처 확립되지 못했다는 점이 그 원인으로 지적된다.

미국은 9.11테러 및 경기침체기를 겪은 이후 2001년부터 실행된 팽창적 통화정책으로 인해 과잉유동성 국면이 장기간 지속되었다. 과잉유동성은 국내수요 및 특히 주택 투자에 불을 붙였고, 주택가격은 상당 폭 상승하였다. 미국의 주택가격은 2000년부터 2006년 중반까지 두 배 이상 증가하였다. 미시경제적 측면에서 살펴보면, 증권화된 금융상품에 대한 규제와 업무처리 관행(practice)이 확립되지 못했다는 점이 버블을 확대시키는데 중요한 역할을 했다. 즉, 금융혁신과 증권화 과정에서 발생할 수 있는 위험의 파급효과와 시스템 위험에 대한 규제의 미비로 인해 서브프라임 모기지 문제가 글로벌 금융위기로 크게 확산되었다고 볼 수 있다.(조갑제, 2017)

3.1. 금융규제 강화

시스템 위험에 대한 규제의 미비가 글로벌 금융위기의 주요한 원인으로 인식됨에 따라 2008년 글로벌 금융위기를 계기로 전 세계적으로 시스템 리스크를 억제하기 위해 금융규제를 강화하려는 노력이 지속되었다. 이러한 목적 하에 추진된 글로벌 금융규제는 은행에 대한 자본 및 유동성 규제(바젤 Ⅲ), 시스템적으로 중요한 금융기관(SIFIs; Systemically Important Financial Institutions)에 대한 규제, shadow banking 규제 및 장외파생상품시장 개혁 등이 주요 내용이다.

우리나라도 이러한 국제적인 흐름에 뒤쳐지지 않도록 바젤 Ⅲ을 중심으로 금융규제를 강화하였다. 우선 은행의 건전성 강화를 위하여 2013년 12월부터 바젤 Ⅲ에 따른 자본규제를 국내은행에 대하여 단계적으로 도입하였다. 구체적으로 은행이 위험가중자산과 관련하여 보유해야 하는 자본의 최저규모를 보통주자본 4.5%, 기본자본 6.0%, 총자본 8.0%로 세분화하고 자본의 유형별(보통주자본, 기타 기본자본, 보완자본, 공제항목)로 자본인정요건을 강화하였다. 또한 2015년에는 유동성커버리지비율(LCR), 2016년에는 자본보전 완충자본 및 국내 시스템적으로 중요한 은행(D-SIBs; Domestic Systemically Important Banks)에 대한 추가자본 적립을 시행하였다. 2018년부터는 순안정자금조달비율(NSFR) 및 레버리지비율 규제를 시행하였다.[24)]

또한 금융위기 이후 바람직한 금융회사 지배구조 확립에 대한 중요성이 부각되면서 이와 관련된 제도가 마련되었다. 우선 금융회사의 건전한 경영을 유도하기 위하여 2015년 7월 '금융회사의 지배구조에 관한 법률'을 제정하였다. 이 법은 은행, 금융투자업자, 보험회사, 상호저축은행, 여신전문금융회사, 금융지주회사 등 금융회사의 임원 자격요건, 이사회의 구성 및 운영, 내부통제제도 등 금융회사의 지배구조에 관한 기본적인 사항을 정하고 있다.

또한 경제력 집중, 이해상충 문제 등의 부작용을 방지하기 위하여 금산분리를 더욱 강화하였는데 2013년 8월 '은행법' 및 '금융지주회사법'을 개정하여 비금융주력자(산업자본)의 은행 및 금융지주회사에 대한 주식보유한도를 의결권 있는 발행주식 총수의 9%에서 4%로 축소하였다.

한편 글로벌 금융위기 이후 금융소비자 보호의 중요성에 대한 인식이 제고되면서 세계 여러 나라에서 금융소비자 보호체계가 강화되었다. 2012년 5월 금융감독원은 감독·검사부문으로부터 금융소비자보호부문을 분리하여 금융소비자보호처를 설치하였다. 이를 통해 우선 금융소비자에게 불리한 금융상품 조사, 분쟁조정 사례, 금융거래 유의사항 등의 정보를 제공함으로써 금융소비자의 피해를 사전에 차단하고자 하였다. 또한 집단 분쟁조정제도 도입 등 소비자피해 구제를 강화하고 금융소비자보호협의회를 운영하여 소비자보호와

24) 바젤 Ⅲ의 구체적 내용은 Chapter 11에서 다루고 있다.

건전성 감독의 조정 기능을 수행하도록 하였다. 또한 금융위기 이후 금융소비자보호 모범규준을 네 차례 개정하여 소비자의 권익 향상을 도모하였다.(한국은행, 2018)

3.2. 증권화 및 그림자금융

넓은 의미에서 금융 증권화(securitization)란 금융시장 참가자들의 자금중개에서 간접금융방식 보다 직접금융방식의 비중이 증가하는 것을 말한다. 직접금융방식의 자금중개란 자금 조달과 운용에 있어서 금융중개기관을 거치지 않고 주식과 채권과 같은 증권(security)시장을 통해 거래하는 현상을 말한다.

좁은 의미에서 금융 증권화(securitization)는 '자산유동화(Asset-backed securitization)'를 의미하기도 한다.[25] 즉, 좁은 의미에서 금융 증권화는 금융기관이 보유하는 유동성이 낮은 자산을 유동성이 높은 증권의 형태로 전환하여 매각함으로써 현금화하는 것을 말한다. 금융기관은 주택저당채권(mortgage), 대출채권, 매출채권, 신용카드 채권 등과 같이 유동성이 낮은 자산을 만기까지 보유하지 않고 그러한 자산을 기초로 자산유동화증권(ABS; Asset-Backed Securities)을 발행하여 투자자들에게 매각한다.

금융기관은 자산유동화를 통해 금리변동 위험을 회피할 수 있으며 유동성을 높일 수 있는 이점이 있다. 하지만 금융기관은 증권화 과정에서 위험을 회피하고 전가시킴에 따라 은행의 전통적인 역할이라고 볼 수 있는 차입자에 대한 모니터링 및 위험관리의 유인이 약해지는 문제가 발생한다. 자산유동화증권은 기초자산을 집합(pooling)하고 구조화(structuring)하여 신용도를 보강하는 복잡한 증권화 과정을 거쳐 발행되며 유동화증권을 기초로 다시 유동화증권을 발행하는 2~3차 유동화가 이루어질 수 있기 때문에 잠재적으로 시스템

25) 우리나라의 경우 1998년 제정된 '자산유동화에 관한 법률'에 의거하여 실무적으로 자산증권화를 통해서만 자산유동화가 가능하도록 되어 있어 자산유동화와 자산증권화가 동일한 의미를 갖는다.(한국은행, 2018)

위험을 높일 수 있다.

이러한 증권화 과정에서 발생 가능한 시스템 위험에 대한 규제의 미비가 2008년 글로벌 금융위기의 중요한 원인 중 하나로 지적됨에 따라 이에 대한 금융규제가 강화되었다. 글로벌 금융위기 이후 강화된 금융규제에도 불구하고 자산유동화 시장은 지속적으로 큰 비중을 차지하고 있다.

금융 증권화(securitization)의 발달과 함께 그림자금융(Shadow banking)이 빠른 성장을 보이고 있다. 그림자금융(Shadow banking) 시스템이란 은행과 유사한 신용중개기능(banking)을 수행함에도 불구하고 은행과 같은 건전성규제를 받지 않으며 중앙은행의 유동성 지원이나 예금자보호도 받지 않는 기업을 의미한다. 그림자금융(Shadow banking) 시스템에는 SIV(Structured Investment Vehicle), SPV(special purpose vehicle), Asset-basked Paper Vehicle, Credit Hedge Fund, MMF, RP, ABCP(asset-basked commercial paper) 등이 포함된다. 그림자금융(Shadow banking) 시스템은 예금을 통해 자금을 조달하지 않고, 자산운용면에서도 대출자산을 보유하는 'Originate and hold' 방식보다는 대부분 'Originate to distribute' 방식으로 증권화된 자산형태로 운용함에 따라 은행으로서의 전통적 규제를 받지 않는다.

그림자금융(Shadow Banking) 혹은 비은행 금융중개(NBFI; Non-Bank Financial Intermediation)는 비은행 신용중개부문 중 만기 및 유동성 변환, 레버리지 확대 등을 통해 시스템 리스크를 초래할 가능성이 있다. 비은행 금융중개는 전통적인 은행이 제공하지 못하는 금융상품 및 서비스의 제공을 통해 신용접근성을 확대하고 금융부문의 효율성을 제고하는 순기능이 있는 반면, 레버리지가 높고 예금자보호 등 공적 보호장치에서 배제되어 있어 시장여건 악화 시 대규모 자금인출 등이 유발될 경우 시스템 리스크로 이어질 가능성이 있다.

이에 2010년 11월 G20 정상회의에서 비은행 금융중개에 대한 규제강화 권고안을 마련하도록 요청함에 따라 FSB는 2011년 11월 비은행 금융중개 규제강화방안을 G20에 보고하였다. 이 보고서에서는 비은행 금융중개 규제강화방안을 은행을 통한 간접규제, MMF규제, 여타 비은행 금융중개 기관 규제, 자산

유동화 규제, 증권금융규제의 5개 범주로 구분하였다. FSB는 매년 글로벌 비은행 금융중개(그림자금융) 모니터링 보고서를 공표하고 있다.(한국은행, 2018)

3.3. 겸업화와 대형화

금융기관의 겸업화란 금융기관이 다른 업종에 속하는 금융기관의 업무를 동시에 수행하는 것을 말한다. 가령, 은행이 증권, 보험과 같은 여타 업무를 취급하는 경우이다. 물론 겸업화가 가능하기 위해서는 금융기관들의 겸업을 허용하는 제도가 마련되어야한다. 전통적으로 쟁점이 되어온 중요한 겸업화 문제는 상업은행(commercial banking) 업무와 증권관련업무(investment banking)를 한 금융기관이 겸업하도록 허용해야하는가 여부였다.

독일 등 유럽 대부분의 국가들에서는 영미권 국가보다 훨씬 이전부터 겸업주의를 유지·발전시켜왔다. 반면, 미국, 영국, 일본 등의 국가는 전통적으로 전업주의 원칙을 고수해왔으나 1990년대 이후 세계 주요국에서 자국의 금융경쟁력을 강화하기 위해 겸업화가 확대되는 움직임을 보였다.

그러나 글로벌 금융위기를 계기로 금융겸업의 부작용 우려가 부각되면서 겸업을 제한하기 위한 논의가 미국, 영국 등에서 진행되었다. 미국에서는 겸업은행들이 예금보호제도 및 중앙은행의 자금지원 등에 대한 기대를 바탕으로 과도한 리스크를 추구하고 투자은행 부문의 위험이 상업은행 부문으로 전이되면서 겸업은행들이 도산하였다는 비판이 제기되었다. 이에 따라 2010년 7월 제정된 미국의 '도드-프랭크법(Dodd-Frank Wall Street Reform and Consumer Protection Act)'에서는 은행·은행지주회사 및 계열 자회사가 프랍 트레이딩(proprietary trading), 헤지펀드, PEF 투자, 벤처캐피털 등의 겸업을 원칙적으로 금지하고 금산분리를 강화하는 일명 '볼커 룰(Volcker Rule)'을 도입하였다. 영국에서는 은행부문 개혁방안을 마련하기 위해 설치된 은행개혁위원회(Independent Commission of Banking)가 2011년 9월 겸업은행에서 소매금융부문을 은행그룹내의 자회사로 존치시키되 독립된 이사회와 별도의 자본금을 보유하도록 하여 여타 부문과 엄격히 격리하는 계획을 발표하였다. 이를 바탕으로 제정된 '은행개혁법(The Financial Services (Banking Reform) Act 2013)'에서는 예금수취 등 핵심업무(core activity)를 별도 자회사(ring-fenced body)를 통해 수행하도록 하며, 해당 자회사는 자기명의 투자 등 배제업무(excluded activity) 수행을 금지하도록 하였다. 또한 EU 집행위원회도 2014년 은행부문 구조개혁안(Structural Reform of the EU Banking Sector)을 발표하여 대형 예금수취기관들의 자기계정거래를 금지하고 고위험 트레이딩 사업부를 분리하도록 하였다.(한국은행, 2018)

글로벌 금융위기 이전에는 금융산업의 규모의 경제, 범위의 경제 등이 강조되면서 금융기관의 합병을 통한 대형화 추세가 자리잡고 있었다. 그러나 금융위기 전개과정에서 대형 금융기관의 도산 및 부실화는 글로벌 금융시스템의 불안을 확산시키고 실물경제를 위축시키는 결과로 이어졌다. 이 과정에서 주요국은 위기확산 방지를 위해 공적자금을 투입하였는데 이는 대마불사(too-big-to-fail) 문제를 심화시키고 위기 발생에 따른 경제적 비용을 납세자에게 전가시켰다는 비판을 초래하였다. 이처럼 대형금융기관은 부실 또는 도산할 경우 금융시스템과 실물경제 전반에 미치는 영향이 매우 크기 때문에 금융위기 이후 바젤 Ⅲ와 더불어 시스템적으로 중요한 금융기관(SIFIs; Systemically Important Financial Institutions)에 대한 규제가 도입되었다. SIFI 규제의 핵심은 대형금융기관에 대하여 일반금융기관보다 강화된 규제를 적용하는 것이다. 구체적으로는 SIFI에 대하여 추가 자본을 부과하여 손실흡수력 제고를 통한 도산가능성을 낮추고 주주의 책임을 늘리는 한편, SIFI가 생존가능성이 없는 경우 질서 있게 정리할 수 있도록 하여 정부 및 일반국민의 부담을 경감시키는 것이다.(한국은행, 2018)

글로벌 금융위기 이후 대형금융기관에 대한 규제의 강화에도 불구하고 금융위기 이후 금융기관간 인수·합병(merger and acquisition)을 통한 대형화와 금융겸업화 추세는 지속되는 것으로 파악된다. 건전한 대형금융기관들은 수익원의 다양화를 추구하기 위해 금융위기를 계기로 부실해진 소형금융기관을 인수하는 방식으로 대형화와 금융겸업화를 가속화한 것으로 평가된다. 대표적인 사례로 JP Morgan Chase의 Bear Stearns 인수, Bank of America의 Merrill Lynch 매입, Wells Fargo의 Wachovia 인수 등을 들 수 있다.

3.4. 금융글로벌화

금융글로벌화는 금융거래에 있어서 국제적 연계성이 더욱 강화되어 하나의 금융시장처럼 통합되는 현상이라고 할 수 있다. 금융글로벌화를 가속화시킨 대표적 원인으로 두 가지를 들 수 있다.

첫째, 정보통신기술의 혁신적인 발전은 국제적인 금융거래를 더욱 빠르고 값싸게 함으로써 국제금융거래 규모를 증대시켰다. 통신기술의 혁신으로 인해 잠재적으로 이득이 되는 지식의 국제적 이동을 원활히 함으로써 국제 금융시장뿐만 아니라 사회적 문화적인 면에서도 실제적인 국가 간 거리를 더욱 가깝게 만들었다고 볼 수 있다.

둘째, 대부분의 국가들은 국제적 금융거래에 방해가 되는 국가 간 장벽을 없애거나 완화하는 방향으로 정부정책을 추진해 왔다. 지역적 혹은 쌍무적 자유무역협정(Free Trade Agreement)의 증대로 인해 전통적으로 국제거래를 제한해왔던 관세, 수입할당제, 수출보조금, 그리고 국제적 자본이동의 제한조치 등은 크게 완화되거나 철폐되어왔다. 현재 130개 이상의 지역적 혹은 쌍무적 자유무역협정이 존재하며 전세계 경제에 영향을 미치고 있다.(조갑제, 2017)

4. 핀테크와 금융서비스의 변화

4.1. 핀테크의 개념[26)]

핀테크(Fintech)는 금융(finance)과 기술(technology)의 합성어로, 혁신적 ICT(information and communications technology) 기술을 기반으로 등장한 금융서비스 및 기술을 통칭한다. 핀테크는 2008년 글로벌 금융위기 이후 기존 금융기관 중심의 서비스를 대체할 수 있는 보다 새롭고 혁신적인 금융서비스에 대한 수요가 높아지면서 시작되었다. 또한 스마트폰의 확산에 따른 모바일 인터넷 사용자 증가는 편리함과 효율성이 강조된 새로운 형태의 핀테크 서비스 등장에 기여하였다. 인터넷 뱅킹이나 스마트폰 뱅킹과 같은 전통적 핀테크가 기존의 전자금융 시스템을 보조하는 역할에 충실했다면, 신흥 핀테크는 빅데이터, 클라우드, 머신러닝 등 ICT 기술혁명을 기반으로 기존 금융시스템에 '파괴적 혁신(disruptive innovation)'을 일으킬 수 있다. 이에 기존 금융기관들도 관련 ICT 기술개발을 통해 핀테크 스타트업들과 경쟁하거나 협업하면서 핀테크 혁신에 대비하고 있다.

인터넷 및 모바일 금융서비스를 중심으로 전 세계 금융시장은 디지털 금융시대로 빠르게 진입하고 있다. 이에 핀테크 기업에 대한 글로벌 투자는 미국과 유럽을 시작으로 급격히 증가하는 추세이다. 국내의 경우 초기에는 지급·결제 분야를 중심으로 핀테크 산업이 발전하기 시작하여 P2P 대출, 크라우드펀딩, 로보어드바이저, 블록체인 및 암호화폐 등 다양한 분야에서 관련 핀테크 기업들이 활동 중이다.

26) 이제영(2018)을 주로 참조함.

4.2 핀테크의 주요기술[27)]

금융을 변화시키는 다양한 첨단기술이 있는데 핀테크에서는 시스템을 설계하고 제어할 수 있는 인프라 소프트웨어 기술이 중심이 된다. 대표적인 기술로서 인공지능, 블록체인, 클라우드, 빅데이터를 꼽을 수 있는데, 각 기술 명칭의 제일 앞 글자를 따서 이를 'ABCD기술'이라고 지칭하기도 한다.

(1) 인공지능

인공지능(AI, Artificial Intelligence)이란 인간의 지능으로 할 수 있는 사고, 학습, 자기 개발 등을 컴퓨터가 할 수 있도록 하는 방법을 연구하는 컴퓨터 공학 및 정보기술의 한 분야로 볼 수 있다. 즉, 딥러닝(Deep Learning, 심층학습)을 기반으로 대규모의 데이터를 축적하여 인간과 유사한 학습, 지각, 판단 능력 등을 구현한 것이며, 데이터 분석기술과 컴퓨터 성능이 발달하며 점차 완성도가 높아지고 있다.

인공지능의 종류는 약한 인공지능(Weak AI), 강한 인공지능(Strong AI), 초인공지능(Super AI)과 같이 크게 세 가지로 구분할 수 있다. 약한 인공지능은 스스로 사고하며 문제를 해결할 수 있는 능력이 없는 컴퓨터 기반의 인공지능이다. 미리 정의된 규칙의 모음을 이용해 지능을 흉내내는 정도의 컴퓨터 프로그램으로, 구글 알파고 등과 같은 단순 인공지능이 여기에 속한다. 다음으로 강한 인공지능은 현존하지는 않지만 약한 인공지능의 발전된 형태를 말하는데, 이론적으로 보면 인간의 사고와 같이 컴퓨터 프로그램이 행동하고 사고하는 인간형 AI와 인간과 다른 형태의 지각과 사고 추론을 발전시키는 컴퓨터 프로그램인 비인간형 AI로 나뉜다. 마지막으로 초인공지능은 강한 인공지능이 진화한 형태로, 인간보다 1,000배 이상 뛰어난 지능을 가진 인공지능이다. 이는 효율성, 창의성 등의 원초적 욕구를 기반으로 끊임없이 진화하며 더 높은 수준으로 나아간다.

27) 금융감독원(2021)을 주로 참고함.

인공지능은 챗봇을 기초로 금융회사의 고객 상담, 금융상품 추천 등 고객 응대 업무에 활용되고 있다. 또한 인공지능이 빅데이터 및 투자자 성향을 분석하여 자산관리 포트폴리오를 설계하여 제공하거나, 여신심사 관련 금융데이터를 분석하여 개인 신용평가의 정밀도를 높이는 사례도 있다. 이 외에도 인공지능 기술을 활용하여 금융사기 또는 이상거래를 탐지하는 체계를 구축하는 등 금융권에서의 활용이 확산되고 있다.

(2) 블록체인

블록체인을 이해하기 위해서는 먼저 분산원장기술(distributed ledger technology)을 살펴볼 필요가 있다. 분산원장기술이란 거래정보를 기록한 원장을 특정 기관의 중앙 서버가 아닌 P2P(peer-to-peer) 네트워크에 분산하여 참가하는 사람들이 이를 공동으로 기록하고 관리하는 기술이다. 전통적인 금융시스템이 원장을 집중·관리하는 제3의 기관(TTP, Trusted Third Party)을 설립하고 해당 기관에 대한 신뢰를 확보하는 중앙집중형(centralized) 시스템을 활용하는 반면, 분산원장기술은 다수의 서비스 사용자가 거래내역이 기록된 원장 전체를 각각 보관(decentralized)하고 거래 발생 시마다 이를 검증하고 갱신하는 시스템을 구축하는 방식으로 이루어진다.

분산원장기술을 활용하는 블록체인(blockchain) 기술은 일정 시간 동안 발생한 모든 거래정보를 블록(block) 단위로 기록하여 이를 모든 구성원들에게 전송하고, 블록의 유효성이 확보될 경우 기존의 블록에 추가 연결하여 보관하는 방식이다. 블록체인에서 거래기록을 조작하려면 연결된 모든 개인용 컴퓨터의 블록을 신규 블록 생성 이전에 조작해야 하므로 조작과 해킹이 어려운 시스템이 구축되는 것이다. 그러나 블록체인 기술은 중앙통제시스템이 없으므로 거래에 오류가 발생하는 경우 이를 수정하거나 통제하는 것이 어렵다. 또한 새로운 거래가 발생하면 블록체인 구성원의 검증에 시간이 소요되므로 처리 속도가 다소 느린 편이다.

블록체인은 본래 가상자산의 일종인 비트코인 거래를 위해 사용된 기술이다. 가상자산이란 경제적 가치를 지니는 것으로서 전자적으로 거래 또는 이전될 수 있는 전자적 증표(그에 대한 일체의 권리 포함)를 의미한다. 즉, 기존의 지폐나 동전과는 다르게 디지털파일 형태로 만들어진 거래수단이며, 다수의 참가자들이 컴퓨터 알고리즘을 기반으로 만들고 관련 거래를 블록체인 기술로 기록하며 관리한다. 이 외에도 블록체인 기술 활용이 확대되고 있으며, 대표적인 사례로 블록체인을 기반으로 비상장기업 주주명부 관리 및 주식거래를 지원하는 플랫폼, 비대면 계좌 개설 시 간소화된 신원증명 서비스를 제공하는 정보 보관앱 등이 있다.

(3) 클라우드

클라우드란 멀리서도 보이는 구름을 의미하는 영어단어(cloud)에서 유래하였으며, 전산 관련 자원을 직접 구축하여 소유하는 대신에 클라우드 서비스 제공자로부터 이를 필요한 만큼 제공받아 사용하는 컴퓨팅 방식을 의미한다. 즉, 다양한 서비스 모델에 따라 클라우드 서비스 제공자가 관리하는 서버·저장장치 등의 전산 인프라, 데이터베이스 등의 플랫폼, 응용소프트웨어 프로그램 등을 자체적으로 구축하지 않고 제공받는 것이다.

클라우드 서비스는 사용자가 전산 자원을 직접 구축하는 데 소요되는 기간과 비용을 절감할 수 있으며, 실제 서비스 사용량만큼 만 비용을 지불하면 되므로 매우 경제적이다. 또한 빠르게 변화하는 전산 기술, 일시적인 접속 폭주 등 불규칙한 전산 수요 등 다양한 시장의 변화에 맞춰 민첩하고 유연하게 대응할 수 있다는 특징이 있다. 전산 접속이 집중하여 발생할 수 있는 서비스 장애도 예방할 수 있는 것이다. 아울러 클라우드 서비스는 새로운 지능형 기술을 쉽게 연계하여 활용할 수 있는 플랫폼으로 각광받고 있다. 인공지능, 빅데이터 분석 등은 전문적인 데이터 처리를 위한 고성능 컴퓨팅 자원이 필요한 분야이므로 클라우드 서비스를 활용하는 방안이 주목받고 있다.

금융의 디지털화에 따라 금융권에서 클라우드의 중요성은 높아지는 추세이다. 금융회사는 업무의 효율화를 위하여 내부 경영 업무, 고객서비스 등 주로 후선 업무에 클라우드를 활용해왔으나, 금융상품 데이터 분석, 인터넷·모바일 뱅킹 관련 전자금융 등 각종 핵심 업무로 활용범위를 넓히고 있다. 또한 금융권의 클라우드 서비스 시장은 해외의 글로벌 기업이 중심을 이루고 있으나 국내 업체도 점차 비중을 확대하고 있다.

(4) 빅데이터

4차 산업혁명으로 인해 사람과 사물이 다양하게 연결되는 초연결 사회에서 '21세기의 원유'라고 표현될 만큼 핵심 자원으로 주목받는 것은 바로 데이터이다. 이에 대규모의 다양한 데이터에서 유의미한 정보를 도출하는 빅데이터 기술은 미래의 핵심 기술 중 하나로 손꼽히고 있다. 또한 금융 분야는 데이터의 정확성이 비교적 높고 통신, 유통, 문화 등 타 산업과의 데이터 연계·결합 가능 범위가 넓어서 빅데이터 기술의 활용도가 매우 높은 분야에 해당한다.

해외에서는 은행, 증권, 보험, 신용카드 등 다양한 금융 분야에서 빅데이터가 활용되고 있다. 고객의 다양한 재무 및 비재무 정보를 분석하여 신용평가에 반영하기도 하고, 빅데이터를 활용하여 신규 보험상품 개발, 보험사고 조사 및 보험금 지급심사 업무 등을 수행한다. 각종 정보를 활용하여 고객 맞춤형 마케팅을 실시하기도 하며, 데이터 거래소 등을 통해 다양한 금융 분야의 데이터가 거래되고 있다.

국내 금융권에서도 데이터의 활용범위가 넓어지고 있다. 빅데이터는 금융회사의 내부 업무 프로세스 개선 등을 중심으로 활용되었으나, 2020년 데이터 3법(「개인정보 보호법」, 「정보통신망 이용 촉진 및 정보보호 등에 관한 법률」, 「신용정보의 보호 및 이용에 관한 법률」) 개정을 통해 금융회사의 빅데이터 업무 영위를 위한 제도적 기반이 마련되었다. 이에 금융회사가 보유한 개인신용정보 등을 바탕으로 관련 빅데이터 개발 및 빅데이터 자문(제공), 유통 등이 활성화 될 것으로 예상되고 있다. 또한 금융회사의 빅데이터가 다양한 산업의 데이터와 결합하여 새로운 산업도 성장할 것으로 기대된다.

4.3 핀테크 금융서비스[28)]

앞서 살펴본 여러 핵심기술의 발달에 따라 핀테크 서비스는 갈수록 다양해지고 있다. 주요 분야별 다양한 핀테크 서비스는 [그림 3-1]과 같다. 세부적으로는 비대면 종합은행업무를 수행하는 인터넷전문은행, 모바일기기 등을 활용한 간편결제 및 송금, 자금조달 및 대출, 자산관리를 중심으로 하는 웰스테크, 위험관리를 목적으로 하는 인슈어테크 등을 들 수 있다. 또한 핀테크 서비스는 플랫폼의 활용, 기술과 데이터의 융합 등에 의해 새로운 형태가 계속 나타나고 있다.

(1) 인터넷전문은행

인터넷전문은행은 인터넷이나 모바일을 핵심적인 영업채널로 활용하여 전자금융거래의 방법으로 업무를 영위하는 은행이다. 1990년대 미국에서 최초로 도입되었으며, 오프라인 점포를 운영하지 않고 모회사, 계열회사 등과 연계하여 차별화된 사업모델을 바탕으로 서비스를 제공하는 것이 특징이다. 금융소비자 입장에서는 은행 점포를 방문하지 않고 온라인으로 다양한 금융서비스를 이용할 수 있으며, 시중은행 이용 시와 비교할 때 금리 및 수수료 부담을 낮출 수 있다는 장점이 있다. 또한 금융산업 차원에서는 차별화된 사업모델 출현에 따라 은행 간 경쟁이 촉진되며 금융산업 전반의 경쟁력이 높아지는 효과도 기대할 수 있다.

국내에서는 현재 케이뱅크와 카카오뱅크가 은행법에 따라 본인가를 취득하여 2017년부터 영업을 하고 있으며, 한국토스은행이 예비인가를 취득한 상태이다. 국내 인터넷전문은행은 설립 초기 대비 고객 수, 예금 및 대출 규모가 크게 증가하였으며 영업 실적도 개선되는 등 성장세를 보이고 있다.

---

28) 금융감독원(2021)을 주로 참고함.

(2) 간편결제 · 송금

간편결제는 온라인 또는 오프라인에서 재화 또는 서비스를 구매할 때 플라스틱 신용카드 또는 체크카드 대신 모바일 기기를 이용하는 결제방식이다. 지급 시 활용할 계좌 또는 카드관련 정보를 스마트폰에 미리 등록하고, 거래 시 단말기 접촉, QR코드 또는 애플리케이션 등을 통해 편리하게 결제할 수 있다. 또한 복잡한 본인인증절차 없이 간단한 거래비밀번호 또는 지문인식, 홍채인식, 얼굴인식 등을 활용한 생체인증 등을 통해 빠르게 거래할 수 있는 것이 특징이다.

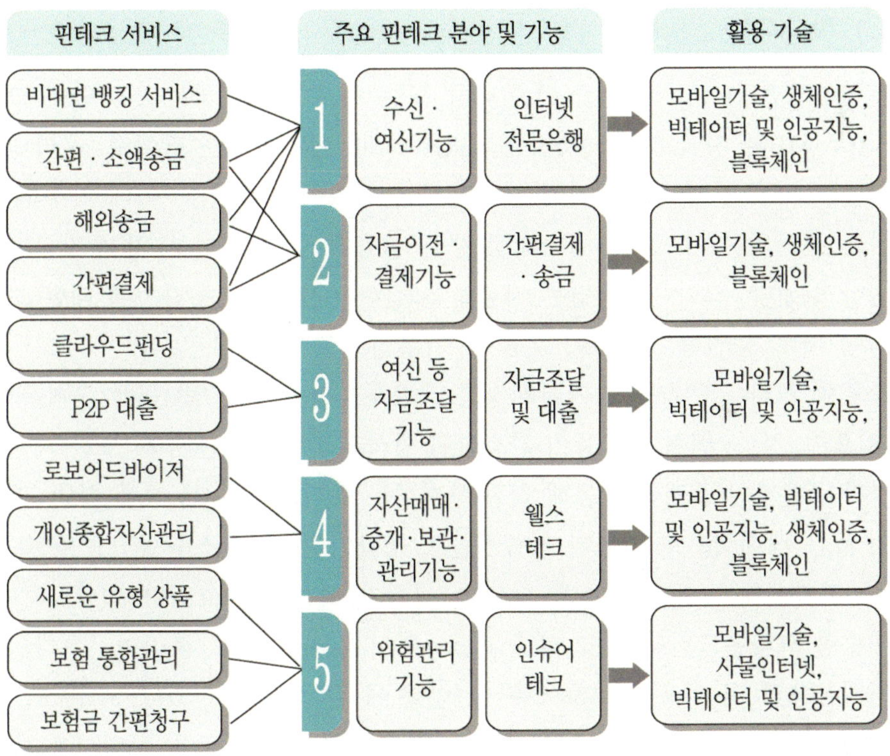

자료 : 금융감독원, 『대학생을 위한 실용금융』.

그림 3-1 주요 핀테크 금융서비스

국내 간편결제서비스 제공업체는 크게 정보·통신 계열과 유통·제조 계열로 구분할 수 있으며, 삼성전자의 삼성페이, 엘지전자의 엘지페이, NHN페이코의 페이코, 비바리퍼블리카의 토스페이, 이베이코리아의 스마일페이, 쿠팡의 쿠페이 서비스 등이 있다.

간편송금은 모바일 기기를 통해 계좌이체 등의 방식으로 선불금을 충전한 뒤, 수취인의 전화번호, SNS 등을 활용하여 간편하게 송금하는 서비스이다. 간편송금서비스 제공업체는 크게 전자금융업자와 금융회사 등으로 분류할 수 있으며, 대표적인 서비스로는 카카오페이, 네이버파이낸셜의 네이버페이, 케이뱅크의 퀵 송금 서비스 등을 꼽을 수 있다

(3) 자금조달 및 대출

크라우드펀딩(crowd funding)은 군중 또는 다수를 의미하는 영어단어 크라우드(Crowd)와 자금조달을 뜻하는 펀딩(funding)을 조합한 단어로, 온라인상에서 다수의 투자자로부터 자금을 조달하는 행위를 의미한다. 이때 다수의 투자자는 각자의 투자 성향, 집단지성 등을 활용하여 투자 여부 및 투자금액을 결정하게 된다. 크라우드펀딩은 자금을 모집하는 방식 및 투자자에 대한 보상방식에 따라 증권형, 대출형, 후원형, 기부형으로 나눌 수 있다.

증권형 크라우드펀딩은 「자본시장과 금융투자업에 관한 법률」에 근거를 두고 있으며, 창업·벤처기업 등이 간소화된 방식으로 발행하는 주식 또는 채권에 투자자가 온라인 플랫폼을 통해 직접 투자하는 방식이다. 이를 통해 창업·벤처기업 등은 상대적으로 간편하게 증권을 발행하여 초기 자금을 공급받을 수 있고, 투자자에게는 벤처투자 등 다양한 기회가 확대되는 효과가 있다.

대출형 크라우드펀딩은 P2P대출(Peer to Peer Lending)로 불리며, 「온라인투자연계금융업 및 이용자 보호에 관한 법률」에 근거를 두고 있다. 이는 P2P업체가 온라인상의 플랫폼을 통해 투자자를 모집하여 투자금을 차입자에 대출하고, 대출에 따른 원리금수취권을 투자자에게 제공하는 형태이다. 이 때 P2P업체는 투자자와 차입자를 단순히 중개하는 업무만 수행하면서 투자자 및 차

입자에게 중개수수료를 받으며, 대출 관련 이자손익은 투자자의 몫이다.

이외에도 후원형, 기부형 크라우드펀딩이 활용되고 있는데 별도의 법률적 근거는 없다. 후원형 크라우드펀딩은 프로젝트 등에 필요한 목표금액을 설정하고 대중의 후원으로 이를 달성하면 금액이 제공되는 방식이다. 주로 문화, 복지 분야에서 많이 활용되며, 향후 출시될 공연 티켓, 제품 또는 서비스 등을 미리 구매하는 방식으로 활용되고 있다. 국내의 대표적인 플랫폼으로서 와디즈, 텀블벅을 들 수 있으며, 이러한 크라우드펀딩 방식은 자금을 조달하는 단계에서부터 마케팅 효과를 낼 수 있다. 또한 기부형 크라우드펀딩은 보상을 조건으로 하지 않고 순수한 기부목적으로 자금을 지원받는 방식이다. 주로 비영리단체가 특정사업을 수행하기 위해 자금을 모집할 때나 이자 없이 자금을 빌려주는 서비스를 수행하기 위해 사용된다.

(4) 웰스테크

웰스테크(WealthTech)는 부(wealth)와 기술(tech)의 합성어로, 자산관리를 위한 핀테크 서비스를 지칭한다. 가장 대표적인 분야로 금융투자 관련 로보어드바이저를 들 수 있다. 로보어드바이저는 로봇(Robot)과 투자자문가(Advisor)의 합성어이며, 인공지능을 활용하여 투자자의 리스크 관련 성향, 목표수익률, 자금의 성격 등을 진단한 뒤 자동으로 포트폴리오를 구성하여 투자하는 투자플랫폼이라 할 수 있다. 로보어드바이저는 알고리즘에 따라 자동으로 운영되기 때문에 상품 설계 시 인간의 판단과 개입을 최소화하므로, 수수료가 낮고 다양한 투자전략도 수립할 수 있는 장점을 갖는다. 해외에서 로보어드바이저 운용자산 규모는 지속적으로 성장하고 있으며, 국내에서도 로보어드바이저의 펀드재산 직접 운용을 허용하고, 자산운용사 등이 아닌 로보어드바이저 업체가 자산운용사 등으로부터 펀드·일임재산 운용업무를 위탁받는 것을 허용하는 등 각종 규제 완화에 힘입어 더욱 활성화되는 추세이다.

또한 각 금융회사에 분산되어 있는 개인의 자산 관련 정보를 편리하게 파악할 수 있도록 금융자산 현황을 종합하여 제공하는 개인종합자산관리서비스도 확대되고 있다. 이는 온라인을 통해 개인의 각종 금융자산 현황과 더불어 지출관리, 맞춤형 금융상품 추천, 신용관리 등 다양한 자산관리서비스를 제공하는 것이며, 국내의 대표적인 서비스로 뱅크샐러드(앱), 카카오페이, 브로콜리 등이 있다.

4.4 핀테크의 위험요소[29)]

핀테크는 금융소비자에게 보다 저렴한 금융상품을 제공하고 금융접근성을 높이는 한편, 금융산업의 경쟁을 촉진하는 신성장동력으로 작용하고 있다. 그러나 핀테크 발전과 함께 개인정보 유출·해킹 등 보안문제, 비대면 금융거래 확산으로 인한 고용 감소나 쏠림현상 등의 새로운 리스크도 출현하고 있어 긍정적인 측면과 부정적인 측면을 모두 고려하여 적절히 대응해 나가야 한다.

간편결제 등 비대면거래 급증에 따라 개인정보 유출로 인한 소비자피해 발생이 우려된다. 본인확인 등의 절차를 간소화하는 핀테크 서비스의 장점을 악용한 부작용이 커질 수 있기 때문이다. 또한 핀테크 기업이 적절한 보안 기준을 준수하지 않을 경우 전례 없는 규모의 개인정보나 데이터 탈취가 발생할 수 있다. 특히 새로운 인증수단인 생체정보는 일반 패스워드와 달리 자유로운 갱신, 변경이 불가능하다. 이에 따라 정보유출 시 지속적으로 악용될 수 있는 등 피해도 심각할 수 있다.

P2P대출 플랫폼의 경우, 적절하게 감독되더라도 신용 등 관련 리스크가 실질적으로 최종투자자에게 전가될 수 있다. 이로 인해 금융상품이나 상품에 내재된 리스크를 이해하지 못하는 투자자가 큰 손실을 입을 가능성이 크다. 예컨대 P2P대출의 경우 최종 투자자가 돈을 대출한 기업이나 개인의 신용 및 유동성 리스크를 직접 부담함에 따라 차주의 상환불능에 따른 손실을 고스란히 부담하게 된다. 또한 주로 금융회사의 대출심사를 통과하지 못한 개인이나 기업이 P2P대출을 이용하려고 하는 역선택의 문제가 발생할 수도 있다. 이를

29) 금융감독원(2021)을 주로 참고함.

막기 위해서는 대출플랫폼이 투자자에게 적절한 정보를 제공하여 투자자가 올바른 판단을 내릴 수 있도록 도와야 한다.

인공지능과 같은 기술 진보로 금융회사는 효율화되지만, 금융산업 내의 일자리는 감소할 수 있다. 가령 금융기술의 진보에 따라 소매 은행업 부문에서 지점 및 고용 인원의 감소가 크게 나타날 것으로 예상된다. 모바일 뱅킹 등의 발달로 텔러업무는 점점 자동화되고 있으며, 단순히 물리적 지점망이 많은 은행보다는 다양한 모바일서비스를 제공하여 사용자 편의성을 확보한 은행이 비교 우위를 갖게 될 가능성이 높다. 이에 따라 2025년까지 미국 및 유럽은행의 소매 지점수와 고용 인원은 최대 50%까지 감소할 것으로 전망된다는 의견이 있다.

혁신적인 금융상품 및 서비스의 확산으로 서비스 제공 관련 제반사항이 복잡해짐에 따라 운영 리스크의 관리 및 통제가 곤란하게 될 수 있다. 금융회사가 아웃소싱을 늘리고, 클라우드 서비스나 핀테크 기업과의 제휴 등 외부 서비스제공업체 이용을 많이 할수록 운영의 복잡성이 증가하고 투명성은 저하될 수 있기 때문이다. 가령 외부 서비스제공업체 이용이 증가하면 데이터보안, 개인정보보호, 자금세탁, 사이버 범죄 및 고객보호와 관련된 리스크도 증가할 수 있다. 또한 기존 IT시스템이 변화를 수용하지 못하거나 변화에 맞추어 시스템을 개선하더라도 그 구현방법이 부적합할 가능성도 있으며, 기술의존도 증가로 인해 핀테크 기업 이외에 연관 금융회사까지 사이버공격으로부터 취약해질 가능성도 있다.

연습 문제

01 1960~1970년대 정부가 금리를 규제하면서 전반적으로 저금리정책을 추진한 이유는 무엇인가? 이에 따른 부작용은 무엇인가?

02 1980년대 추진된 금융자율화의 주요 정책내용을 설명하시오.

03 1997년 한국 금융위기의 주요 원인을 설명하시오.

04 자본시장법의 포괄주의(negative system)와 기존의 자본시장 관련법의 열거주의(positive system)를 비교·설명하시오.

05 2008년 글로벌 금융위기의 원인을 설명하시오.

06 금융 증권화(securitization)의 의미는 무엇인가?

07 글로벌 금융위기 이후 추진된 '시스템적으로 중요한 금융기관(SIFIs; Systemically Important Financial Institutions)'에 대한 규제의 의미와 이유를 설명하시오.

08 다음 용어를 설명하시오.

- 그림자 금융(shadow banking)
- 핀테크(Fintech)
- ABCD기술
- P2P대출(Peer to Peer Lending)

09 대표적 핀테크 금융서비스를 설명하시오.

Chapter 04

금융시장의 이해

1. 금융시장의 의의와 분류

앞서 논한 바와 같이, 금융기관은 금융시장에서 브로커 기능과 자산변환 기능을 효율적으로 수행하면서 거래비용을 최소화시키는 역할을 수행한다.[30] 그러므로 금융기관경영 이론과 업무를 구체적으로 파악하기 위해 금융시장의 의의와 전체적 메커니즘을 이해할 필요가 있다. 그리고 금융시장에서 결정되는 자금의 가격으로 볼 수 있는 이자율의 변화를 이해하기 위해 금융시장의 기본적인 작동원리를 알아야 한다.

은행 등 금융기관은 금융시장의 이자율 변화에 대응해서 금융자산과 부채를 효과적으로 관리함으로써 금융기관의 주된 수익원인 순이자마진(net interest margin)의 목표를 달성하고 순자산(net worth)의 가치를 제고시키고자 노력한다. 이러한 목표를 효과적으로 달성하기 위해 자산부채 종합관리(ALM: Asset-Liability Management) 경영기법을 활용한다. 이자율의 변화는 금융기관의 순

30) 이하 내용은 한국은행, 『한국의 금융시장』(2021)을 주로 참고함.

이자마진과 순자산가치에 결정적인 영향을 미친다. 따라서 이자율의 변화는 금융기관의 자산부채관리 방향 설정과 경영성과에 가장 큰 영향을 미치는 요인 중 하나라고 할 수 있다. 시장 이자율의 변화는 자산측면의 수익률과 부채측면의 이자비용에도 영향을 미치므로 금융기관은 이자수익과 이자비용간의 스프레드(spread)를 확대시키면서 동시에 순자산(net worth) 가치하락을 방어하는 위험관리를 지속해야한다. 이러한 이자율변동 위험을 금융기관이 선제적으로 대응하고 효과적으로 관리하기 위해서는 금융시장의 개념과 기본적인 메커니즘에 대한 이해가 필요하다.

금융시장(financial market)이란 자금의 공급자와 수요자간에 금융거래가 조직적으로 이루어지는 장소를 말한다. 여기서 장소는 재화시장처럼 특정한 지역이나 건물 등의 구체적 공간뿐 아니라 금융거래가 정보시스템 등에 의해 유기적으로 이루어지는 추상적 공간을 포함한다. 금융거래가 성립되기 위해 매개 수단(financial instruments)이 필요한데 이를 금융상품 또는 금융자산이라고 한다. 금융상품은 현재 또는 미래의 현금흐름에 대한 청구권을 나타내는 증서로, 그 예로는 예금·대출, 채권, 주식 등이 있다.

금융거래는 금융중개기관의 개입 여부에 따라 직접금융거래와 간접금융거래로 구분할 수 있다. 직접금융거래는 자금수요자가 자기명의로 증권을 발행하고 자금공급자가 이를 매입함으로써 자금이 당사자 사이에서 직접 거래되는 방식을 의미한다. 간접금융거래는 은행 등과 같은 금융중개기관(financial intermediaries)을 통하여 자금공급자에게서 자금수요자로 자금이 이전되는 거래이다. 직접금융거래수단으로는 주식, 채권 등이 대표적이며 간접금융거래수단에는 예금, 대출 등이 있다. 금융기관은 직접금융거래가 이루어지는 직접금융시장에서 브로커 기능을 주로 수행하고, 간접금융거래가 이루어지는 간접금융시장에서 자산변환기능을 주로 수행한다.

우리나라의 금융시장은, 위에서 설명한 바와 같이, 크게 직접금융시장과 간접금융시장으로 나눌 수 있다. 좁은 의미의 금융시장은 주로 직접금융시장을 의미하며 직접금융시장은 거래되는 금융상품의 만기를 기준으로 단기금융시장과 자본시장으로 구분된다. 여기에 금융상품의 특성을 고려하여 외환시장과 파생금융상품시장을 별도로 구분한다.

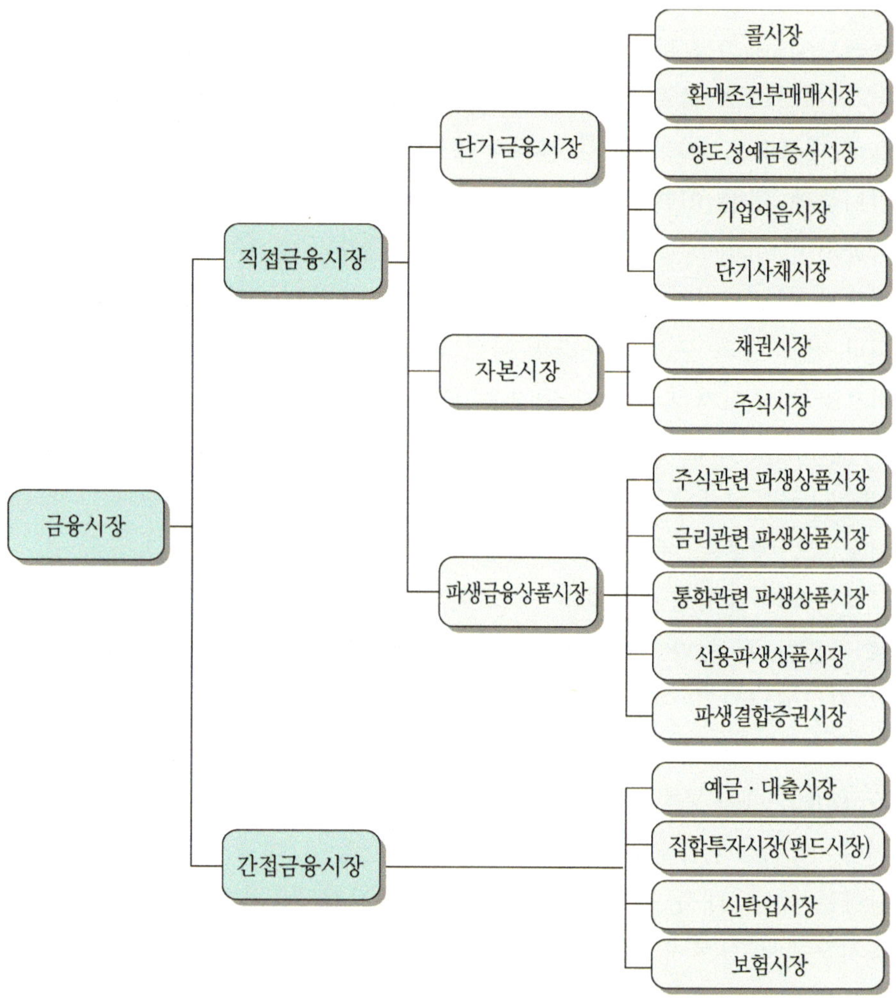

자료 : 한국은행(2021)

그림 4-1 한국의 금융시장 분류

이러한 분류 이외에도 금융시장을 거래규칙의 표준화 여부에 따라 장내시장과 장외시장으로, 금융상품의 신규발행 여부에 따라 발행시장과 유통시장으로 구분한다.

단기금융시장은 통상 만기 1년 이내의 금융상품이 거래되는 시장으로 참가자들이 일시적인 자금수급의 불균형을 조정하는 시장이다. 콜시장, 환매조건부매매시장, 양도성예금증서시장, 기업어음시장, 단기사채시장 등이 이에 해당된다. 자본시장은 장기금융시장이라고도 하며 금융기관, 정부, 기업 등이 만기 1년 이상의 장기자금을 조달하는 시장으로 주식시장과 채권시장 등이 여기에 속한다.

파생금융상품시장은 금융상품의 가격변동위험과 신용위험 등 위험 관리를 위해 고안된 파생금융상품이 거래되는 시장이다. 우리나라의 파생금융상품시장은 초기에는 환율변동위험 헤지 필요성 등으로 외환파생상품을 중심으로 발전되어 오다가 1990년대 중반 이후 주가지수 선물 및 옵션, 채권선물 등이 도입되면서 상품의 종류가 다양해지고 거래규모도 크게 확대되고 있다. 특히 2010년대에는 글로벌 금융위기 이후 저금리 기조가 지속되자 수익률 제고 노력 등으로 파생결합증권시장이 확대되기도 하였다. 파생금융상품을 활용할 경우 각종 금융거래에 따르는 위험을 헤지할 수 있을 뿐만 아니라 추가적인 수익을 기대할 수 있는 반면 레버리지 효과(leverage effect)가 매우 커서 대규모의 손실을 입을 위험성도 있다.

우리나라 금융시장의 규모는 〈표 4-1〉에서 보는 바와 같이 1990년대 이후 크게 확대되었다. 2021년 6월말 현재 단기금융시장과 자본시장을 합한 규모는 총 5,662조원으로 1990년 말 158조원의 36배에 달하고 있다. 전체 경제규모(명목 GDP) 대비로는 1990년의 83%에서 2021년 6월말에는 285%로 높아졌으며, 금융기관 유동성(Lf) 및 금융기관 대출금에 대한 비율도 1990년의 80% 및 87%에서 2021년 6월말에는 각각 121% 및 148%로 상승하였다. 시장별로 보면 자본시장의 경우 채권시장 규모는 2021년 6월말 2,339조원으로 1990년 말의 67배, 주식시장 규모는 2,738조원으로 같은 기간 중 35배에 달하는 등 비약적으로 성장하였다. 단기금융시장 규모도 2021년 6월말 현재 585조원으로 1990년 말의 13배 수준으로 확대되었다.

이와 같이 우리나라 금융시장이 빠른 속도로 성장한 것은 경제규모의 확대, 정부의 자본시장 육성 및 대외개방 정책, 1997-98년 외환위기 이후의 금융시장 하부구조 정비 및 시장참가자들의 금융거래 기법 개선 등에 힘입은 바가 크다.

| 표 4-1 | 한국의 금융시장 규모

(단위 : 조원)

	1990	2000	2010	2021.6
단기금융시장	44.3	138.8	264.8	585.1
자본시장	114.0	638.8	2,401.1	5,077.1
채권	35.0	423.6	1,161.2	2,338.7
주식	79.0	215.2	1,239.9	2,738.4
전체(C)	158.3	777.6	2,665.9	5,662.3
C/명목GDP(%)	82.7	124.5	201.6	284.5
C/Lf(%)	79.9	82.4	124.7	120.5
C/대출금(%)	86.9	110.9	145.9	148.2

자료 : 한국은행(2021)

2. 단기금융시장

단기금융시장은 금융기관, 기업 등 경제주체들이 단기적인 자금 과부족을 조절하기 위해 통상 만기 1년 이내의 단기금융상품을 거래하는 시장으로 자금시장(money market)이라고도 한다. 우리나라의 단기금융시장은 콜시장, 환매조건부매매시장, 양도성예금증서시장, 기업어음시장, 단기사채시장, 표지어음시장, 통화안정증권(만기 1년 이내)시장, 재정증권시장 등으로 구성된다. 단기금융시장은 국민경제 내 자금의 잉여부문과 부족부문을 연결시켜준다는 점에서 자본시장 등 여타 금융시장과 같은 기능을 수행하며 다음과 같은 특징을 갖고 있다.

첫째, 단기금융시장은 경제주체들에게 단기자금을 효율적으로 조달·운용하여 유휴현금 보유에 따른 기회비용을 절감할 수 있는 기회를 제공한다. 대부분의 경제주체들은 미래의 지급수요에 대비하여 자금의 일부를 현금으로 보유하게 되는데 이는 해당 자금의 이자수익을 포기하는 결과, 즉 기회비용을 초래한다. 그런데 단기금융시장을 활용할 경우 경제주체들은 여유자금이 생기면 안전성과 유동성이 높은 단기금융상품으로 운용하고 자금이 부족해지면 단기채무증서 등을 발행하여 조달함으로써 유휴현금의 보유규모를 줄일 수 있게 된다.

둘째, 단기금융시장은 경제주체들에게 금융상품 보유에 따르는 위험을 관리할 수 있는 수단을 제공한다. 일반적으로 단기금융상품은 장기금융상품에 비하여 금리변동에 따른 가격 변동폭이 크지 않으므로 자본손실위험이 작으며 유통시장이 잘 발달된 경우에는 만기이전에도 쉽게 자금을 회수할 수 있어 유동성위험도 크지 않다. 따라서 경제주체들은 장기채권 또는 주식의 가격이 하락할 것으로 예상될 경우 이들 자산을 매각하고 단기금융상품을 매입함으로써 자본손실위험을 줄일 수 있다. 또한 금융시장의 불확실성이 높아진 시기에는 장기금융상품 보유를 축소하는 대신 단기금융상품 보유를 확대함으로써 유동성위험을 줄일 수 있다.

셋째, 단기금융시장은 중앙은행의 통화정책이 수행되는 대상시장이며 동 정책효과가 파급되는 시발점이다. 중앙은행의 정책금리 변경은 단기시장금리를 통해 장기시장금리, 은행 예금 및 대출 금리, 주가, 환율 등 금융시장 전반에 파급되며, 이는 최종적으로 생산, 물가 등 실물경제에 영향을 미친다.

우리나라 단기금융시장에는 정부를 포함한 모든 경제주체들이 참여하고 있다. 예금은행은 양도성예금증서 발행, 콜차입, 환매조건부매도 등을 통해 일시적으로 부족한 자금을 조달하고 일시적으로 남는 자금은 콜론, 환매조건부매수 등으로 운용한다. 증권회사, 자산운용회사 등은 주로 환매조건부매매시장 등을 통해 부족자금을 조달하거나 여유자금을 운용하며, 기업은 기업어음이나 단기사채를 발행하여 단기 부족자금을 조달하고 여유자금은 환매조건부매수, 양도성예금증서 매입 등으로 운용한다. 이 밖에 가계도 일시적인 여유자금을 운용하기 위하여 단기금융시장에 참여하고 있다

2.1. 콜시장

콜(call)시장은 금융기관들이 일시적인 자금 과부족을 조절하기 위하여 상호간에 초단기로 자금을 차입하거나 대여하는 시장이다. 특히 지급준비제도 적용 대상 금융기관들이 지급준비금(이하 '지준') 과부족을 주로 콜거래를 통해 조정하고 있어 콜시장은 지준시장으로서의 의미도 갖는다.

콜시장은 통화정책 수행에 있어서도 매우 중요한 위치를 차지하고 있다. 한국은행 금융통화위원회가 결정하는 기준금리는 초단기금리인 콜금리를 통해 장단기 시장금리, 예금 및 대출 금리, 궁극적으로는 실물경제 활동에 파급되기 때문이다. 이에 따라 한국은행은 무담보 익일물 콜금리가 한국은행 기준금리 수준에서 크게 벗어나지 않도록 공개시장운영을 수행하고 있다.

콜금리는 2008년 3월 이전까지, 미국의 연방기금금리(Federal Funds Rate)와 유사하게, 한국은행의 정책금리로서 기능하였다.[31] 그러나 당시 우리나라 콜 시장에서 이루어지는 거래량의 70%는 투신사와 카드사 등 비은행금융기관들이 차지하였다. 이들은 시중은행들처럼 지준의무가 없고 한국은행의 공개시장운영에도 참여하지 않는 기관들이었다. 따라서 한국은행의 공개시장운영

31) 우리나라의 콜시장에 해당하는 미국의 은행간 시장을 연방기금시장(fedral fund market)이며, 여기서 결정되는 금리인 연방기금금리(federal fund rate)가 미국 연방준비제도(Fed)의 정책금리로 기능한다.

을 통한 콜금리 관리는 한계를 가질 수밖에 없었다. 한국은행은 이러한 콜금리 목표 운용방식의 문제점을 해소하기 위해 2008년 3월부터 정책금리를 콜금리에서 한국은행과 금융기관 간 거래의 기준이 되는 '한국은행 기준금리(약칭 기준금리)'로 변경하였다.

콜시장의 자금 공급자인 콜론(call loan)기관은 주로 자산운용회사, 국내은행 및 외국은행 국내지점(이하 '외은지점') 등이다. 자산운용회사는 펀드 환매에 대비하여 보유하는 고유동성 자산을 콜론으로 운용하며 국내은행은 지준잉여자금을 콜론으로 공급한다.

콜시장의 자금 차입자인 콜머니(call money)기관은 국내은행 및 외은지점, 증권회사 등이다. 국내은행은 통상 콜자금을 공급하기도 하지만 지준자금 조절을 위한 콜머니 차입자이기도 하다. 외은지점은 수신기반이 취약하여 주로 본지점 차입이나 콜머니를 통해 영업자금을 조달해야 하므로 콜자금의 공급보다는 차입이 많은 편이다. 자금조달수단이 고객예탁금, RP매도 등으로 제한되는 증권회사도 자금 조달·운용상의 불일치 조정 등을 위해 콜자금을 차입하고 있다.

2.2. 환매조건부매매(RP)시장

환매조건부매매(RP 또는 Repo; Repurchase agreement)란 미래 특정 시점 또는 거래당사자 중 일방이 통지한 시점에 특정 가격으로 동일한 증권을 다시 매수 및 매도할 것을 약정하고 이루어지는 증권의 매매 거래를 말한다.

시장에서 실제 RP거래는 일정 기간 동안 RP 매도자가 RP 매수자에게 증권을 담보(collateral)로 제공하고 자금을 차입하는 방식으로 거래한다. 이러한 측면에서 RP 매수자와 RP 매도자는 각각 자금 대여자 및 자금 차입자이며, 매매 대상증권은 차입담보에 해당된다.

RP거래는 매수자에게는 단기 여유자금을 안전하게 운용할 수 있는 수단으로, 매도자에게는 무담보 차입에 비해 저렴한 자금조달 수단으로 기능함으로써 단기금융시장의 효율적인 작동에 기여한다.

RP거래는 거래주체를 기준으로 금융기관과 일반고객 간에 이루어지는 '대고객 RP', 금융기관 간에 이루어지는 '기관간 RP' 그리고 한국은행의 공개시장 운영 수단으로서 한국은행과 금융기관 간에 이루어지는 '한국은행 RP'로 구분된다.

한국은행은 금융시장의 일시적인 유동성 과부족을 조절하기 위한 공개시장 운영 수단으로 RP매매를 활용하고 있다. 이는 RP매매가 증권을 담보로 하기 때문에 신용리스크가 작고, 유동성 상황에 따라 유동성조절 방향과 규모, 만기, 금리 등을 탄력적으로 조정할 수 있기 때문이다.

2.3. 양도성예금증서(CD)시장

양도성예금증서(CD; Certificate of Deposit)는 은행이 정기예금증서에 양도성을 부여한 것이다. 발행기관인 은행의 입장에서는 자금사정에 따라 발행규모와 시기를 조절함으로써 탄력적인 자금조달이 가능하다는 장점이 있다. 매수기관은 CD시장을 단기자금 운용수단으로 활용하고 있다.

CD는 매수주체에 따라 대고객 CD와 은행간 CD로 구분된다. 대고객 CD는 다시 은행창구에서 직접 발행되는 창구 CD(또는 통장식 CD)와 중개기관의 중개를 통해 발행되는 시장성 CD로 구분된다. 개인, 일반법인 등은 주로 발행은행 창구에서 직접 매입하는 반면 증권사, 자산운용회사 등 금융기관은 중개기관을 통해 매입한다. 은행간 CD는 일반적으로 중개기관을 통하지 않고 발행은행과 매수은행간 직접 교섭에 의해 발행된다. 은행간 CD는 은행상호간 자금의 과부족을 해소하기 위한 수단으로 발행된다.

CD는 「한국은행법」 상 지급준비금 적립대상이 되는 예금채무에 해당한다. 다만, 한국은행에 지급준비금 보유의무가 있는 금융기관을 상대로 발행된 양도성예금증서 발행채무는 지급준비금 적립대상 채무에서 제외된다. 즉, 대고객 CD에 대한 예금지급준비금 예치의무 부과하지만 은행간 CD에 대해서는 예금지급준비금 예치의무를 면제하고 있다. 아울러 CD는 관련 법규 개정에 따라 2001년부터 예금보호대상에서 제외되고 있다.

무기명 양도성증서인 CD는 익명성이 보장됨에 따라 회계분식에 악용되기도 하였으며 실물증서로 발행·유통됨에 따라 위·변조 및 편취 등 각종 금융사고의 대상이 되는 경우가 많았다. 이러한 문제를 해결하기 위해 CD를 한국예탁결제원 및 은행 등의 등록기관에 등록할 수 있는 CD 등록발행제가 2006년 6월말부터 시행되고 있다.

CD금리는 변동금리대출의 기준이 되는 금리로 널리 사용되어 왔다. 그러나 91일물 CD의 발행 및 유통규모가 크지 않고 일부 은행의 자금사정에 따라 급등락할 가능성도 있어, 정책당국은 2010년 2월부터 코픽스(COFIX; cost of fund index)를 도입하여 은행 가계대출의 기준금리로 활용하고 있다.

2.4. 기업어음(CP)시장

기업어음(CP; commercial paper)은 신용상태가 양호한 기업이 상거래와 관계없이 운전자금 등 단기자금을 조달하기 위하여 자기신용을 바탕으로 발행하는 융통어음을 의미한다. 따라서 상거래에 수반되어 발행되는 상업어음(commercial bill, 진성어음)과는 성격이 다르지만, 법적으로는 상업어음과 같은 약속어음으로 분류된다.

CP시장은 발행기업(issuers), 할인·매출기관(dealers) 및 매수기관(investors)으로 구성된다. CP는 발행절차가 간편하고 통상 담보없이 신용으로 발행(ABCP 제외)되는 데다 금리면에서도 은행대출보다 일반적으로 유리하다. 이러한 장점들에 힘입어 CP는 기업들이 자금을 신속하게 조달하고자 할 때 유용한 수단으로 이용되고 있다. 할인·매출기관은 발행기업으로부터 CP를 할인 매입한 후 이를 매수기관에 매출함으로써 매매차익을 얻는다. 매수기관은 주로 단기자금의 운용수단으로 CP를 활용하고 있다.

CP의 할인 및 매출은 주로 증권회사와 종합금융회사가 담당하고 있다. 종합금융회사는 매출뿐만 아니라 자체 보유목적으로 CP를 할인한다. 수신기능이 제한적인 증권사는 일반적으로 CP를 할인한 후 자체보유하지 않고 매출한다. 자산운용회사의 MMF, 종합금융회사, 은행신탁, 증권신탁 등이 주요 CP 매입 주체이다. 자산운용회사는 주로 증권회사와 종합금융회사가 중개한 CP를 매수하며 은행신탁은 할인·매출기관이 중개한 CP를 매입할 뿐만 아니라 직접 할인하여 매입하기도 한다. 신용등급별 구성을 보면 2021년 상반기 중 발행액 기준으로 최우량 등급인 A1 등급 비중이 90.4%, A2 등급 비중은 8.0%로, 우량물에 집중된 것으로 나타나고 있다.

2.5. 단기사채시장

단기사채는 「주식·사채 등의 전자등록에 관한 법률」(이하 '전자증권법')상의 요건을 갖춘 사채권으로서 전자적으로 발행·유통되는 단기금융상품이다. 2008-2009년 글로벌 금융위기 이후 금융규제 개혁을 통한 선진금융산업 육성 과제의 하나로 추진되어 2013년 1월 15일 도입되었다. 보다 구체적으로, 기업어음을 단기사채로 대체하고 비은행금융기관들의 단기자금 조달수요가 주로 콜시장에 집중된 현상을 완화하기 위해 단기사채제도를 도입하였다.

단기사채는 실질적으로 기존의 기업어음(CP)과 동일하다. 다만 기업어음은 실물로 발행·유통되지만 단기사채는 실물 없이 전자등록기관의 전자장부에 등록(book-entry)되는 방식으로 발행·유통되는 점이 다르다.

단기사채는 기업어음에 비해 여러 장점을 지닌다. 우선 인수 또는 인도 시위·변조, 분실 등 실물 발행에 수반되는 위험을 원천적으로 방지할 수 있으며 발행비용도 절약할 수 있다. 또한 누구나 확인할 수 있는 전자등록기관의 전자장부에 등록하는 방식으로 발행·유통됨에 따라 거래의 투명성도 크게 제고되었다. 아울러 발행과 유통 및 상환이 모두 전자적으로 이루어지면서 증권과 대금의 실시간 동시결제(DvP; Delivery versus Payment)가 가능해졌다. 이에 따라 발행기업은 발행 당일에 자금을 사용할 수 있으며, 투자자 입장에서는 만기시 어음교환소 회부 등이 필요치 않아 투자대금 회수과정에서 발생할 수 있는 신용위험이 축소되었다.

단기자금 조달수단으로서 기업어음 대체 효과를 위해 도입된 만큼 발행기관, 인수·매매기관, 중개기관 등은 CP시장과 거의 유사하다. 2021년 상반기 중 총발행액을 보면 증권사와 카드사 발행 단기사채 비중이 각각 50%대 중반, 10%대 초중반으로 높은 편이다. 단기사채 유통에 있어서는 집합투자기구, 증권사 등이 주로 매입한다.

3. 자본시장

자본시장(capital market)이란 기업, 정부, 지방자치단체, 공공기관 등이 장기자금을 조달하는 시장으로 넓은 의미에서는 은행의 시설자금대출 등 장기대출시장을 포함하기도 하나, 통상적으로는 국채, 회사채, 주식, 자산유동화증권 등 중장기 증권이 발행·유통되는 증권시장(securities market)을 의미한다.

자본시장은 여러 기능을 수행하고 있는데, 우선 가장 중요한 기능은 가계 등의 여유자금을 기업 등에 장기투자재원으로 공급함으로써 국민경제의 자금잉여부문과 자금부족부문의 자금수급 불균형을 조절하는 것이다.

자본시장은 다양한 투자수단을 제공한다. 투자자의 입장에서 주식, 채권 등은 유용한 투자수단이 되며 자본시장 발달과 함께 증권의 종류가 다양화·고도화되면서 투자자는 더욱 다양한 포트폴리오를 구성할 수 있는 기회를 갖게 된다. 자본시장에서 거래되는 금융자산은 금리변동에 따른 자본손실위험 및 신용위험이 비교적 커서 이들 자산의 수익률이 단기금융상품에 비해 높은 것이 일반적이다.

마지막으로 자본시장은 중앙은행의 통화정책이 실물경제에 영향을 미치는 매개기능을 수행한다. 중앙은행이 정책금리를 변경하면 여러 경로를 통해 자본시장의 장기수익률에 영향을 미치고 기업의 자본조달비용을 변동시킴으로써 궁극적으로 기업의 투자결정에 영향을 미친다. 동시에 채권 및 주식의 자산가치 변동으로 인한 부의 효과(wealth effect)를 통해 가계소비에도 영향을 미치게 된다.

3.1. 주식시장

주식시장은 주식회사의 지분권을 표시하는 유가증권인 주식이 거래되는 시장이다. 주식은 상환의무가 없고 경영실적에 따라 배당만 하면 되기 때문에 발행기업 입장에서는 매우 안정적인 자금조달수단이 되며 자기자본으로서 기업의 재무구조를 개선시키는 효과가 있다. 또한 투자자 입장에서는 유용한 자금운용수단이 된다. 주식시장은 기업공개 및 유상증자 등을 통해 주식이 새롭게 공급되는 발행시장과 이미 발행된 주식이 투자자간에 거래되는 유통시장으로 나누어진다. 발행시장에서 기업은 주식발행을 통해 자금을 조달하게 된다. 유통시장에서는 단지 주식 소유주만 바꾸면서 매매되며 기업으로의 자금유입은 없다.

(1) 주식의 발행시장

주식의 발행은 주식회사가 설립자본금을 조달하거나 자본금을 증액할 때 이루어진다. 자본금 증액을 위한 주식발행에는 금전의 출자를 받아 자본금을 증가시키는 유상증자 이외에 무상증자, 주식배당 및 전환사채의 주식전환 등이 포함된다. 발행시장은 새로운 주식이 최초로 출시되는 시장이라는 점에서 제1차 시장(primary market)이라고도 한다.

발행시장은 자금수요자인 발행인, 자금공급자인 투자자, 주식발행사무를 대행하고 발행위험을 부담하는 인수인으로 구성된다. 발행인에는 기업, 금융회사 등이 포함되며 인수인의 역할은 투자매매업자(증권회사)가 담당한다. 인수(underwriting)란 금융기관이 증권(주식, 채권 등)을 발행인으로부터 일정한 가격에 매입하고 투자자에게 팔아서 차익을 남기는 업무를 말한다.

주식의 발행은 기업공개, 유상증자, 무상증자, 주식배당 등 여러 가지 형태로 이루어진다. 기업공개(IPO; Initial Public Offering)란 주식회사가 상장을 목적으로 신규 발행 주식을 다수의 투자자로부터 모집(primary offering)하거나, 이미 발행되어 대주주 등이 소유하고 있는 주식을 매출(secondary offering)하여 주식을 분산시키는 것을 말한다.

유상증자란 기업재무구조 개선 등의 목적으로 회사가 신주를 발행하여 자본금을 증가시키는 것을 말한다. 무상증자란 주금의 납입 없이 이사회의 결의로 법정준비금을 자본에 전입하고 증가된 자본금에 해당하는 신주를 발행하여 기존 주주에게 소유주식 수에 비례하여 무상으로 배정·교부하는 것이다. 주식배당이란 현금 대신 주식으로 배당함으로써 이익을 자본으로 전입하는 것을 의미한다.

주식의 발행방식은 주식의 수요자를 선정하는 방법에 따라 공모발행과 사모발행으로, 그리고 발행에 따르는 위험부담과 사무절차를 담당하는 방법에 따라 직접발행과 간접발행으로 구분된다. 일반적으로 공모발행은 간접발행 방식을 취하며, 사모발행은 직접발행 방식을 취한다.

공모발행(public offering)이란 발행회사가 투자자에 제한을 두지 않고 동일한 가격과 조건으로 주식을 다수의 투자자(50인 이상)에게 발행하는 방식으로 기업공개 시 모집과 매출이 이에 해당한다. 사모발행(private placement)은 발행회사가 특정한 개인 및 법인을 대상으로 주식을 발행하는 방법이다.

직접발행은 발행회사가 자기 명의로 인수위험 등을 부담하고 발행사무도 직접 담당하는 방식으로 직접모집 또는 자기모집이라고도 한다. 간접발행은 발행회사가 전문적인 지식, 조직 및 경험을 축적하고 있는 금융기관을 통해 주식을 발행하는 방식이다. 이 경우 발행회사는 주식발행과 관련한 위험을 금융투자회사에 부담시키고 그 대가로 수수료를 지급하게 된다. 기업공개 및 유상증자는 간접발행을 통해 이루어진다.

간접발행은 금융투자회사의 발행위험 부담 정도에 따라 다시 모집주선, 잔액인수 및 총액인수로 구분한다. 모집주선(best-effort)이란 발행회사가 발행위험을 부담하고 발행사무만 금융투자회사에 위탁하는 방법이다. 잔액인수(stand-by agreement)란 일반투자자의 응모총액이 모집총액에 미달할 경우 금융투자회사가 미소화분의 인수 의무를 부담하는 방법이다. 총액인수(firm-commitment)는 발행금액 전액을 금융투자회사가 인수하는 방식이며 우리나라는 1974년 이후 이 방식을 택하고 있다.

(2) 주식의 유통시장

유통시장은 이미 발행된 주식이 매매되는 시장으로 제2차 시장(secondary market)이라고도 한다. 유통시장은 발행된 주식의 환금성 혹은 유동성을 높여줌으로써 기업의 자금조달 능력을 향상시키는 기능을 한다. 그리고 유통시장은 자유경쟁을 통해 공정한 가격을 형성하는 기능을 한다. 유통시장에서 각 증권의 수익과 위험을 반영하여 형성된 가격은 새로운 주식의 발행가격과 조건에도 영향을 미치므로 유통시장은 발행시장과 밀접하게 연결되어있다.

우리나라의 주식 유통시장에는 유가증권시장, 코스닥시장(KOSDAQ; Korea Securities Dealers Automated Quotations), 코넥스시장(KONEX; Korea New Exchange) 및 K-OTC시장(Korea Over-The-Counter, 종전 프리보드)이 있다. 이중 유가증권시장, 코스닥시장 및 코넥스시장은 한국거래소에서 개설·운영하는 장내시장이며 K-OTC시장은 장외시장이다. 한편 주식이 장내시장에서 매매되기 위해서는 상장이라는 등록 절차를 거쳐야 한다.

① 유가증권(KOSPI)시장

한국거래소에 개설된 시장으로 동 시장의 시가총액이 우리나라의 대표주가지수인 코스피의 산출기준이 되므로 코스피시장이라고도 한다. 유가증권시장에 주식을 신규로 상장하고자 하는 기업은 기업규모, 주식분산, 경영성과, 안정성 및 건전성 등과 관련된 심사요건을 충족해야 한다. 유가증권시장 상장기업은 영업활동을 하는 과정에서도 일정 요건을 계속 충족해야만 한다. 한국거래소는 상장법인 및 상장증권이 상장폐지 사유에 해당하는 경우 상장을 폐지할 수 있다. 상장이 폐지되기 전에는 투자자 보호 및 기업 정상화 촉구를 위해 일정 기간 동안 관리종목으로 지정하여 상장폐지를 유예할 수 있다.

외국인의 유가증권시장 상장주식 보유비중은 국내주식시장 개방 추세와 함께 증가하여 2004년 말 42.0%에 달하였으나 이후 하락하여 글로벌 금융위기가 있었던 2008년 말에는 28.7%까지 낮아졌다. 이후에는 30% 중반에서 등락하고 있으며 2021년 6월말 기준 외국인 상장주식 보유비중은 34.6%이다.

② 코스닥(KOSDAQ)시장

1996년 7월 거래소에 개설된 시장이며 IT(Information technology), BT(Bio technology), CT(Culture technology) 기업과 벤처기업 등 성숙단계의 중소기업에게 자본시장을 통한 자금조달 기회를 제공하는 역할을 한다.

코스닥시장에 신규로 상장하고자 하는 기업은 주식분산, 경영성과 및 시장평가 등과 관련한 요건을 충족해야 한다. 다만 유망 중소기업, 벤처기업 등의 자금조달을 목적으로 개설된 시장이므로 유가증권시장에 비해서는 완화된 상장요건을 적용하고 있다.

코스닥시장 상장기업도 유가증권시장에 상장된 기업과 마찬가지로 상장 후 영업활동 과정에서 일정한 요건을 충족하여야 하며 부실화된 기업과 공개기업으로서의 의무를 충족하지 못하는 기업은 상장폐지 된다. 코스닥시장에서도 기업이 상장폐지되기 전까지 일정기간을 관리종목으로 지정하여 유예기간을 줄 수 있다.

③ 코넥스(KONEX)시장

유가증권시장, 코스닥시장에 이은 제3의 거래소 시장으로 자본시장을 통한 초기 중소·벤처기업의 성장지원 및 모험자본 선순환 체계 구축을 위해 2013년 7월에 거래소 내에 개설되었다. 코넥스시장은 코스닥시장이 투자자 보호를 위해 상장요건이 강화되면서 성숙단계에 접어든 중소기업을 대상으로 하는 시장으로 변모한 데다 프리보드의 거래 부진이 지속되면서 초기 중소기업에 적합한 새로운 증권시장의 필요성이 제기됨에 따라 설립되었다.

코넥스시장은 설립 초기 중소·벤처기업에 특화된 시장으로 「중소기업기본법」상 중소기업만 상장이 가능하다. 상장요건은 코스닥시장에 비해 크게 완화되어 있으나 지정자문인 선임 등이 필요하다. 한편 한국거래소는 일정한 기준을 충족하는 코넥스시장 상장기업이 지정자문인의 추천을 받아 코스닥시장으로의 이전을 희망할 경우 기업계속성심사 면제, 심사기간 단축 등의 혜택을 부여하여 신속히 이전 상장할 수 있도록 코스닥 상장특례로서 '신속이전상장(Fast Track)제도'를 도입하고 있다. 코넥스시장은 위험투자능력을 갖춘 투자자로 시장참여자를 제한하기 위해 기본예탁금제도를 도입하여 3,000만 원 이상을 현금 또는 대용증권으로 예탁하여야 한다.

④ K-OTC시장

비상장 주식의 매매를 위해 2014년 8월 새롭게 개설된 장외시장이다. 2000년 3월에 거래소와 코스닥시장에서 거래되지 않는 주식을 대상으로 하는 장외주식호가중개시장(제3시장)이 개설되었다. 그러나 당초 기대와는 달리 거래가 부진하자 2005년 7월 일부 제도 개선과 함께 프리보드로 명칭이 변경되었으며 코넥스시장 개설 이후에는 그 역할이 모호해짐에 따라 2014년 8월 기업규모와 관계없이 모든 비상장법인의 주식이 거래될 수 있도록 시장운영방식이 개선되고 명칭도 K-OTC시장으로 재차 변경되었다.

K-OTC시장에서 비상장 주식이 거래되기 위해서는 한국금융투자협회가 발행요건을 충족하는 비상장주식을 등록 또는 지정해야 한다. 등록이란 기업의 신청에 따라 한국금융투자협회가 매매거래대상으로 등록하는 것이고 지정이란 기업의 신청 없이 협회가 직접 매매거래대상으로 지정하는 것을 말한다.

3.2. 채권시장

(1) 채권의 발행시장

채권이란 일반적으로 정부, 공공기관, 민간기업 등이 비교적 장기로 불특정 다수로부터 거액의 자금을 조달하기 위하여 정해진 이자와 원금의 지급을 약속하면서 발행하는 증권을 말한다. 채권은 매 기간 투자자에게 일정 금액의 이자가 지급된다는 점에서 고정소득증권(fixed-income securities)으로 불린다.

채권시장은 발행시장(또는 1차 시장, primary market)과 유통시장(또는 2차 시장, secondary market)으로 나뉜다. 발행시장은 채권이 자금 수요자에 의해 최초로 발행되는 시장이며 유통시장은 이미 발행된 채권이 투자자들 사이에서 매매되는 시장이다. 채권 투자자는 채권을 발행시장에서 인수하거나 유통시장에서 매입할 수 있으며 이자소득 외에 가격변동에 따른 자본이득(capital gain)을 기대할 수 있기 때문에 채권은 자산 포트폴리오를 구성하는 중요한 투자 수단이 된다.

채권은 발행주체, 지급보증 여부, 담보제공 여부, 이자지급 방법 등에 따라 종류가 구분된다. 먼저 발행주체에 따라 정부가 발행하는 국채, 한국은행이 발행하는 통화안정증권, 지방자치단체가 발행하는 지방채, 「상법」 상의 주식회사가 발행하는 회사채, 은행·금융투자회사·리스회사·신용카드회사 등 금융회사가 발행하는 금융채, 한국전력공사·예금보험공사 등 법률에 의해 직접 설립된 법인이 발행하는 특수채 등으로 구분할 수 있다.

원리금에 대한 제3자의 지급보증 여부에 따라서는 보증채와 무보증채로 나누어지며 발행자의 담보제공 여부에 따라 담보부채권과 무담보부채권으로 나눌 수 있다. 그리고 이자지급방법에 따라 할인채(discount bond 또는 zero-coupon bond), 이표채(coupon bond), 복리채(compound interest bond) 등으로, 지급이자 변동여부에 따라 고정금리부채권과 변동금리부채권(FRN; Floating Rate Note)으로 구분되기도 한다. 그 밖에 회사채의 경우 발행회사의 주식으로 전환할 수 있는 권리가 부여된 전환사채(CB; Convertible Bond), 발행회사의 신주를 일정한 조건으로 매수할 수 있는 권리가 부여된 신주인수권부사채(BW; Bond with Warrant), 발행회사가 보유한 제3자 발행 유가증권과 교환할 수 있는 교환사채(EB; Exchange Bond) 등으로도 발행된다.

국채는 정부가 발행계획안을 작성한 후 국회의 심의 및 의결을 거쳐 발행된다. 국고채의 경우 국고채전문딜러를 대상으로 한은금융망(BOK-Wire+)를 통해 경쟁입찰로 발행된다. 1999년 7월 국채의 원활한 소화와 국채시장의 활성화를 위해 국고채전문딜러제도를 도입하여 국채 인수 및 유통실적이 우수한 금융기관을 국고채전문딜러로 선정하였다. 2020년 12월 기준 국고채전문딜러는 은행(7), 증권회사(10) 등 17개사이며, 1개 은행과 3개 증권회사가 예비국고채전문딜러로 지정되어 있다.

회사채는 공모발행(public offering)과 사모발행(private placement)으로 구분된다. 공모발행의 경우 인수기관인 증권회사, 한국산업은행 등이 총액을 인수하여 발행하며 사모발행의 경우에는 발행기업이 최종매수자와 발행조건을 직접 협의하여 발행하게 된다.

(2) 채권의 유통시장

채권 유통시장은 장외시장과 장내시장으로 구분된다. 장외시장은 정규거래소 이외의 곳에서 비조직적으로 거래되는 시장을 칭한다. 장내시장 혹은 거래소시장은 한국거래소에 상장된 채권을 대상으로 표준화된 거래방식에 따라 거래가 이루어지는 조직화된 시장이다.

채권거래에서 증권회사 등을 중개기관으로 하는 장외거래 비중이 더 높다. 그 이유는 채권의 종목이 다양하고 거래조건이 표준화되어 있지 않아 한국거래소의 자동매매시스템을 통해 거래하기가 곤란하기 때문이다. 증권회사는 장외에서 전화, 온라인 메신저 등을 통해 매도 또는 매수를 원하는 투자자의 호가를 받은 후에 반대거래를 원하는 상대방을 찾아 거래를 중개한다.

과거 대부분의 채권거래는 장외시장에서 은행, 증권회사 등의 단순중개(brokerage)를 통해 체결되었다. 그러나 국공채 위주로 장내거래 의무강화 정책과 함께 거래투명성, 거래의 편리성 등의 장점이 부각되면서 2011년 이후 장내시장에서 거래되는 채권의 비중이 크게 높아졌다. 2021년 상반기 중 장외시장에서의 채권거래는 전체 거래실적의 약 62% 수준이다.

장내시장의 참가자는 한국거래소의 회원 증권회사로 제한된다. 개인, 일반법인, 한국거래소 회원이 아닌 기관투자자, 외국인 등은 회원 증권회사에 위탁계좌를 개설하여 장내시장에 참가할 수 있다. 장내시장은 크게 일반채권시장과 국채전문유통시장(IDM; Inter-Dealer Market)으로 구분된다. 일반채권시장은 불특정 다수의 일반 투자자가 참가할 수 있는 시장으로서 국채전문유통시장에서 거래되는 국고채를 제외한 모든 거래소 상장채권이 거래대상이나 현재 소액 국공채와 전환사채 위주로 거래가 이루어지고 있다. 국채전문유통시장은 국고채전문딜러 등 시장조성 활동을 담당하는 금융기관들만 참가하는 시장이다.

3.3. 자산유동화증권시장

자산유동화증권(ABS; Asset-Backed Securities)이란 주택저당채권(mortgage), 매출채권, 부동산 등과 같이 유동성이 낮은 자산을 집합화(pooling)하고 이를 기초자산으로 하여 발행되는 증권을 의미한다.

ABS는 금융기관 및 기업 등 자산보유자(originator)가 특수목적법인(SPC; Special Purpose Company)에 법률적인 소유권을 양도하는 절차를 거쳐 발행되며 이 증권의 원리금은 일차적으로 기초자산으로부터 발생하는 현금흐름으로 상환된다는 특징이 있다. ABS 발행과정은 다음과 같다. 우선 자산보유자가 기초자산을 모아서 이를 유동화전문회사(SPC)에 양도한다. 이후 유동화전문회사는 양도받은 자산을 담보로 ABS를 발행하여 투자자에게 매각하고, 매각대금을 자산보유자에게 자산양도의 대가로 지급한다.

자산유동화의 중요한 장점 중의 하나는 금융기관 및 기업이 자금조달수단을 다변화하여 새로운 자금원 확보가 가능하다는 점이다. 은행은 ABS를 발행하여 조달한 자금으로 대출규모를 확대할 수 있으며, 기업은 기존 사업을 강화하거나 다른 사업 목적으로 활용할 수 있는 신규 자금을 마련할 수 있다.

또한 자산유동화는 기초자산 보유자의 재무상태 개선에 기여한다. 우선 금융기관의 경우 부실 가능성이 있는 위험자산을 매각하여 현금화함으로써 BIS 자기자본비율을 제고할 수 있다. 매각한 자산이 금융기관의 고유자산에서 분리(off the balance)됨에 따라 총자산수익률 등의 관련 재무지표의 개선도 기대할 수 있다. 기업이 ABS를 발행할 경우에는 부채비율을 높이지 않고 자금을 조달할 수 있으며, 동 자금으로 부채를 상환한다면 부채비율은 하락하게 된다.

자산유동화의 또 다른 장점은 자금조달 비용을 경감시킬 수 있다는 점이다. 자체 신용도가 낮은 자산보유자가 우량자산을 기초로 하여 신용등급이 높은 ABS를 발행하게 되면 유리한 조건으로 자금을 조달할 수 있다. 아울러 금융기관들은 ABS를 차입투자(leverage financing) 수단으로 이용하기도 한다. 보유자산을 매각하여 조달한 자금을 재투자하는 과정을 반복하게 되면 실제 주어진 자본금의 제약을 받지 않고 영업을 확대하는 효과를 얻을 수 있다. 투자자 측면에서 보면 ABS는 양호한 투자대상이다. ABS는 신용평가기관의 엄밀한 평가와 신용보강(credit enhancement)을 거쳐 발행되므로 상대적으로 안전하면서도 일반회사채보다 수익률이 다소 높기 때문이다.

이와 같은 장점으로 자산유동화증권은 금융기관 및 기업의 새로운 자금조달수단으로 받아들여지면서 빠르게 성장하였으나 2008년 글로벌 금융위기의 발생 원인 중 하나로 지적되었다. 특히, ABS는 차입투자 수단으로 이용되면서 비은행 금융중개(non-bank financial intermediation) 혹은 그림자금융에서 큰 비중을 차지하고 있다. 비은행 금융중개는 은행이 신용을 공급하는 것과 같은 기능을 수행하지만 금융기관 간 연계거래에 따른 높은 레버리지, 리스크 민감도가 높고 동조화 경향이 강한 기관투자자의 거액자금 중심의 자금조달, 사적 보호장치에 의존하고 있다는 점 등으로 시스템적 리스크에 취약하다는 문제를 내포하고 있다. 이에 따라 비은행 금융중개에서는 기초자산 등 일부 부문의 부실화가 대출시장과 자본시장 등 금융시장 전체로 확산되면서 피해규모가 크게 증폭될 수 있다.

ABS는 증권의 법적 성격 및 기초자산에 따라 분류된다. 법적 성격이 사채인 경우 ABS사채, CP인 경우 ABCP(Asset-Backed Commercial Paper), 출자증권인 경우 ABS출자증권, 수익증권인 경우 ABS수익증권이라고 한다. 기초자산이 주택저당채권인 경우 MBS(Mortgage-Backed Securities), 회사채인 경우 CBO (Collateralized Bond Obligations), 금융기관의 대출채권인 경우 CLO(Collateralized Loan Obligations)라고 한다. 또한 신용카드매출채권인 경우 CARD(Certificates of Amortizing RevolvingDebts), 자동차할부대출인 경우 auto-loan ABS로 불린다.

4. 파생금융상품시장

파생금융상품(financial derivatives)은 그 가치가 통화, 채권, 주식 등 기초금융자산(underlying asset)의 가치변동에 의해 결정되는 금융상품으로서 계약형태에 따라 크게 선도계약, 선물, 옵션, 스왑 등으로 구분된다. 또한 기초자산의 유형에 따라서는 통화, 금리, 주식, 신용관련 상품 등으로, 거래방법에 따라 장내 및 장외거래로 구분할 수 있다.

각 계약형태의 주요 특징을 살펴보면, 먼저 선도계약(forward contracts)과 선물(futures)은 기초금융자산을 미래 특정시점에 특정가격으로 사고팔기로 약정하는 계약이라는 점에서 동일한 성격을 가지나 일반적으로 선도계약은 장외시장에서 거래당사자간에 직접 거래되거나 딜러나 브로커를 통해 거래가 이루어지는데 비해 선물은 정형화된 거래소를 통해 거래된다는 점에서 차이가 있다.

옵션(options)은 기초자산을 미래의 특정시점 또는 특정기간 동안 특정 행사가격으로 매입(call)하거나 매각(put)할 수 있는 권리를 사고파는 계약으로서 기초자산 가격의 변화에 대해 비대칭적 손익구조(asymmetric payoffs)를 가진다. 옵션계약은 거래시점에 프리미엄을 지급한다는 점에서도 선도계약이나 선물과 차이점이 있다. 스왑(swaps)은 일반적으로 두 개의 금융자산 또는 부채에서 파생되는 미래의 현금흐름(cash flows)을 교환하기로 하는 계약으로서 서로 다른 통화표시 채무의 원리금 상환을 교환하기로 약정하는 통화스왑(currency swaps)과 변동금리채무와 고정금리채무간의 이자지급을 교환하기로 약정하는 금리스왑(interest rate swaps) 등이 있다.

4.1. 주식관련 파생상품시장

(1) 주가지수선물시장

주가지수선물시장은 주가지수를 대상으로 선물거래가 이루어지는 시장이다. 주가지수선물시장은 기초상품이 실물형태가 아닌 주가지수라는 점에서 결제수단과 결제방식이 일반 선물시장과 다르다. 결제수단은 실물의 양수도가 불가능하므로 거래시 약정한 주가지수와 만기일의 실제 주가지수간의 차이를 현금으로 결제하게 된다. 그러므로 만기시 실제 주가지수가 거래시 약정한 주가지수를 상회할 경우에는 선물매수자가 이익을 수취한다. 거래에 참가하기 위해서는 약정금액의 일부분을 증거금으로 납부해야 하며, 적은 투자자금으로 큰 규모의 거래가 가능한 선물거래의 특성상 결제불이행 위험을 방지하기 위해 일일정산방식(mark to market)이 적용되고 있다. 코스피200선물시장, 코스닥150선물시장, 주식선물시장이 주가지수선물시장에 포함된다. 코스피200선물시장은 1996년 5월 개설 이후 투자자 보호와 함께 시장기능을 강화하는 방향으로 제도 개선이 이루어져 왔다. 코스닥150선물시장은 거래가 부진한 스타지수선물시장을 대체함으로써 코스닥시장에 효율적인 위험관리 수단을 제공하고 시장의 질적 수준을 높이기 위해 2015년 11월 개설되었다. 그리고 주식선물시장은 개별주식 위험을 관리하고 ELS, ELW 등 주가연계 파생증권의 발행과 관련된 헤지수단을 제공하기 위해 2008년 5월 개설되었다.

(2) 주가지수옵션시장

주가지수옵션시장은 현물시장의 주가지수를 대상으로 미래의 일정시점에 사전에 약정한 가격으로 매입·매도할 수 있는 권리가 거래되는 시장이다. 우리나라에서는 1997년 7월에 코스피200옵션시장이, 2001년 11월에 코스닥50옵션시장이, 2002년 1월에는 개별주식을 기초자산으로 하는 주식옵션시장이 개설되었다. 코스닥50옵션시장은 거래부진 등으로 2005년 11월 폐지되었으나 코스닥시장 활성화를 위해 2018년 3월 코스닥150옵션시장이 새롭게 개설되었다.

4.2. 금리관련 파생상품시장

(1) 금리선물시장

금리선물(interest rate futures)이란 그 가치가 기초자산인 금리로부터 파생되는 금융상품을 말한다. 즉 기초자산인 금리를 거래대상으로 현재시점에서 정한 가치로 미래의 특정시점(maturity)에서 사거나 팔 것을 약정한 계약이라 할 수 있다. 실제로 거래대상이 되는 기초자산은 국채금리, 페더럴펀드금리, 유로달러금리 등으로 다양하며 이들 거래대상의 만기에 따라 단기금리선물과 장기금리선물로 나뉜다.

금리선물은 미래의 특정시점에 인도할 금리부 상품의 가격을 현재시점에서 고정시킨다는 측면에서 금리관련 선도거래와 매우 유사하다. 그러나 금리관련 선도거래는 계약당사자 중 어느 일방에 의한 결제불이행 등으로 거래상대방 위험(counterparty risk)이 잠재되어 있는 반면 금리선물은 거래소 상장 및 증거금, 일일정산제도 등 보완장치를 통해 이러한 거래상대방 위험을 낮춘 상품이라 할 수 있다.

우리나라의 금리선물시장은 1999년 2월 한국거래소가 설립되고 동년 4월 CD금리선물이 상장되면서 비롯되었다. 현재는 3년, 5년 및 10년 국채선물만이 상장되어 있다

(2) 금리스왑시장

금리스왑(IRS; Interest Rate Swaps)은 차입금에 대한 금리변동 위험의 헤지(hedge)나 차입비용의 절감을 위하여 두 차입자가 각자의 채무에 대한 이자지급의무를 상호간에 교환하는 계약으로서 일반적으로 변동(고정)금리를 고정(변동)금리로 전환하는 형식을 취한다. 금리스왑거래는 통화, 원금 및 만기가 같은 부채구조를 가지고 있는 두 당사자간의 거래가 대부분으로 통화스왑거래와는 달리 계약당사자간에 이자지급 의무만 있고 원금상환 의무가 없다. 자금의 흐름도 원금의 교환없이 이자차액만 주고받는 것으로 당초의 자금조달과는 관계가 없는 별도의 계약에 의해 거래가 성립된다.

4.3. 통화관련 파생상품시장

(1) 통화스왑시장

통화스왑(CRS; Currency Swaps)은 둘 또는 그 이상의 거래기관이 사전에 정해진 만기와 환율에 의거하여 상이한 통화로 차입한 자금의 원리금 상환을 상호 교환하는 거래이다. 통화스왑은 환리스크 헤지 및 필요 통화의 자금을 조달하는 수단으로 주로 이용되고 있다. 1999년 9월 국내중개회사에서 통화스왑거래를 처음으로 중개하기 시작한 후 통화스왑시장은 꾸준히 성장하였으며 특히 외국은행 국내지점이 해외 본지점으로부터 외화자금을 장기적으로 조달할 수 있기 때문에 상대적으로 큰 거래비중을 차지한다. 즉 외국인은 해외에서 조달한 외화자금을 통화스왑 거래를 통해 원화자금으로 전환하여 국고채, 통화안정증권 등 국내 채권에 투자함으로써 추가적인 위험없이 금리차익을 획득하게 된다.

(2) 선물환(forwards exchange)시장

선물환거래는 계약 시에 약정된 가격으로 미래의 일정시점에 특정통화를 매입·매도하는 거래로써 장외(over-the-counter)에서 거래되며 거래조건은 당사자의 수요에 따라 결정된다. 선물환거래는 만기시점에 실물의 인수도가 일어나는 일반선물환거래와 만기시점에 실물의 인수도 없이 차액만을 정산하는 차액결제선물환(NDF; Non-Deliverable Forward)거래로 구분된다. 선물환거래는 대부분 만기시 실물 인수도에 의해 결제된다. 스왑거래의 일부분으로서 일어나는 외환스왑(swap forward)거래도 선물환거래에 포함된다.

(2) 통화선물(currency futures)시장

통화선물거래란 선물거래소(exchanges)에 상장되어 있는 특정통화를 미래시점에 약정가격(선물환율)으로 매입·매도하기로 하는 거래를 말한다. 통화선물거래는 계약 시에 약정된 가격으로 미래의 일정시점에 특정통화를 매입·매도한다는 점에서 선물환거래와 유사하다. 그러나 통화선물거래는 거래단위, 결제월, 최소 가격변동폭 등 거래조건이 표준화되어 있고, 선물거래소의 청산소(clearing house)가 거래계약의 이행을 보증하며, 매일 매일 거래대상 통화의 가격변동(marking to market)에 따라 손익을 정산하는 일일정산제도, 계약불이행 위험에 대비하기 위한 이행보증금 성격의 증거금 예치제도 등이 있다는 점에서 선물환거래와 다르다. 또한 선물환거래는 만기일에 실물 인수도가 이루어지지만 통화선물거래는 최종 결제일 이전에 대부분 반대거래를 통하여 차액을 정산하고 있다. 대규모의 도매거래(은행간 거래)는 선물환시장을 통해 이루어지므로 통화선물시장은 선물환시장에 비해 그 규모가 훨씬 작다. 우리나라는 1999년 4월 23일 한국선물거래소에 미 달러화 선물이 처음 상장되었다.

4.4. 신용파생상품시장

(1) 신용파산스왑(CDS; Credit Default Swaps)

신용파산스왑(CDS; Credit Default Swaps)은 모든 신용파생상품의 근간을 이루는 상품으로 그 성격은 지급보증과 유사하다. 신용파산스왑 거래의 보장매입자는 보장매도자에게 정기적으로 일정한 프리미엄을 지급하고 그 대신 계약기간 동안 기초자산에 신용사건이 발생하는 경우 보장매도자로부터 손실액(또는 사전에 합의한 일정 금액)을 보상받거나 문제가 된 채권을 인도하고 채권원금을 수취하기도 한다. 만약 기초자산에 신용사건이 발행하지 않으면 보장매입자는 프리미엄만 지급하게 된다. 신용파산스왑 거래에서 프리미엄은 거래의 만기가 길수록, 기초자산의 신용등급이 낮을수록 높아지게 된다. 또한 보장매도자의 신용등급이 높을수록 프리미엄이 높아지게 된다.

신용파산스왑거래를 통해 보장매입자는 기초자산의 신용위험을 헤지할 수 있다. 특히 은행들이 보장매입자로서 특정 기업에 대한 대출금을 기초자산으로 하는 신용파산스왑 거래를 하는 경우 기존 고객과의 관계를 그대로 유지하면서 신용위험을 헤지할 수 있다. 보장매도자는 기초자산과 관련한 신용사건이 발생하지 않는 경우 신용위험을 이전받는 대가로 수수료 수입을 얻을 수 있다.

(2) 총수익스왑(TRS; Total Return Swaps)

총수익스왑(TRS; Total Return Swaps)은 기초자산에서 발생하는 총수익과 일정한 약정이자(통상 LIBOR+α)를 일정시점마다 교환하는 계약이다. 이때 총수익에는 채권 이표 뿐 아니라 스왑 종료시점의 자본이득(또는 자본손실) 등이 포함된다.

스왑기간 동안 현금흐름은 다음과 같다. 우선 이표 지급일에 보장매입자(TRS 지급자)는 채권 표면이자(coupon)를 지급하고, 보장매도자(TRS 수취자)는 LIBOR+α의 이자를 지급한다. 이후 스왑계약이 종료되는 시점에서는 이자교환 뿐 아니라 채권가치의 변동에 따른 자본이득(또는 손실)을 스왑계약 당사자간 정산하여 교환하게 된다.

총수익스왑거래를 통해 보장매입자는 기초자산으로부터 발생하는 모든 현금흐름을 상대방에게 이전하기 때문에 기초자산의 가격 변동에 따른 위험이 없으며 해당 자산을 매각하여 단기로 자금을 운용하는 것과 동일한 효과를 가진다. 보장매도자의 경우 변동금리 자산(LIBOR+α)을 고정금리(기초자산의 표면이자)로 바꾼 효과를 가진다. 총수익스왑이 신용파산스왑(CDS)과 다른 점은 기초자산의 신용위험 뿐만 아니라 금리, 환율 변동에 따른 시장위험도 거래상대방에 이전할 수 있다는 것이다.

(3) 신용연계증권(CLN; Credit Linked Notes)

신용연계증권(CLN; Credit Linked Notes)은 신용파산스왑(CDS)을 증권화한 형태이다. 신용연계증권의 보장매입자는 기초자산의 신용상태와 연계된 증권을 발행하고 약정된 방식으로 이자를 지급하며, 보장매도자는 약정이자를 받는 대신 신용사건이 발생하는 경우 기초자산의 손실을 부담하게 된다.

신용연계증권 거래의 특징은 보장매도자(CLN 매수자)가 지급하는 신용연계증권 매수대금이 신용사건 발생시 보장매도자가 부담하게 되는 손실의 담보역할을 한다는 점이다. 즉, 보장매입자(CLN 매도자)는 신용연계증권 매도대금을 받아 저위험자산(국채 등)을 매입하고, 이후 기초자산에 신용사건이 발생하는 경우에는 신용연계증권 매수대금에서 기초자산의 손실분을 차감하여 보장매도자에게 돌려주거나, 기초자산을 보장매도자에게 인도한다. 이와 같이 신용연계증권은 신용파산스왑(CDS)과는 달리 신용연계증권 대금이 담보 역할을 하고 있어 보장매도자의 신용도는 문제가 되지 않는다.

한편 증권발행에 있어서는 기초자산을 보유한 금융기관이 직접 발행하는 방식과 특수목적회사(SPV; Special Purpose Vehicle)를 통하여 발행하는 방식이 있다.

(4) 합성부채담보부증권(합성CDO; Synthetic Collateralized Debt Obligations)

합성부채담보부증권(합성CDO; Synthetic Collateralized Debt Obligations)은 보장매입자의 기초자산에 내재된 신용위험을 특수목적회사(SPV)가 이전받아

이를 기초로 발행한 선·후순위 채권이다.

특수목적회사(SPV)는 합성CDO 발행에 따라 이자를 지급하여야 하는데 CDS 계약을 통해 신용위험을 이전받은 대가로 받는 프리미엄과 합성CDO 발행대금으로 매입한 국채 등 저위험자산의 이자를 그 재원으로 한다. 이때 국채 등 저위험자산은 합성CDO의 원금 상환을 위한 담보 역할도 하게 된다.

합성CDO와 신용연계증권(CLN)은 신용위험을 해지하기 위해 증권 형태로 발행된다는 점에서는 유사하나 신용연계증권(CLN)은 단일 증권으로 발행되는 반면 합성CDO는 신용등급에 따라 다수의 증권이 발행된다는 점에서 차이가 있다.

연습 문제

01 단기금융시장(자금시장)과 자본시장의 기능을 구별하여 설명하시오.

02 금융기관 간에 이루어지는 '기관간 RP'와 한국은행과 금융기관 간에 이루어지는 '한국은행 RP'를 비교·설명하시오.

03 주식의 발행시장과 유통시장을 비교·설명하시오. 유통시장은 발행시장에 대해 어떤 영향을 미치는가?

04 주식 발행에서 모집과 매출을 비교·설명하시오.

05 주식의 간접발행에서 모집주선, 잔액인수, 총액인수를 비교·설명하시오.

06 다음 용어를 간략히 설명하시오.

- 코넥스(KONEX)와 K-OTC
- 콜금리, 기준금리 및 코픽스(COFIX)
- 기업어음(CP)와 상업어음(CB)
- 주식의 공모발행과 사모발행
- ABS와 MBS

07 자금조달자(발행자)의 입장에서 주식과 채권의 장·단점을 설명하시오.

08 금융기관 입장에서 자산유동화의 장점은 무엇인가?

09 금리스왑과 통화스왑의 차이를 설명하시오.

10 신용파산스왑(CDS) 가격(프리미엄)의 변동은 무엇을 반영하는가? CDS가격이 급상승하는 상황은 주로 어떤 경우에 발생하는가?

Part Ⅱ

재무제표와 경영성과 분석

Chapter 05

금융기관의 업무와 재무제표 : 은행 및 비은행예금취급기관

1. 일반은행의 업무와 재무제표

1.1 일반은행의 업무

일반은행의 업무는 고유업무, 부수업무 및 겸영업무로 구분한다.[1] 고유업무는 예·적금 수입, 유가증권 또는 채무증서 발행 등의 자금조달업무, 자금의 대출 또는 어음의 할인, 그리고 내·외국환업무로 구성된다.

부수업무는 고유업무의 수행에 수반되는 업무로서 감독당국의 별도 인허가 없이 영위할 수 있는 업무이다. 지방자치단체 및 공공기관의 공과금 및 사용료 등의 수납을 대행하고 있으며 금고대여업무, 유가증권 및 귀금속 등의 보호예수업무도 취급하고 있다.

겸영업무는 은행의 겸영화 진전에 따라 은행이 영위하는 은행 고유 및 부수업무가 아닌 업무로서 타 법령에 따른 인허가 등이 필요한 업무와 필요로 하

1) 한국은행(2018) 참고함.

지 않는 기타 업무로 구분된다. 금융위원회 인허가 또는 등록을 필요로 하는 겸영업무로는 유가증권의 인수·매출 및 모집·매출 주선, 환매조건부채권매매, 집합투자업, 투자자문업, 투자매매업, 투자중개업, 신탁업, 방카슈랑스, 신용카드업, 자본시장법에 의한 파생상품의 매매·중개 등이 있다. 기타 업무에는 타 법령에서 은행이 운영할 수 있도록 한 업무와 기업 인수·합병의 중개·주선 또는 대리 업무, 증권의 투자 및 대차거래 업무, 상업어음 및 무역어음의 매출 업무, 무역보험의 판매대행 등이 있다.

일반은행은 주식인수를 제외한 채권인수업무의 겸업이 가능하다. 유가증권 투자업무와 더불어 일반은행은 은행법 및 자본시장법에 따라 채권관련업무를 폭넓게 취급하고 있다. 발행시장 업무로 국공채 인수 및 간사단 참여, 회사채 인수단참여 등을, 유통시장 업무로 회사채 및 국공채의 환매조건부매도업무, 국채의 자기매매업무 등을 수행하고 있다.

은행은 채권인수업, 집합투자업, 투자매매중개업, 신용카드업, 보험업무(방카슈랑스) 겸업이 가능하므로 은행, 증권, 보험업간 칸막이가 크게 완화되었다고 볼 수 있다.

1.2 재무상태표

은행의 재무상태표(balance sheet)는 일정 시점에서 은행의 자산, 부채, 자본의 상태를 보여주는 재무보고서로, 어떻게 자금이 조달되어 어떤 자산의 형태로 운용되었는지 파악할 수 있다. 재무상태표 혹은 과거의 대차대조표는 손익계산서(income statement)와 함께 가장 중요한 재무제표로 간주된다. 이러한 재무제표를 통해서 금융기관의 과거 및 현재의 재무상황을 파악할 수 있으며 미래의 향배를 상당부분 예측할 수 있다.

재무상태표는 금융투입물(financial input)에 해당되는 자금조달 원천의 금액과 구성비율을 보여주며 이러한 자금조달이 금융산출물(financial output)에 해당하는 대출, 증권투자 등의 형태로 운용된 금액과 구성비율을 나타낸다.

부채와 자기자본은 자금조달의 원천에 해당되며 자산은 조달된 자금을 수익창출하기 위해 운용하는 운용처에 해당된다.

은행의 재무상태표는 일반기업과 마찬가지로 자산, 부채, 자기자본 간의 회계등식(자산 = 부채 + 자기자본)을 이루지만, (식 5-1)에 나타난 바와 같이 은행의 자산은 크게 현금, 유가증권, 대출금으로 구성되며 부채는 크게 예금, 차입금으로 구성된다. 〈표 5-1〉은 우리나라 일반은행 은행계정의 재무상태표를 보여준다.

$$\text{현금} + \text{유가증권} + \text{대출} = \text{예금} + \text{차입금} + \text{자기자본} \qquad (5\text{-}1)$$

(1) 자산

① 현금항목

현금항목은 시재금(vault cash), 한은(한국은행)예치금, 타행예치금 및 타점권으로 구성된다. 시재금은 은행이 보유하고 있는 현금이며 한은예치금은 은행이 한국은행에 예치함 금액이다. 시재금과 한은예치금을 합하여 지급준비금(reserves,지준)이라고 한다. 은행은 고객의 예금인출요구에 대응하기 위해 예금대비 일정비율의 금액을 법정지준금(required reserves)으로 보유할 법적 의무가 있으며 지준율은 중앙은행의 통화정책수단 중 하나이다. 타점권은 아직 결제가 되지 않은 타은행 발행 수표와 어음을 말한다. 가령 A은행에 B은행이 발행한 수표가 입금되었을 경우 A은행은 B은행으로부터 대금을 지급받는 결제과정을 거치는데 결제가 끝난 경우에는 지준금으로 전환된다. 〈표 5-1〉에서 우리나라 일반은행의 경우 2021년 말 기준 현금항목은 전체자산의 약 5%를 점하고 있다.

② 유가증권

은행은 유가증권을 보유함으로써 수익창출과 함께 유동성을 확보한다. 은행은 국채, 지방채, 통화안정증권, 금융채, 회사채, 주식, 자금시장의 증권을 포함하는 유가증권을 보유한다. 단기성 증권의 경우 고객의 인출요구 등으로 현금이 필요할 경우 쉽게 현금화할 수 있으므로 유동성을 지원하는 역할을 한다. 앞에서 현금항목을 제1선 지급준비금(primary reserves)이라 하고 이러한 유가증권을 제2선 지급준비금(secondary reserves)이라 한다. 주로 유동성이 좋은 단기 국공채, 자금시장 증권 등이 제2선지준금에 해당된다.

장기성 증권의 경우 유동성 목적 보다는 주로 수익성목적으로 보유한다. 주식의 경우 상대적으로 위험성이 높으므로 투자한도가 국가마다 차이가 있다. 미국의 경우 상업은행은 주식에 투자할 수 없으나, 우리나라의 경우 주식에 대한 투자는 유가증권 투자총액이 자기자본의 100% 이내에서 주식투자가 제한적으로 허용된다. 또한 은행은 금산분리의 원칙에 따라 타 기업을 지배할 수 없도록 은행이 타회사 발행주식의 15%를 초과하여 소유하는 것을 금지하고 있다.

〈표 5-1〉에서 우리나라 일반은행의 경우 2021년 말 기준 유가증권은 전체자산의 17.4%로 대출금 다음으로 높은 비중을 보여준다. 〈표 5-2〉에서 일반은행의 총자산중 (원화)유가증권의 비중은 2000년도 26%를 보인 이후 감소하는 추세를 보였음을 알 수 있다.

③ 대출금

대출은 은행자산 중에서 가장 큰 비중을 차지하는 중요한 수익원천이다. 〈표 5-1〉에서 대출금(원화대출금)은 우리나라 일반은행 전체자산의 65.1%를 차지하며 가장 높은 비중을 보여준다. 〈표 5-2〉에서 일반은행의 총자산중 대출금의 비중은 2000년도 39%를 보였으며 이후 지속적으로 증가하였음을 알 수 있다.

대출은 대출대상에 따라 기업자금대출, 가계자금대출 및 공공·기타자금대출로 구분하며, 이중 2021년 말 기준 원화대출금중 기업대출과 가계대출 각각 46.6%, 51.9%를 나타내며 비슷한 비중을 보이고 있다. 이는 2000년도 기준 기업대출과 가계대출이 각각 60.7%, 39.3%를 나타낸 것과 비교하면 기업대출의 비중이 상대적으로 하락하였다고 볼 수 있다. 이러한 현상이 나타난 이유는 기업측면에서 재무건전성이 좋은 기업이 은행대출에 대한 의존도를 축소시키는 탈중개화(disintermediation) 움직임을 보였고, 은행측면에서는 금융위기 등을 거치면서 상대적으로 위험한 기업대출 비중을 축소했기 때문이다.

표 5-1 일반은행(은행계정)의 재무상태표(2021년 말 현재)

(단위: 10억원, %)

자산	금액	구성비	부채 및 자본	금액	구성비
현금 및 예치금	107,154	5.1	예수부채	1,605,870	75.7
현금	10,224	0.5	원화예수금	1,451,033	68.4
외국통화	1,890	0.1	양도성예금증서	38,608	1.8
원화예치금	61,312	2.9	외화예수금	115,470	5.4
외화예치금	33,465	1.6	차입부채	231,859	10.9
유가증권	368,305	17.4	원화차입금	53,714	2.5
당기손익인식증권	47,243	2.2	외화차입금	37,457	1.8
매도가능증권	207,793	9.8	콜머니	3,855	0.2
만기보유증권	99,487	4.7	환매조건부채권매도	3,009	0.1
자회사등투자지분	13,782	0.6	사채	133,166	6.3
대출채권	1,540,225	72.6	기타부채	136,250	6.4
원화대출금	1,380,874	65.1	부채총계	1,973,979	93.1
외화대출금	64,296	3.0	자본금	29,569	1.4
내국수입유산스	15,097	0.7	자본잉여금	23,821	1.1
콜론	12,250	0.6	이익잉여금	87,563	4.1
대손충당금(-)	7,452	0.4	자본조정	-8	-0.0
유형자산	15,756	0.7	기타포괄손익누계	-966	-0.0
기타자산	89,790	4.2	자본총계	147,250	6.9
자산총계	2,121,229	100.0	자산총계	2,121,229	100.0

자료 : 금융감독원, 『금융통계월보』.

| 표 5-2 | 일반은행(은행계정)의 자금조달 및 운영 구성비(2000-2020년)

(단위 : %)

	2000	2005	2010	2015	2020
원가성자금조달	85.4	81.4	78.8	78.2	77.7
원화예수금	57.1	53.3	53.0	58.6	58.8
원화양도성예금	2.5	5.7	4.6	1.0	1.1
원화차입금	7.3	4.1	2.9	2.9	2.5
원화사채	2.1	9.0	8.8	4.9	4.9
기타원화자금조달	3.5	3.3	1.5	1.9	1.5
외화예수금	2.9	1.6	1.9	4.2	5.1
외화차입금	8.2	3.4	4.2	3.2	2.4
외화사채	1.1	1.0	1.7	1.4	1.2
기타외화자금조달	0.8	0.1	0.1	0.1	0.1
무원가성자금조달	14.6	18.6	21.2	21.8	22.3
자기자본	5.0	6.2	7.0	7.9	7.2
요구불예금	5.1	5.9	5.5	6.7	8.6
제충당금	0.8	0.2	0.2	0.5	0.5
기타무원가조달	3.7	6.3	8.5	6.8	6.1
조달(운용)계	100.0	100.0	100.0	100.0	100.0
수익성자금운용	89.1	90.3	88.4	89.4	90.3
원화예치금	4.4	0.5	1.6	1.3	0.3
원화대출금	39.0	61.1	60.6	64.7	65.3
원화유가증권	26.0	18.4	16.1	13.3	14.8
원화대손충당금(-)	2.0	1.2	1.3	0.6	0.3
기타원화자산운용	8.4	4.9	4.0	2.1	1.4
외화예치금	1.1	0.3	0.4	0.8	1.4
외화대출금	7.5	2.9	3.6	3.8	3.6
외화대손충당금(-)	1.2	0.1	0.1	0.1	0.0
외화유가증권	1.2	0.7	0.7	0.8	1.9
기타외화자산운용	4.7	2.6	2.8	3.2	1.8
무수익성자금운용	10.9	9.7	11.6	10.8	9.7
현금 및 외국통화	1.9	1.1	0.8	0.8	0.5
업무용유형자산	3.8	2.2	1.6	1.5	1.3
기타무수익운용	5.2	6.4	9.2	8.5	7.9

자료 : 금융감독원, 「금융통계정보시스템」.

대출은 또한 취급방식에 따라 어음할인, 어음대출, 증서대출 및 당좌대출로 나뉘어진다. 어음할인은 차주가 취득한 어음을 금융기관이 어음할인일로부터 만기일까지의 이자를 차감하고 매입함으로써 차주에게 자금을 공급하는 대출이다. 어음대출은 차주가 은행을 수취인으로 하여 발행하는 약속어음을 은행이 받고 자금을 공급하는 방식으로 이루어지는데 기업에 대한 단기운전자금대출에 주로 활용된다. 증서대출은 대출시 차주로부터 어음대신 차용증서를 징구하는 대출로 주로 특약사항이 많은 대출이나 가계대출 또는 장기시설자금대출 등에 주로 활용하고 있다. 당좌대출은 당좌계정 거래자와 은행간 약정에 의거 당좌대출한도 내에서 당좌예금잔액을 초과하여 발행된 수표를 은행이 자동대출의 형태로 지급에 응하는 대출이다.

대출금리는 1994년 7월 이후 재정자금을 제외하고는 모두 자유화되었다. 대부분의 일반은행은 CD유통수익률, 국고채금리 등 시장금리에 원가와 적정 마진을 더한 시장금리연동 대출금리를 사용해 오고 있었으나 2010년 2월부터 COFIX(Cost of Funds Index, 자금조달비용지수)가 도입되어 가계대출을 중심으로 많이 활용되고 있다. COFIX는 전국은행연합회에서 8개 국내은행)의 저축성예금(정기예금, 정기적금, 상호부금, 주택부금 등), CD, RP, 표지어음 및 금융채의 평균조달 비용으로 산출하며 신규취급액 및 잔액기준으로 매월 15일(공휴일인 경우 익영업일) 공시하고 있다.

③ 대손충당금

대손충당금(allowance for loan loss)은 대출관련 손실예상액을 미리 적립하여 앞으로 발생하는 부실자산에 대한 상각재원으로 활용하기 위한 계정이다.[2] 대손상각이란 회수불가능하다고 판단되는 대출채권을 재무상태표상의

2) 대손충당금은 자산의 마이너스(-) 항목으로 계상되며 바젤 Ⅲ에서 자본금(보완자본)으로 인정된다. 대손충당금은 한국채택국제회계기준 도입 이후에 대손충당금과 대손준비금으로 구분된다. 과거에는 은행업감독규정에서 요구하는 최소적립액에 미달하는 금액을 대손충당금으로 추가 적립도록 하였으나, 한국채택국제회계기준 도입 이후에는 대손추산액이 '은행업감독기준'에 의한 충당금 적립요구액에 미달하는 경

장부가액에서 제외시켜 손실로 처리하는 것이다. 은행은 보유자산을 정상, 요주의, 고정, 회수의문, 추정손실의 5단계로 자산건정성을 분류하고 단계별로 일정 비율 이상의 금액을 대손충당금으로 적립한다.

대손충당금은 당해연도의 영업수익에서 차감되어 회계적으로 전입되며 비용으로도 간주된다. 따라서 대충충당금이 확대될 경우 당해연도 은행의 이익이 감소된다. 가령, 어떤 은행이 대출관련 손실예상액을 10억 원으로 추정하여 올해 10억 원을 영업이익에서 차감하여 적립할 경우 올해 당기순이익은 대손충당금 전입액 만큼 감소할 것이다. 이후 내년에 그 은행에서 10억 원만큼 실제 대손 상각처리가 되는 경우 그러한 공식적 상각처리가 내년의 은행 이익에 직접적인 영향을 주지는 않는다. 대손충당금 전입액은 거시경제적 경기변동뿐만 아니라 은행의 위험관리능력에 의해 좌우되며 일반기업과 달리 은행의 이익에 중요한 영향을 미치는 요인으로 작용한다.

(2) 부채

① 예금

예금은 일반은행의 주된 부채로써 자금조달 중에서 가장 중요하다. 〈표 5-1〉에서 2021년 말 기준 예금(원화예수금)는 일반은행 전체자산의 68.4%로 가장 큰 비중을 차지한다. 예금주는 주로 일반개인 및 기업이며 공공기관을 포함한다. 〈표 5-2〉에서 일반은행의 총자금조달 추이를 보면 예금의 비중은 지속적으로 증가추세를 보이며 가장 높은 비중을 나타내고 있다.

예금 종류는 크게 요구불예금과 저축성예금으로 구분된다. 요구불예금은 지급결제 편의 또는 일시적 보관을 목적으로 하고 수시인출이 가능하며 저축성예금은 저축 또는 이자수입을 주목적으로 일정기간 예치한다. 2021년 말 기준 일반은행 요구불예금은 원화예수금중 16.1%를 차지하고 저축성예금은

우, 그 미달하는 금액을 매 결산 시마다 대손충당금이 아닌 대손준비금으로 적립하도록 하고 있다. 따라서 대손준비금이 확대되면 은행의 자본금이 증가하게 된다.

83.7%를 차지하고 있다. 한편, 〈표 5-2〉에서 일반은행의 총자금조달 중에서 요구불예금 및 자본금 등을 포함하는 무원가성자금조달의 비중이 2000년 이후 꾸준한 상승추이를 보여준다.

요구불예금에는 당좌예금, 가계당좌예금, 보통예금, 별단예금 등이 포함되며 저축성예금으로는 정기예금, 정기적금, 저축예금, 기업자유예금, 근로자우대저축, 장기주택마련저축, 상호부금 등이 있다.[3] 2004년 2월 4단계 금리자유화 조치가 완료됨에 따라 현재 모든 수신상품의 금리는 금융기관이 자율적으로 정할 수 있다.

예금주는 은행에 대해 우선적인 금융청구권(financial claim)을 갖게 된다. 즉 은행이 파산하는 경우 예금주는 우선적으로 원리금을 청구할 권리를 갖는다. 한편 주주의 경우에는 예금주보다 청구권행사 순위가 뒤에 있는 잔여청구권(residual claim)을 갖는다.

② 차입부채

은행의 차입부채는 원화차입금, 외화차입금, 콜머니, 환매조건부채권매도, 사채로 구성된다. 원화차입금중에서 한은차입금은 한국은행으로부터 차입하는 것으로 한국은행입장에서 재할인대출을 의미한다. 콜머니는 은행이 초단기로 타금융기관으로부터 자금을 차입하는 자금조달로 중요한 단기성 차입부채수단이다. 특히 일반은행들이 지준금 부족을 주로 콜거래를 통해 조정하고 있어 콜머니는 지준시장으로서의 의미도 있다. 환매조건부채권(RP)매도는 일반은행이 RP 매수자에게 국채와 같은 증권을 담보로 제공하고 자금을 차입하는 방식이다. 차입부채중에서 사채는 금융기관 혹은 은행이 발행하는 채권이므로 금융채(혹은 은행채)라고 한다. 일반은행은 중장기 자금조달수단으로 금융채, 차입금을 활용하며 단기 자금조달수단으로 콜머니, RP매도 등을 활용한다.

차입부채은 예금 다음으로 비중이 높은 자금조달원이다. 〈표 5-1〉에서 2021

3) 저축예금은 저축성예금으로 분류하지만 수시입출이 가능한 결제성 예금이면서 이자가 지급된다. MMDA(Money Market Deposit Account)도 저축예금의 일종이다.

년 말 기준 차입부채는 일반은행 전체자산의 10.9%를 차지한다. <표 5-2>에서 일반은행의 총자금조달 추이를 보면 차입부채중 원화차입금의 비중은 2005년 이후 지속적으로 감소하였으며 사채 및 원화양도성예금의 비중도 2005년 이후 감소 추이를 보여준다.

차입부채는 예금과 비교하여 법정지급준비금 의무가 없으며 예금보험료가 없고 자금시장 등에서 신속하게 자금을 조달할 수 있다는 이점이 있다. 하지만 차입부채의 대부분은 자금조달 비용이 시중금리에 연동되는 시장성부채이다. 따라서 금융시장의 이자율은 변동성이 높으므로 예금과 비교하여 시장성부채의 비용은 변동성이 높으며 금융위기 혹은 금융충격이 발생하는 경우 이자율의 변동성이 크게 상승하고 자금조달이 어려워질 수 있다.

(3) 자기자본

자기자본은 재무상태표상에서 자산에서 부채를 차감한 것으로 순자산(net worth)이라고도 한다. <표 5-1>에서 2021년 말 기준 장부상의 단순 자기자본은 일반은행 전체자산의 6.9%를 차지한다. 그러나 단순 자기자본비율보다 중요한 자기자본 개념은 자산의 항목별 위험가중치를 감안한 BIS자기자본비율이며 자본금관리 부분에서 구체적으로 논하기로 한다.

자기자본은 크게 자본금, 자본잉여금, 이익잉여금 등으로 구성된다. 자본금은 주식의 액면가에 총주식발행수를 곱한 값이며, 자본잉여금은 주식의 발행가액에서 주식의 액면가액를 차감한 초과금액 즉 주식발행초과금 등을 포함한다. 이익잉여금은 은행의 이익 중에서 배당지급 후 순저축으로 축적되는 유보이윤을 반영하는 계정이다.

자기자본은 주주의 은행 지분을 나타내며 예금주(채권자)보다 청구권행사 순위가 뒤에 있는 잔여청구권(residual claim)을 의미한다. 충분한 자기자본은 은행의 손실이 발생할 경우 은행의 도산가능성을 예방함으로써 예금자를 보호하는 역할을 한다. 하지만 과도한 자기자본은 주주의 투자수익률을 감소시키는 역할을 한다. 그리고 자본금은 유상증자를 통해 필요한 자금을 조달하는 자금조달 수단으로도 활용된다.

1.3 손익계산서

은행의 손익계산서(income statement)는 일정 기간 동안 발생한 수익과 비용을 보여준다. 영업수익과 영업비용은 은행의 주된 영업활동으로부터 발생한 수익과 비용이며 영업이익(손실)은 영업수익에서 영업비용을 차감한 것이다.

은행의 영업수익은 크게 이자수익(interest income)과 비이자수익(noninterest income)으로 구분된다. 이자수익은 예치금이자, 유가증권이자, 대출금이자 등이 있다. 비이자수익은 수수료수익, 신탁보수, 유가증권 운용수익, 외환거래이익, 신용카드관련 수익 등이 있다.

은행의 영업비용은 크게 이자비용(interest expense)과 비이자비용(noninterest expense)으로 구분된다. 이자비용은 예수금이자, 차입금이자, 사채이자 등이 있으며 비이자비용은 수수료비용, 유가증권 운용손실, 외환거래손실, 판매비와 관리비, 대손충당금전입액 등이 있다. 판매비와 관리비는 인건비, 물건비 등을 포함한다. 대손충당금전입액은 앞에서 설명한 바와 같이 대출손실에 대비하여 당해연도의 영업수익에서 차감되어 회계장부상 비용으로 처리되는 비현금비용이며 대손상각비가 대부분을 차지한다.[4)]

이자수익에서 이자비용을 차감한 금액을 순이자이익(net interest income)이라고 한다. 순이자이익을 이자수익자산으로 나눈 수치를 순이자마진(NIM: net interest margin)이라 하며 금융기관의 수익력을 나타내는 중요한 성과지표이다.

〈표 5-3〉은 2016년-2020년 기간 중 일반은행의 손익계산서를 나타낸다. 〈표 5-3〉에서 은행의 수익구조를 살펴보면, 2020년중 이자수익은 전체 영업수익에서 29.3%를 차지하고 있다. 비이자수익 중에서 수수료수익과 기타영업수익이 전체 영업수익에서 각각 3.4%와 67.3%를 차지하고 있다. 최근 은행의 수익구

4) 실제 경영분석 시에는 판매관리비(판관비)와 대손충당금전입액은 각각 비이자비용과 구분하여 손익계산서를 작성하여 활용한다.

조는 이자수익의 비중이 점차 감소하고 비이자수익의 비중이 상당부분 증가하였다. 1998년 금융위기 이전인 1996년 일반은행의 수익구조를 살펴보면, 이자수익은 전체 영업수익에서 약84%로 높은 비중을 차지하였으며 비이자수익중에서 수수료수익과 기타영업수익이 전체 영업수익에서 각각 약10%와 약6%를 차지하였다.

이와 같이 비이자수익의 비중이 최근에 크게 증가한 주요 원인중 하나는 부외거래(off-balance-sheet activities)의 수익이 크게 증가하였기 때문이다.

| 표 5-3 | 일반은행 은행계정의 손익계산서(2016년-2020년 말)

(단위 : 억 원)

계정과목	2016년	2017년	2018년	2019년	2020년
영업수익	1,234,910	1,344,379	1,146,473	1,317,551	1,576,280
이자수익	403,766	421,538	484,208	516,332	462,151
(원화이자수익)	332,085	345,998	389,899	408,206	366,273
(외화이자수익)	28,902	33,912	44,244	52,059	45,809
(단기매매증권이자)	4,978	5,307	7,082	7,372	6,486
(매도가능증권이자)	21,810	21,949	25,991	29,889	25,735
(만기보유증권이자)	15,991	14,372	16,991	18,806	17,848
수수료수익	56,500	60,375	56,671	57,338	53,772
(원화수입수수료)	46,544	50,230	46,031	45,961	43,327
(외화수입수수료)	9,785	10,046	10,608	11,325	10,338
기타영업수익	774,644	862,467	605,594	743,881	1,060,357
(단기매매증권관련수익)	116,670	133,948	90,253	128,166	197,356
(매도가능증권관련수익)	17,076	15,406	2,371	4,423	8,828
(만기보유증권관련수익)	0	5	13	21	21
(기타수익)	640,897	713,107	512,957	611,271	854,152
영업비용	1,155,103	1,229,405	1,008,901	1,175,748	1,449,261
이자비용	157,854	154,067	193,511	220,839	168,071
(원화지급이자)	141,818	134,628	166,407	186,534	142,505

계 정 과 목	2016년	2017년	2018년	2019년	2020년
(외화지급이자)	16,036	19,439	27,104	34,305	25,566
수수료지급비용	21,600	22,910	18,776	17,460	15,666
(원화지급수수료)	19,606	20,605	16,118	14,578	13,244
(외화지급수수료)	1,837	2,220	2,634	2,846	2,343
기타영업비용	975,650	1,052,428	796,615	937,449	1,265,524
(판매비와관리비)	175,230	172,636	174,844	180,467	181,568
(단기매매증권관련비용)	114,114	132,963	85,055	118,147	185,360
(매도가능증권관련비용)	3,051	4,683	310	218	386
(만기보유증권관련비용)	0	-	15	15	47
(기타비용)	683,254	742,147	536,391	638,603	898,163
영업이익	79,806	114,974	137,571	141,803	127,019
영업외이익	3,530	-2,475	946	-4,702	-4,474
영업외수익	9,092	7,013	6,852	13,480	8,109
영업외비용	5,562	9,488	5,906	18,182	12,584
법인세비용차감전순이익	83,337	112,499	138,518	137,101	122,545
법인세비용	14,045	23,320	36,739	35,927	30,881
총당기순이익(손실)	69,292	89,179	101,779	101,174	91,664
외부주주지분순이익	241	269	331	415	530
당기순이익(손실)	69,051	88,910	101,447	100,759	91,135

자료 : 금융감독원, 『은행경영통계』.

1.4 부외거래 업무

부외거래(off-balance-sheet activities) 혹은 난외거래는 재무상태표상에서 자산 혹은 부채에 반영되지 않는 거래이다. 예를 들어 고객에게 지급보증서비스를 제공하고 받는 수수료 수입이나 고객에게 환위위험 헤지를 위해 파생금융서비스를 제공하고 지급받는 수수료 수입은 재무상태표의 자산이나 부채를 변화시키지 않는다.[5] 주요 부외거래는 신용보증업무, 파생상품업무, (대출)약

정 업무, 신용장, 자산유동화와 대출채권매각 등이다.(〈표 5-4〉 참고)

국내은행의 부외거래는 1998년 외환위기 이후 위험부담을 줄이면서 수수료 수익과 트레이딩 이익 증대를 목적으로 활발하게 이루어지기 시작했다. 특히, 위험헤지 목적 혹은 적극적인 수익추구 목적의 트레이딩을 위한 파생상품거래가 크게 증가하였다. 〈표 5-5〉는 1998년~2020년 기간 중 국내은행의 부외거래 추이를 나타낸다. 동기간 중 국내은행의 총자산은 약5.2배 증가하였으나 국내은행의 부외거래 잔액은 약39.4배 증가함으로써 매우 빠른 증가세를 보여준다. 최근 2020년 부외거래 잔액 중 파생상품거래가 약79%를 차지하며 은행의 중요한 업무로 자리 잡고 있다.

표 5-4 부외항목별 세부계정

부외항목	세부계정 예
확정지급보증	(1) 원화지급보증 : 사채발행지급보증, 융자담보지급보증 등 (2) 외화지급보증 : 인수, 차관인수, 수입화물선취보증, 신용파생상품매도
미확정지급보증	신용장개설관계 등
파생상품거래	(1) 이자율관련거래 : 이자율 선도·선물·스왑·옵션 (2) 통화관련거래 : 통화 선도·선물·스왑·옵션 (3) 주식관련거래 : 주식 선도·선물·스왑·옵션 (4) 신용파생상품 : 신용스왑, 총수익스왑, 신용연계채권, 신용옵션 (5) 기타 선도·선물·스왑·옵션
대손상각채권	
기타	(1) 약정 : 원화대출약정, 외화대출약정, 역외외화대출약정, 외화증권인수약정, 역외외화증권인수약정, 유가증권매입계약 등 (2) 배서어음 : 담보배서어음, 무담보배서어음 등 (3) 기타 : 신용파생상품매입, 당좌대출상환타점권, 창구매각유가증권, 환매조건부대출채권매각 등

주: 표는 BIS자기자본비율 규제에 반영되는 부외항목별 세부계정을 나타낸다.
자료: 안성윤(2011)

5) 거래계약 시에는 재무상태표에 반영되지는 않지만 미래에 특정 상황발생시 재무상태표에 영향을 미칠 수 있다.

표 5-5 국내은행의 부외거래 추이

(단위 : 조원)

		1998년	2004년	2016년	2020년
부외거래잔액		100	659	3,131	3,942
	확정지급보증	43	40	113	78
	미확정지급보증	18	33	30	27
	파생상품거래	38	564	2,473	3,108
국내은행 총자산		576	1,030	2,268	2,978
총자산대비 부외거래 수준(%)		17.4	64.0	138.0	104.4

자료 : 은행경영통계, 저자 계산.

2. 특수은행의 업무와 재무제표

2.1 특수은행의 업무

특수은행은 국민경제의 취약부문과 전략적 육성이 필요한 부문에 대한 금융지원 강화를 위하여 설립되었으며 주택금융, 중소기업금융, 농·수·축산금융 등과 같이 일반은행만으로는 충분히 뒷받침하기 어려운 분야를 전문적으로 맡아 자금을 공급해왔다.[6] 한편 특수은행은 그 동안 정부의 지원, 채권발행, 외국으로부터의 차입과 같은 방법으로 많은 자금을 조달하여 왔으나 최근에는 금융자율화의 진전 및 특수은행에 대한 정부의 지원 축소 등으로 특수은행의 업무 성격이 일반은행과 큰 차이가 없게 되었다. 이에 따라 일부 특수은행은 이미 일반은행으로 전환되었다.

현재 영업 중인 특수은행은 한국산업은행, 한국수출입은행, 중소기업은행, 농협은행과 수산업협동조합중앙회의 신용사업 부문인 수협은행이다. 이들 특

6) 특수은행의 업무내용은 주로 한국은행(2018)을 참고함.

수은행은 그 업무의 전문성과 특수성 때문에 개별 특수은행법에 의해 설립되었으며 이중 한국산업은행, 한국수출입은행, 중소기업은행은 정부계 은행이다.

(1) 한국산업은행

산업의 부흥과 국민경제의 발전을 촉진하기 위한 중요 산업자금 공급을 목적으로 1953년 12월에 '한국산업은행법'이 제정되고 1954년 4월 정부의 전액출자와 기존 한국식산은행의 자산과 부채를 승계하여 한국산업은행이 설립되었다. 2009년 6월에는 개정 한국산업은행법 시행에 따라 산업은행의 민영화가 추진되어 같은 해 10월 산은금융지주회사 설립과 함께 자회사로 편입되었다. 아울러 가계대출·개인요구불예금 등 소매금융 및 은행 부수업무 취급 등 업무범위도 확대되었다. 그러나 민영화 추진계획이 제대로 이행되지 못하면서 2015년 1월에는 개정 한국산업은행법 시행에 따라 한국산업은행·산업금융지주회사·한국정책금융공사를 통합한 한국산업은행이 설립되었고, 2016년 10월 산업은행혁신안을 발표하는 등 정책금융의 공급주체로서의 역할 재정립을 모색하고 있다. 한국산업은행은 중점업무로서 중소·중견기업육성, 제4차 산업혁명에 대응한 혁신성장 선도, 글로벌 금융시장 개척 등 금융산업 및 국민경제의 발전을 위한 분야에 자금을 공급하는 기능을 수행하고 있다.

이에 필요한 자금은 예금·적금, 산업금융채권 발행, 정부차입금, 해외차입금 등으로 조달한다. 산업은행은 소요 재원의 상당 부분을 산업금융채권을 발행하여 조달하고 있으며 산업금융채권 발행 잔액은 납입자본금과 적립금 합계액의 30배 이내로 제한되어 있다.

대출업무를 살펴보면, 산업은행은 그 동안 우리나라 주요 산업에 대해 주로 시설자금과 기술개발자금을 공급하는 역할을 수행하였다. 이에 따라 기업에 대한 대출규모가 총대출의 대부분을 차지한다. 2000년 기준 산업은행 총원화대출금 대비 기업대출의 비중이 82.7%에 이르며 가계자금대출과 공공기타자금대출은 각각 0.2%, 0.8%에 불과하다. 종래에는 산업은행의 대출대상이 산업시설관련 부문 등으로 제한되어 있었으나 2009년 5월 민영화 추진을 위한 한국산업은행법 개정으로 대출대상에 대한 제한이 모두 폐지됨에 따라 가계대출을 포함한 모든 형태의 대출취급이 가능하게 되었다.

주식 및 채권에 대한 투자업무는 대출업무와 더불어 산업은행의 주요 자금공급 업무이다. 주식 투자는 자본시장법에 따라 응모·인수·투자하는 방법으로 이루어진다. 다만 주식인수 가능규모는 납입자본금과 적립금 합계액의 2배를 초과할 수 없다. 한편 M&A, 인프라시설·발전·에너지·자원개발 등에 대한 프로젝트파이낸싱 등에 대한 업무도 취급하고 있다.

산업은행은 지급보증업무를 수행한다. 중요 산업에 속한 사업체의 자금조달을 위한 채무보증, 이들 업체 및 공공단체가 발행하는 채권의 원리금 상환을 보증하는 채권보증, 중요 산업에 속한 법인의 주주에 대하여 일정 기간 이익배당을 보장하는 이익배당보장 등의 업무를 취급한다. 그리고 외화보증업무로는 차관 계약으로 발생하는 대외채무에 대하여 외국 차관선에 그 상환을 보증하는 차관 지급보증과 수출계약, 해외건설 입찰 등을 보증하는 기타 외화지급보증이 있다.

(2) 한국수출입은행

한국수출입은행은 중화학공업 제품의 수출과 해외투자 등을 효율적으로 지원할 수 있는 전담 금융기관의 설립 필요성이 제기됨에 따라 1969년 7월에 제정된 '한국수출입은행법'에 의해 설립되었다. 현재 한국수출입은행은 상품 수출을 촉진하기 위한 자금의 대출, 외국에 대한 기술 제공을 촉진하기 위한 자금의 대출, 우리나라로부터의 상품 수입 또는 기술 도입을 촉진하기 위한 자금의 외국 정부 및 외국인에 대한 대출, 국민경제에 긴요한 자원이나 상품의 원활한 수입을 위한 자금의 대출, 해외투자를 위한 대출과 외국환업무 및 보증업무 등을 취급하고 있다.

동 업무에 필요한 자금은 정부, 국내 금융기관 또는 해외로부터 차입금, 수출입금융채권의 발행 등으로 조달하고 있다. 수출입금융채권의 발행 한도는 납입자본금과 적립금 합계액의 30배 이내로 제한되어 있으며 동 채권에 대해서는 정부가 지급보증을 제공할 수 있다.

한국수출입은행의 주요 업무로 우선 수출금융이 있다. 수출금융은 크게 국내 수출업자를 대상으로 하는 공급자신용과 외국 구매자를 대상으로 하는 구매자신용으로 구분된다.

다음으로 해외투자금융이 있다. 해외투자를 지원하기 위한 대출에는 해외투자자금 대출, 해외사업자금 대출, 외국법인에 대한 사업자금 대출 등이 있다.

한국수출입은행은 수입금융을 수행한다. 해외로부터 주요 자원이나 제품의 국내수입이 원활히 이루어질 수 있도록 한국 수입업자를 지원하는 업무로 수입자금대출, 수입신용장 개설업무 등이 있다.

그리고 한국수출입은행은 단기무역금융을 제공한다. 단기무역금융은 수출거래이행 후 수출대금을 받을 수 있도록 지원하는 외국환관련 업무로 수출팩토링, 포페이팅(forfaiting), 수출환어음매입 등이 있다.

한국수출입은행은 주요업무로 보증업무를 취급하는데, 보증업무는 한국수출입은행의 지원 대상 거래에 자금을 대출해 주는 국내외 금융기관에게 차주의 채무 불이행시 대출금 상환을 보증하는 채무보증과 국제 입찰에 참여한 수출업자의 입찰내용 위반 등에 따른 발주자의 손해를 보상할 것을 보증하는 입찰보증, 수출업자가 계약 조건대로 수출을 이행하지 못할 경우 수출 금액의 일정 비율을 보상할 것을 보증하는 계약이행보증, 국내의 해외건설 사업자가 공사를 잘못 수행함으로써 발주자가 입게 되는 손실을 보상할 것을 보증하는 하자보수 보증 등 수출계약의 이행을 위한 이행성 보증이 있다.

(3) 중소기업은행

중소기업은행은 1961년 제정된 '중소기업은행법'에 의하여 설립되었으며 중소기업자에 대한 효율적인 신용제도 확립을 통한 중소기업자의 원활한 경제활동 지원 및 경제적 지위 향상을 설립 목적으로 하고 있다.

중소기업은행은 자금조달에 있어 일반은행과 동일한 수신업무를 자유롭게 취급할 수 있다. 또 1982년부터 중소기업금융채권을 발행하고 있는데 발행 한도는 자본금과 적립금 합계액의 20배 이내이다. 자금운용은 중소기업자에 대한 대출과 어음의 할인을 기본 원칙으로 하고 있으며 조달자금의 70% 이상을 중소기업금융에 사용해야한다. 다만 중소기업금융 업무를 저해하지 않는 범위에서 지방자치단체, 비영리 법인이나 단체 그리고 가계 등에 대하여도 대출과 어음할인을 취급할 수 있다.[7] 또 중소기업은행은 중소기업 주식의 응모·인수 및 중소기업 발행 사채의 응모·인수·보증 등의 증권업무도 취급할 수 있는데 주식의 인수는 중소기업은행의 납입자본금 범위 내로 제한하고 있다.

(4) 농협은행

농협은행의 전신인 농업협동조합은 1961년 제정된 '농업협동조합법'에 의거 설립되었다. 농업현동조합은 경제사업과 신용사업을 겸영하게 되었다. 농업협동조합 중앙회의 신용사업 부문만 은행으로 분류하고 지역조합의 신용사업은 신용협동조합법에 의한 상호금융으로 분류하였다. 이후 농업협동조합의 농정 활동 및 경제사업 충실화를 위해 중앙회의 신용사업 부문과 경제사업 부문을 분리하는 방안이 추진되어 2011년 3월 농업협동조합법 개정으로 2012년 3월 2일 농협금융지주회사와 농협경제지주회사가 신설되고 농협은행이 농협금융지주회사의 자회사로 농협생명보험, 농협손해보험과 함께 신설되었다.

농협은행은 농어촌자금 등 농민, 조합 및 중앙회에 대한 자금대출 이외에, 일반 여수신, 내·외국환업무는 물론 채무보증, 상호부금, 유가증권 투자, 환매조건부채권 매매, 팩토링, 신탁 및 신용카드 업무 등 일반은행과 거의 동일한 업무를 취급하고 있다. 다만 자금조달에 있어 정부차입금 등 재정자금 비중이 일반은행보다 다소 높고 자기자본의 5배 이내에서 농업금융채권을 발행할 수 있다.

7) 그 취급액은 예·적금 및 기타 채무증서 발행을 통해 조달한 자금과 중소기업금융채권 발행을 통해 조달한 자금을 더한 금액에서 지급준비금을 차감한 금액의 30%를 초과하지 못하도록 제한된다.

(5) 수협은행

수협은행의 전신인 수산업협동조합은 1962년 '수산업협동조합법'에 의거 설립되었다. 수산업협동조합은 농업협동조합과 마찬가지로 중앙회 및 지구별, 업종별 수산업협동조합과 수산물 가공 수산업협동조합이 각각 독립된 법인체로서 회원 조합 및 조합원을 위한 교육·지원사업, 경제사업, 신용사업, 공제사업, 후생·복지사업, 운송사업 등을 영위하다가, 2016년 12월 신용사업부문을 분리하여 수협은행이 설립되었다.

수협은행의 업무 내용은 농업금융 대신 수산금융을 전담한다는 점을 제외하고는 농협은행의 경우와 거의 동일하다. 즉 일반은행과 같이 일반 여수신 및 내·외국환, 채무 보증, 상호부금, 유가증권 투자, 환매조건부채권 매매, 팩토링, 신탁, 신용카드 등의 업무와 중앙회가 위탁하는 공제업무도 취급하고 있다. 자금조달에 있어서는 정부차입금 등 재정자금 의존도가 일반은행보다 높고 자기자본의 5배 범위 내에서 수산금융채권을 발행할 수 있다.

2.2 특수은행의 재무제표

특수은행의 재무상태표를 통해 특수은행의 자금조달과 자산운용 구조를 살펴볼 수 있다. 자금조달 구조를 살펴보면, 〈표 5-6〉에서 2021년말 기준 예금(원화예수금)는 특수은행 전체자산의 42.8%를 차지하며 가장 큰 비중을 차지하고 있다. 하지만 예금(원화예수금)의 비중이 일반은행의 비중(68.4%)에 비해서는 상대적으로 낮음을 알 수 있다. 〈표 5-6〉에서 2021년 말 기준 차입부채는 특수은행 전체자산의 40.6%를 차지하며 일반은행의 비중(10.9%) 대비 높은 비중을 보여준다. 특히, 특수은행의 차입부채 중에서 사채(금융채)의 비중이 자산대비 33.3%로 상당히 높은 비중을 차지하고 있다. 다음으로 원화차입금과 외화차입금이 자산대비 각각 4.5%, 2.3%를 차지하고 있다. 〈표 5-7〉의 2000년 이후 추이를 살펴보면 예금(원화예수금) 비중은 꾸준히 가장 높은 비중을 차지하였음을 보여준다. 차입부채 중에서 원화차입금의 비중은 2000년 이후 지속 감소한 반면 사채의 비중은 증가추세를 보였음을 알 수 있다.

자산운용 구조를 살펴보면, 〈표 5-6〉에서 2021년말 기준 (원화)대출금 비중이 자산대비 60.1%로 가장 높은 점유율을 보이고 있다. 다음으로 유가증권 투자 비중이 자산대비 19.2%를 차지하고 있고 외화대출금이 9% 점유율을 보이고 있다. 2000년 이후 추이를 살펴보면 (원화)대출금 비중은 증가추세를 보였으며 유가증권투자 비중은 다소 감소추세를 나타낸다.

표 5-6 특수은행의 재무상태표(2021년 말)

(단위 : 10억 원, %)

자산	금액	구성비	부채 및 자본	금액	구성비
현금 및 예치금	42,836	3.7	예수부채	532,328	46.1
현금	2,436	0.2	원화예수금	493,222	42.8
외국통화	714	0.1	양도성예금증서	9,930	0.9
원화예치금	21,918	1.9	외화예수금	29,177	2.5
외화예치금	17,766	1.5	차입부채	467,916	40.6
유가증권	221,382	19.2	원화차입금	52,377	4.5
당기손익인식증권	31,015	2.7	외화차입금	26,062	2.3
매도가능증권	97,814	8.5	콜머니	2,580	0.2
만기보유증권	57,858	5.0	환매조건부채권매도	2,152	0.2
자회사등투자지분	34,695	3.0	사채	384,602	33.3
대출채권	848,775	73.6	기타부채	51,635	4.5
원화대출금	693,122	60.1	부채총계	1,051,880	91.2
외화대출금	103,896	9.0	자본금	41,811	3.6
내국수입유산스	9,363	0.8	자본잉여금	14,920	1.3
콜론	3,096	0.3	이익잉여금	33,814	2.9
(대손충당금)	10,960	1.0	자본조정	- 137	-0.0
유형자산	7,008	0.6	기타포괄손익누계	6,327	0.5
기타자산	33,513	2.9	자본총계	101,633	8.8
자산총계	1,153,512	100.0	자산총계	1,153,512	100.0

자료 : 금융감독원, 『금융통계월보』.

| 표 5-7 | 특수은행의 자금조달 및 운영 구성비(2000-2020년)

(단위 : %)

	2000	2005	2010	2015	2020
원가성자금조달	85.3	82.0	80.1	77.9	78.2
원화예수금	29.7	34.9	29.2	29.5	31.5
원화양도성예금	1.7	3.5	4.3	1.7	0.6
원화차입금	14.7	10.2	6.8	4.7	4.3
원화사채	14.6	13.8	20.6	24.7	26.0
기타원화자금조달	3.9	7.1	2.9	1.7	1.2
외화예수금	0.9	0.7	1.0	1.4	2.2
외화차입금	10.9	4.7	5.1	4.3	3.2
외화사채	8.8	7.0	9.8	9.6	8.9
기타외화자금조달	0.1	0.2	0.3	0.4	0.4
무원가성자금조달	14.7	18.0	19.9	22.1	21.8
자기자본	6.4	6.6	6.4	9.0	8.3
요구불예금	3.5	4.7	4.6	6.6	9.9
제충당금	0.5	0.2	0.2	0.3	0.5
기타무원가조달	4.2	6.5	8.7	6.3	3.2
조달(운용)계	100.0	100.0	100.0	100.0	100.0
수익성자금운용	93.6	92.8	91.0	92.2	94.5
원화예치금	1.4	0.4	1.5	0.6	0.4
원화대출금	44.2	50.1	57.0	58.3	60.4
원화유가증권	23.6	26.6	14.9	16.6	17.8
원화대손충당금(-)	2.0	1.2	1.2	0.9	0.6
기타원화자산운용	6.4	3.7	3.0	1.8	2.1
외화예치금	3.7	0.3	0.4	1.0	1.7
외화대출금	13.1	8.7	11.7	12.5	10.4
외화대손충당금(-)	1.0	0.2	0.3	0.2	0.2
외화유가증권	1.7	1.7	1.4	1.0	1.3
기타외화자산운용	2.6	2.6	2.6	1.6	1.3
무수익성자금운용	6.4	7.2	9.0	7.8	7.1
현금 및 외국통화	0.7	0.6	0.5	0.4	0.3
업무용유형자산	0.9	1.2	0.9	1.0	1.0
기타무수익운용	4.7	5.4	7.6	6.5	5.8

자료: 금융감독원, 「금융통계정보시스템」.

다음으로 특수은행의 손익구조를 살펴보자. 〈표 5-8〉은 2016년-2020년 기간 중 특수은행의 손익계산서를 보여준다. 〈표 5-8〉에서 특수은행의 수익구조를 살펴보면, 2020년 중 이자수익은 전체 영업수익에서 32.1%를 차지하며 일반은행(29.3%)과 비슷한 점유율을 보여준다. 특수은행의 원화대출금 이자수익 중에서 기업대출이자와 가계자금대출이자가 각각 약 69%, 약 29%를 나타내며 기업대출이자가 대부분을 차지하고 있다. 특수은행의 비이자수익 중에서 수수료수익과 기타영업수익이 전체 영업수익에서 각각 3.7%, 64.1%를 차지하고 있다. 이러한 특수은행의 수익구조는 앞서 살펴본 특수은행의 업무내용을 반영하고 있다.

| 표 5-8 | 특수은행의 손익계산서(2016년-2020년 말)

(단위 : 억 원)

계정과목	2016년	2017년	2018년	2019년	2020년
영업수익	619,176	666,530	577,368	673,405	780,851
이자수익	227,980	242,962	271,337	282,664	250,995
(원화이자수익)	176,770	189,328	206,599	210,860	196,006
(외화이자수익)	30,434	35,242	42,635	47,032	32,616
(단기매매증권이자)	3,825	2,970	3,328	3,564	2,681
(매도가능증권이자)	11,620	9,670	11,151	12,209	10,462
(만기보유증권이자)	5,330	5,752	7,624	8,999	9,229
수수료수익	27,323	28,830	28,347	29,017	29,069
(원화수입수수료)	18,249	20,604	21,137	21,111	21,603
(외화수입수수료)	9,074	8,226	7,210	7,906	7,466
기타영업수익	363,873	394,738	277,684	361,724	500,787
(단기매매증권관련수익)	9,357	6,372	18,315	20,634	57,388
(매도가능증권관련수익)	14,959	9,269	3,514	4,537	6,267
(만기보유증권관련수익)	224	3	13	5	64
(기타수익)	339,334	379,094	255,842	336,549	437,067
영업비용	620,229	633,892	511,040	603,550	724,763

계정과목	2016년	2017년	2018년	2019년	2020년
이자비용	108,417	110,197	130,360	145,642	110,889
(원화지급이자)	87,636	85,667	98,208	108,692	89,379
(외화지급이자)	20,832	24,530	32,152	36,951	21,510
수수료지급비용	9,298	10,225	10,902	8,878	8,637
(원화지급수수료)	8,783	9,661	10,387	8,245	8,088
(외화지급수수료)	516	564	516	633	549
기타영업비용	502,514	513,470	369,777	449,029	605,237
(판매비와관리비)	59,162	62,182	64,971	67,969	71,216
(단기매매증권관련비용)	6,438	5,286	11,093	8,692	42,879
(매도가능증권관련비용)	5,182	5,446	890	640	901
(만기보유증권관련비용)	1	1	3	9	323
(기타비용)	431,731	440,555	292,819	371,720	489,917
영업이익	-1,053	32,638	66,328	69,855	56,088
영업외이익	1,998	4,368	-5,317	-13,147	12,333
법인세비용차감전순이익	945	37,007	61,011	56,708	68,421
법인세비용	-12,017	3,547	9,853	13,533	4,827
당기순이익(손실)	-7,964	25,826	44,443	40,739	50,274

자료 : 금융감독원, 『은행경영통계』.

3. 비은행예금취급기관의 업무와 재무제표

비은행예금취급기관은 은행과 유사한 여수신업무를 주요 업무로 취급하고 있지만 보다 제한적인 목적으로 설립되어 자금조달 및 운용 등에서 은행과는 상이한 규제를 받는 금융기관이다.[8] 비은행예금취급기관에는 상호저축은행, 신용협동기구, 우체국예금 그리고 종합금융회사가 있다. 신용협동기구는 신

8) 비은행예금취급기관의 업무내용은 주로 한국은행(2018)을 참조함.

용협동조합, 새마을금고 그리고 농업협동조합·수산업협동조합 및 산림조합의 상호금융을 포괄한다. 본 절에서는 각 기관별 구체적 업무와 재무상태표를 살펴본다.

3.1 상호저축은행

상호저축은행의 전신인 상호신용금고는 1972년 '8·3 긴급 경제조치'에 따른 이른바 사금융 양성화를 위해 '상호신용금고법'이 제정되면서 등장하였다. 이후 2001년 3월 상호신용금고의 명칭이 상호저축은행으로 변경되었고 2007년부터는 저축은행으로 명칭이 단축되었다.

상호신용금고가 설립될 당시 서민이나 소규모 기업은 은행과 같은 제도 금융기관으로부터 자금을 융통하기 어려웠고 대부분 사설 무진회사(無盡會社), 서민금고 등을 통하여 자금을 융통하였다. 이들 사금융기관은 경영 규모의 영세성 및 부실 경영 등으로 도산이 속출함으로써 거래자에게 막대한 피해를 주고 금융 질서를 문란하게 하는 사례가 빈발하는 등 많은 폐해를 낳았다. 이러한 상황 하에서 정부는 이들 사금융기관을 양성화하여 그 업무를 합리적으로 규제함으로써 거래자를 보호하는 한편 담보력과 신용도가 취약한 소규모 기업과 서민을 위한 전문적 서민 금융기관으로 육성하기 위하여 상호저축은행 제도를 도입하였다.

1990년대 들어 금융자유화 및 금융개방화의 진전 등으로 그 동안 상호저축은행에 유리하게 작용하였던 영업 환경이 빠른 속도로 사라지게 되었다. 그리고 1997년 외환위기 이후 지방 중소기업의 부도 급증 등으로 경영상 어려움이 가중됨에 따라 많은 상호저축은행이 부실화되었다. 1997년 외환위기로 인해 다수 상호저축은행이 퇴출 또는 합병되면서 외환위기 이전인 1995년 말 236개에 달하던 상호저축은행 수가 외환위기 이후 2000년 말에는 147개로 크게 감소하였다.

2006년 5월에는 '상호저축은행법' 시행령 개정을 통해 우량 상호저축은행의 동일인 여신에 대한 규제를 완화하는 등 상호저축은행의 경쟁력 강화를 위한 규제완화를 지속적으로 추진하였다. 한편 이러한 규제완화를 배경으로 일부 상호저축은행들이 외형확대와 함께 리스크가 높은 부동산PF 대출 등에 집중하였는데 글로벌 금융위기 이후 부동산시장이 침체되면서 부실해지기 시작하였다.[9] 여기에 대주주와 경영진의 도덕해이가 더해지면서 금융당국은 2011년 중 16개 상호저축은행에 대해 대규모 구조조정을 단행하여 퇴출되었으며 2021년말 현재 79개의 저축은행이 영업하고 있다.

상호저축은행의 주요 업무는 신용계(契), 신용부금, 예금 및 적금의 수입, 대출, 어음할인, 내·외국환, 보호예수, 수납 및 지급대행 업무, 기업 합병 및 매수의 중개·주선 또는 대리 업무, 국가·공공단체 및 금융기관의 대리업무 등으로 되어 있다. 또한 직·선불전자지급수단의 발행·관리 및 대금 결제, 투자중개업·투자매매업 및 신탁업, 할부금융업 등도 영위할 수 있다. 당초 상호저축은행의 업무는 신용계, 신용부금, 할부상환 방식에 의한 소액신용대출, 계원 또는 부금자에 대한 어음할인으로 제한되어 있었으나 현재는 사실상 은행업무와 유사해지고 있다. 수신업무에서 업무범위가 종합적인 예금 및 저축업무로 확대되었으며 예금 및 적금의 수입업무가 주된 수신업무가 되었다. 여신업무에서도 일반적인 대출업무로 범위가 확대되었으며 일반자금 대출 및 어음할인이 기본업무이나 수신과 연계된 계약금액 내 대출, 예·적금 담보 대출, 종합통장 대출과 주택자금 대출 등도 취급하고 있다.

은행과의 차이점은 상호저축은행의 업무는 주로 서민과 중소기업의 금융편의 도모를 위해 필요한 예금 및 대출업무 위주로 구성되어, 은행에 비해 영위가능 업무의 범위가 좁고, 원칙적으로 정해진 영업구역내에서만 지점 등 점포

9) 부동산 PF 대출은 부동산 개발 사업과 관련된 토지매입 자금에 대한 계약금, 중도금, 잔금 및 공사비 등을 지원하는 여신 상품이다. 이 중 상호저축은행이 다루는 PF 대출은 단기 브릿지론 형태가 주를 이룬다. 즉 아파트, 상가 등에 대한 분양형 부동산 개발 과정에서 상호저축은행이 시행사에게 토지매입자금 등을 대출하면 시행사가 관련 지자체의 인허가 및 사업승인을 얻은 후 제1금융권 대출 등(본 PF 대출)으로 상호저축은행의 대출을 상환하는 구조를 이루고 있다.

설치가 가능하며 영업구역내 의무대출 비율 준수 의무 등이 있다. 또한 은행의 경우 동일인 소유 지분율이 10% 이내로 제한되는 반면 상호저축은행은 개인 또는 법인이 금융위원회의 승인을 통해 100%의 지분확보가 가능하다.

상호저축은행의 재무상태표를 통해 자금조달 및 운용구조를 살펴보면 주로 정기예금으로 조달한 자금을 대출로 운용하고 있음을 알 수 있다. 〈표 5-9〉에서 자금조달을 보면 2021년말 현재 정기예금이 자산대비 77.9%를 차지하고 있고 과거 상호저축은행의 주요 자금조달 수단이었던 수입계금 및 수입부금은 그 비중이 미미해졌다.

자금운용에서는 대출금 중에서는 일반자금 대출이 자산 대비 67.8%로 가장 높은 비중을 점하고 있다. 한편 상호저축은행은 총자산의 4%를 유가증권에 투자하고 있는 것으로 나타났다.

표 5-9 저축은행의 재무상태표(2021년 말)

(단위 : 10억 원, %)

자산	금액	구성비	부채 및 자본	금액	구성비
현금 및 예치금	13,003	11.0	예수부채	102,444	86.7
유가증권	4,769	4.0	정기예금	92,070	77.9
대출채권	96,666	81.8	정기적금	2,414	2.0
할인어음	63	0.1	표지어음예수금	5	0.0
계약금액내대출	70	0.1	차입부채	251	0.2
일반자금대출	80,105	67.8	기타부채	2,950	2.5
(대손충당금)	4,268	3.6	부채총계	105,645	89.4
유형자산	1,229	1.0	자본금	4,456	3.8
기타자산	2,450	2.1	자본총계	12,574	10.6
자산총계	118,219	100.0	자산총계	118,219	100.0

자료 : 금융감독원, 『금융통계월보』.

3.2 신용협동기구

신용협동기구는 공동유대관계를 갖는 조합원들에게 저축과 대출을 비롯한 금융서비스를 편리하고 유익하게 활용할 수 있는 기회를 제공하는 데 목적을 두고 있다. 신용협동기구는 상호금융(농·수협 지역조합), 신용협동조합, 새마을금고를 포함한다. 신용협동기구는 현재 예금보험공사의 보호대상 금융회사는 아니며, 관련 법률에 따른 자체 기금에 의해 보호된다.

| 표 5-10 | 신용협동기구 비교

	신용협동조합	새마을금고	농협·수협·산림조합의 상호금융
근거법률	신용협동조합법	새마을금고법	농·수협법, 산림조합법, 신용협동조합법
예금보장	신협중앙회내 예금자보호기금	새마을금고 중앙회내 예금자보호기금	각중앙회내 예금자보호기금
유대관계	지역·직장·단체	행정구역·경제권·생활권	지역·품목 등
감독기관	금융위원회	행정안전부	농림축산부, 해양수산부, 산림청

자료 : 한국은행

(1) 신용협동조합

신용협동조합은 지역·직장·단체 등 상호유대를 가진 개인이나 단체간의 협동조직을 기반으로 하여 자금의 조성과 이용을 도모하는 비영리 금융기관을 말한다. 신용협동조합은 조합원으로부터 예탁금·적금 수입, 조합원에 대한 대출, 내국환업무, 국가·공공단체·중앙회 및 금융기관의 업무 대리, 조합원의 유가증권·귀금속 및 중요물품의 보관 등 보호예수, 어음할인, 직·선불 전자지급수단의 발행·관리 및 대금결제 등을 취급하고 있다.

업무 규제를 보면 먼저 자금 차입은 자산 총액의 5% 또는 자기자본 중 큰 금액 범위내로 제한되어 있다. 자금운용의 경우 동일인 대출한도는 자기자본의 20% 또는 자산 총액의 1% 중 큰 금액 이내로 정하고 있다. 또한 예탁금과 적금 잔액의 10% 이상을 상환준비금으로 보유하여야 하며 이 가운데 절반을 신용협동조합중앙회에 예치하여야 한다.

신용협동조합중앙회는 신용협동조합을 구성원으로 하여 조직된 비영리법인으로 조합의 사업에 관한 지도·조정·조사·연구 및 홍보, 교육, 조합에 대한 검사·감독, 공제사업, 국가 또는 공공단체가 위탁하거나 보조하는 사업 및 신용사업을 수행한다. 신용협동조합중앙회가 수행하는 신용사업은 조합으로부터의 예·적금 및 상환준비금의 수입·운용, 조합에 대한 대출, 내·외국환업무 등이 있다. 또 2004년부터 신용협동조합이 예금보험공사의 부보 금융기관에서 제외됨에 따라 조합원에 대한 예탁금 등의 환급 보장을 위해 신용협동조합 예금자보호기금을 설치·운영하고 있다.

신용협동조합의 자금조달 및 운용구조를 살펴보면, 2021년 말 현재 총자금 조달액의 89.8%를 정기예금 등 예금으로 조달하고 다음으로 출자금이 5.3%를 차지하고 있다. 자산운용구조를 보면 2021년 말 현재 대출금이 총운용금액의 75.4%를 차지하고 중앙회예치금이 13.5%, 유가증권이 5.1%를 차지하고 있다.[10]

(2) 새마을금고

새마을금고는 회원으로부터의 예탁금·적금의 수납, 회원에 대한 대출, 내국환, 국가·공공단체 및 금융기관의 업무 대리, 보호예수 등의 업무를 취급하는데 어음할인 등 일부를 제외하고는 신용협동조합과 거의 동일하다. 1998년부터는 회원의 이용에 지장이 없는 범위 내에서 비회원도 금고의 모든 사업을 이용할 수 있다.

10) 금융감독원, '금융정보통계시스템'을 참고함.

업무 규제를 보면 자금 차입의 대상을 새마을금고중앙회, 국가·공공단체 또는 금융기관으로 제한하고 있으며 차입한도는 출자금과 적립금 합계액 이내로 되어 있다. 동일인 대출한도는 자기자본의 20% 또는 총자산의 1% 중 큰 금액의 범위에서 행정안전부장관이 고시하여 정하는 최고한도 이내여야 한다. 또한 예탁금과 적금 잔액의 10% 이상을 상환준비금으로 보유하여야 하며 이 가운데 절반을 새마을금고중앙회에 예치하도록 하고 있다.

새마을금고중앙회는 새마을금고를 회원으로 하는 비영리법인으로 회원의 사업에 관한 지도·교육·훈련·조사·연구, 금고 감독과 검사, 금고의 사업에 대한 지원, 공제사업, 국가·공공단체가 위탁하거나 보조하는 사업 등을 수행한다. 또 금고로부터 예탁금·적금 수납, 대출, 지급보증 및 어음할인, 내·외국환, 보호예수, 국가·공공단체 또는 금융기관의 업무 대리, 유가증권의 인수·매출 등의 신용사업을 영위한다. 한편 중앙회는 금고 회원에 대한 예탁금 등의 환급 보장을 위해 예금자보호준비금을 설치·운영하고 있다.

최근 새마을금고의 자금조달 및 운영구조를 살펴보면, 2021년 말 기준 총자금조달액 중에서 정기예탁금 등 예수금의 비중이 88.8%로 대부분을 차지하고 차입부채는 1.4%에 불과하다. 자산운용구조는 총운용금액에서 대출금이 73.2%로 대부분을 차지하며 현금 및 예치금(19.8%), 유가증권(2.3%) 등으로 운용하고 있다.[11]

(3) 상호금융(농협 · 수협 · 산림조합의 신용사업부문)

농협·수협·산림조합의 상호금융은 조합원으로부터 예탁금·적금 수납, 조합원에 대한 대출, 내국환업무, 어음할인, 국가·공공단체·중앙회 및 금융기관의 업무 대리, 보호예수, 공과 등의 수납 및 지급대행, 수입인지, 복권, 상품권의 판매대행 등의 신용사업을 영위하고 있다.

업무 규제를 보면 영업구역 제한으로서 원칙적으로 영업구역 내에서만 지

11) 새마을금고중앙회, 『새마을금고통계』(2021년 12월) 참고함.

점 설치 및 이전이 가능하고, 건전성 규제로서 조합원으로부터 조달한 출자금, 예탁금 등을 주된 재원으로 하고 차입금 규제, 여유자금 운용의 제한, 동일인여신한도 등이 적용되고 있다.

농협·수협·산림조합의 상호금융의 자금조달구조 보면 2021년 말 기준 총자금조달액에서 예금이 84.4%를 대부분을 차지하고 차입금, 출자금이 각각 3.5%, 3.1%를 차지한다. 자산운용의 경우 총운용액에서 대출금 71.2%로 대부분이며 이어서 중앙회예치금이 20%를 차지하고 있다.[12)]

3.3 우체국예금

우체국예금 업무는 경제개발 초기 국가정책사업에 소요되는 자금을 조달하고 농어촌 등 민간금융 취약지역 주민들의 편의를 도모하기 위해 1962년 도입되었으며 1977년에 폐지되어 잔액 관리 업무만 농업협동조합으로 이관되었다가 1983년 7월에 부활하여 우체국업무가 재개되었다. 2000년 7월부터는 우정사업의 책임경영체제 확립을 위해 과학기술정보통신부 산하 우정사업본부를 설치하여 우체국금융 등 우정사업을 총괄하고 있다.

우체국예금은 요구불예금과 저축성예금으로 구분되며, 최근 모바일뱅킹을 비롯 전자금융거래를 활성화하고 은행전산망과 연결하는 등 편리성을 높이고 업무를 확대하고 있다. 우체국예금은 국가가 경영하고 그 원리금에 대하여 정부가 지급 책임을 지는 국영금융이므로 지급준비금적립의무가 없다. 우체국예금은 그 외 환매조건부 국공채 매도를 통해서도 자금을 조달한다.

우체국예금 이외에 체신관서에서 취급하는 금융 관련 업무로는 우체국보험, 우편환, 우편대체가 있다. 우편환은 온라인 또는 증서의 이동에 의한 송금수단으로 금융기관의 온라인망이 설치되어 있지 않은 지역에 대한 송금을 위해 이용된다. 우편대체는 우체국에 개설한 우편대체계좌를 통하여 자금 결제를 할 수 있는 제도로서 이를 통하여 세금·공과금·할부금 등 수납, 각종 연

12) 금융감독원, '금융정보통계시스템'을 참조함.

금·급여 지급, 공과금 자동 이체 및 수표 발행 등의 서비스가 제공된다.

자금운용은 과거 금융기관 예탁, 국공채 매입 등으로 한정되어 있었으나 2004년 및 2009년 법 개정으로 주식 채권 등 증권의 매매 및 대여, 자금중개회사를 통한 금융기관대여, 파생금융거래 등으로 확대되었다. 그러나 이러한 금융거래에 대해서는 자금운용의 안정성이 저해되지 않도록 과학기술정보통신부령으로 매입 한도 등을 정하여 운영하고 있다. 한편 1994년부터는 공공자금관리기금법에 의하여 예금의 지급에 필요한 자금을 제외한 여유자금을 공공자금관리기금에 예탁하도록 하고 있다.

자금조달 및 운영구조를 살펴보면 2021년 말 현재 우체국예금 총자산에서 예금이 84.6%로 대부분을 차지하며 환매조건부 국공채 매도가 0.8%를 차지한다. 자금운용에 있어서는 유가증권이 총자산의 67.8%를 차지하고, 공공자금관리기금법에 따른 예치금 의무로 인해, 예치금이 26.3%를 차지한다.[13)]

3.4 종합금융회사

1975년 12월 '종합금융회사에 관한 법률'에 의해 설립되었다. 종합금융회사는 영국의 머천트뱅크(merchant bank)와 미국의 투자은행(investment bank)의 핵심기능에 중장기 설비금융 기능을 추가한 기업금융 전문금융기관을 지향하면서 출범하였다. 설립 배경은 민간부문의 원활한 외자 조달을 위한 새로운 창구를 마련하고 당시 은행과 증권회사로 엄격하게 분절되어 있던 금융체제를 보완하여 종합적이고 선진적인 기업금융서비스를 제공하기 위한 것이었다.

1990년대 들어서 금융산업 개편의 일환으로 투자금융회사가 종합금융회사로 전환할 수 있도록 허용되었고 '종합금융회사에 관한 법률'도 전면 개정되었다. 이에 따라 1994년중 지방 소재 9개 투자금융회사가, 1996년에는 15개 투

13) 우정사업본부, 『우체국예금 현황』(2022년 8월) 참고함.

자금융회사가 종합금융회사로 전환하여 종합금융회사는 1997년말 30개에 달하였다.

그러나 이후 글로벌 금융환경 변화에 신속하게 대처하지 못하고 과도한 외화자산 확대를 추구한 종합금융회사들이 외환위기를 거치면서 대거 퇴출되거나 합병되었다. 1998년 16개 부실 종금사가 퇴출되었고 이어 1999년부터 2003년 기간 중 추가로 13개사(신설사 1개 포함)가 퇴출 또는 합병되었다. 그리고 2010년 4월 메리츠종합금융이 메리츠증권과 합병하여 메리츠종합금융증권이 되면서 2021년말 현재 전업 종합금융회사는 우리종합금융 1개사만 남은 상태이다.

종합금융회사는 기본업무와 부수업무, 그리고 겸영업무를 관련 법률에 의해 인가를 받아 폭넓은 금융업무를 취급한다. 우선 단기금융업무로는 만기 1년 이내 어음의 발행·할인·매매·중개·인수 및 보증, 어음관리계좌(CMA)업무, 팩토링, CD 및 공개시장조작 대상증권의 인수·매매 및 중개 등이 있다. 이 중 어음발행 및 CMA업무는 종합금융회사의 주요 자금조달 수단이다.

또한 장단기 외자의 차입 및 전대, 해외투자 및 기타 국제금융의 주선, 외화표시 지급보증, 외화증권 투자, 외국환 및 연불수출어음의 매매 등 국제금융·외국환업무도 수행한다. 외자 차입은 1980년대 이후 해외 주주사에 대한 의존에서 점차 벗어나면서 외자를 직접 도입하게 됨에 따라 그 실적이 크게 신장되기도 하였다. 그러나 1997년 외환위기 발생 이후 종합금융회사의 신용도가 저하되고 다수 종합금융회사가 퇴출됨에 따라 외자 도입이 대폭 감소하고 국제금융업무의 비중이 크게 축소되었다. 한편 종합금융회사는 자기자본의 10배까지 채권을 발행할 수 있다.

그 외에도 종합금융회사는 증권업무로서 유가증권 발행 시장에서 간사단 또는 인수단으로 참여하여 유가증권의 인수·매출·모집 또는 매출의 주선업무를 영위할 수 있으며 유가증권의 매매·위탁매매·매매의 중개 또는 대리 등의 업무를 겸영할 수 있다. 그 밖의 겸영업무로서는 시설대여(리스) 및 투자신탁의 설정·해지 및 투자신탁재산의 운용업, 투자매매·중개업 등이 있다.

종합금융회사의 자금조달내역을 살펴보면 자금조달총액(총자산)에서 발행어음(62%) 및 CMA수탁금(4%)을 포함하는 단기예수금이 66%를 차지하고 단기차입금이 12%을 차지한다. 자산운용내역을 살펴보면 유가증권(32%), 중장기대출(31%), 단기대출(14%), 기업어음할인(11%) 등으로 운영하고 있다.[14)]

14) 금융감독원, '금융정보통계시스템'을 참고함.

연습 문제

01 일반은행의 자금조달구조 추이를 살펴보고 2000년대 이후 상승/감소추세를 보인 항목을 설명하시오.

02 일반은행 재무상태표의 자산 및 부채에서 최근 가장 비중이 높은 두 항목은 무엇인가?

03 대출 중에서 어음할인, 어음대출, 증서대출, 당좌대출의 차이를 설명하시오.

04 일반은행의 자산운용구조 추이를 살펴보고 2000년대 이후 상승/감소추세를 보인 항목을 설명하시오.

05 일반은행의 수익구조 특징을 이자수익/비이자수익 측면에서 설명하시오.

06 일반은행과 특수은행의 자금조달구조에서 주요한 차이점은 무엇인가?

07 대손충당금의 의미를 설명하시오.

08 부외거래업무(off balance sheet activities)의 의미는 무엇인가? 어떤 업무가 부외거래업무에 포함되는가?

09 다음 용어를 설명하시오.

- 잔여청구권(residual claim)
- 방카슈랑스
- 지급준비금(reserves)과 제2선 지급준비금(secondary reserves)
- NIM(net interest margin)
- 자본잉여금과 이익잉여금

10 상호저축은행과 일반은행의 업무상 차이점은 무엇인가?

11 2010년대 초 대규모의 저축은행들이 구조조정 및 퇴출된 원인을 설명하시오.

12 신용협동기구의 종류와 차이점을 설명하시오.

13 우체국예금의 특징을 설명하시오.

14 종합금융회사의 업무상 특징은 무엇인가? 종합금융회사가 1997년 금융위기를 거치면서 변화한 과정을 설명하시오.

Chapter 06

금융기관의 업무와 재무제표 : 금융투자회사, 보험회사 및 기타 금융기관

1. 금융투자회사의 업무와 재무제표

금융투자업자는 직접금융시장에서 증권, 파생상품 등의 금융투자상품관련 거래를 주된 업무로 하는 금융기관을 말한다. 금융투자업자에는 투자매매중개업자(증권회사 및 선물회사), 집합투자업자, 투자일임자문업자, 그리고 신탁업자가 포함된다. 2009년 2월 증권관련 법률을 통합·정비한 '자본시장법'에 따라 금융투자업자는 투자매매중개업, 집합투자업, 투자일임자문업, 그리고 신탁업에 대해 복수업무를 선택하여 겸업할 수 있다. 복수업무를 겸업하기위해 취급하려는 인가업무가 늘어나면 그에 해당하는 자기자본 금액을 추가로 보유하도록 함으로써 금융투자업자의 대형화, 겸업화, 전문화 및 진입완화 규제를 유도하고 있다. 본 절에서는 금융투자업자에 포함된 각 기관별 구체적 업무와 재무상태표를 살펴본다.[15]

15) 주요 업무내용은 한국은행(2018)을 주로 참고함.

1.1 투자매매중개업자

(1) 증권회사의 업무

증권회사는 직접금융시장에서 기업이 발행한 증권을 매개로 하여 투자자의 자금을 기업에게 이전시켜 주는 기능을 수행한다. 기업과 투자자를 직접 연결시킨다는 점에서 저축자의 예금을 받아 기업에 대출하는 은행과는 업무 성격이 다르다.

증권회사는 주요 취급업무로 증권과 관련된 위탁매매, 인수, 그리고 자기매매 등을 영위하며 이외에도 펀드 및 신종증권 판매, CMA 등 자산관리 서비스, 신용공여 서비스를 제공하고 있다. 이러한 전통적 업무이외에 증권회사는 M&A(기업인수합병) 자문을 비롯하여 고부가가치업무로 업무범위를 확대시키고 있다.

증권회사의 증권관련 업무는 크게 발행시장업무와 유통시장업무로 구분할 수 있다. 유통시장업무는 위탁매매, 자기매매업무 등을 포함하며 발행시장업무는 인수·주선업무 등을 포함한다.

위탁매매업무(brokerage)는 증권 및 파생상품 등 금융투자상품에 대한 투자중개업무로서 고객의 매매주문을 받아 증권회사의 명의와 고객의 계산으로 매매를 행하는 업무이다. 매매거래에 따른 손익은 위탁자인 고객에게 귀속되며 증권회사는 고객으로부터 일정한 위탁수수료를 받는다.

자기매매업무(dealing)는 투자매매업무로서 자기명의와 자기계산으로 인적·물적 시설을 갖추고 지속적·반복적으로 금융투자상품을 매매하는 업무를 말한다. 증권회사는 자기매매업무를 통해 증권시장 또는 장외거래에서 일시적인 수급불균형을 조정하는 한편 금융투자상품 가격의 연속성을 확보함으로써 시장조성자(market maker)로서의 역할을 수행한다. 한편 자기매매업무는 증권회사 자사의 자기자본으로 증권을 매매하는 자기자본거래(proprietary trading) 혹은 프롭 트레이딩으로 불리기도 한다. 이러한 프롭 트레이딩은 주로 단기적으로 운용되므로 위험관리가 중요시된다.

인수업무(underwriting)는 투자매매업무로서 증권회사가 신규 발행된 증권을 매출할 목적으로 취득하는 업무를 말하며 발행형태로는 모집, 사모, 매출의 세 가지가 있다. 즉, 증권회사는 인수업무를 통해 새로 발행되는 주식과 채권을 일정한 가격에 매수한 후 일반투자자에게 판매하여 차익을 남긴다. 모집(primary offering)이란 50인 이상의 투자자에게 새로 발행되는 증권에 대하여 취득의 청약을 권유하는 것을 말한다. 반면, 사모(private placement)란 49인 이하의 투자자를 대상으로 취득의 청약을 권한다는 점에서, 매출(secondary offering)은 이미 발행된 증권을 대상으로 매도청약을 하거나 매수청약을 권유한다는 점에 각각 구분된다.[16)]

한편 주선업무는 증권회사가 제3자의 위탁에 의해 모집·매출을 주선하는 업무를 말한다. 즉 모집의 주선업무(best-effort)는 증권회사가 모집을 책임지고 수행하는 것이 아니라 제3자(발행회사)의 위탁에 의해 대신해서 일반투자자에게 모집할 증권의 매수청약을 권유하는 것이다. 모집과 모집주선의 큰 차이는 모집의 주선업무는 증권회사가 발행위험을 부담하지 않는 데 있다.

펀드판매 및 자산관리업무도 증권회사의 주요 업무이다. 펀드판매업무는 증권회사가 투자중개업자로서 펀드에서 발행하는 수익증권 등을 투자자에게 판매하는 업무이다.

자산관리업무는 투자자문 및 투자일임업자로서 투자자에게 랩어카운트 및 CMA 서비스 등을 제공하는 업무이다. 랩어카운트는 증권회사가 고객의 증권거래, 고객에 대한 자문 등의 서비스를 통합해 제공하고 그 대가로 수수료를 징수하는 업무이다. CMA 업무는 고객과 사전 약정에 따라 예치자금이 MMF, RP 등 특정 단기금융상품에 투자되도록 설계한 CMA 계좌를 고객예탁금 계좌와 연계해 수시입출, 급여이체, 신용카드 결제대금 납부 등의 부가서비스를 제공하는 업무이다.

증권회사는 또한 신용공여업무를 영위한다. 신용공여업무는 증권회사가 증

16) 매출은 주로 대주주가 보유한 주식을 분산시키거나 대량 주식거래 시에 이루어진다.

권거래와 관련하여 고객에게 금전을 융자하거나 유가증권을 대여하는 업무이다. 현재 증권회사가 취급할 수 있는 신용공여업무에는 고객의 증권매수에 대해서는 융자를 해주고 매도에 대해서는 대주(貸株)를 해주는 신용거래업무, 예탁된 증권을 담보로 하는 대출업무 등이 있다.

그리고 증권회사는 M&A(기업인수합병)자문과 프로젝트파이낸싱 등의 고부가가치 투자은행업무로 업무범위를 확대시키고 있다. M&A(기업인수합병)자문업무란 기업 간 인수합병 계약에 있어서 증권회사가 주도적으로 협상을 이끌어 계약을 성사시키고 수수료수익을 창출하는 업무이다. M&A에 있어서 피인수합병기업에 대한 가치평가가 중요하므로 증권회사는 회사의 가치를 평가하여 M&A협상을 주도하며 인수합병 입찰을 준비하게 된다. 또한 피인수합병기업을 매수하려는 기업은 자금이 필요하므로 그 기업이 대출을 받거나 증권(주식, 채권)을 발행하는 자금조달업무를 주선한다. M&A자문업무는 증권회사의 자본을 투입하는 것이 아니므로 고부가가치업무라고 할 수 있다.

정부는 M&A, 금융자문 등 종합적인 기업금융 서비스를 제공하는 금융기관인 초대형 투자은행(IB; Investment Bank)을 육성하기 위해 2013년 종합금융투자사업자 제도를 도입하였다. 그러나 증권사의 주 업무영역은 여전히 중개업에 머물러 있어 2017년 5월 '자본시장법'을 개정하여 종합금융투자사업자의 대형화를 유도하고 기업금융 등 고부가가치 사업역량을 강화하기 위한 정책을 추진하고 있다.[17]

(2) 증권회사의 재무제표

증권회사의 재무상태표를 통해 자금조달과 자금운용 현황과 구조를 살펴보

17) 2022년 6월말 현재 국내 9개 증권사가 종합금융투자사업자로 지정되어 있다. 종합금융투자사업자는 기업에 대한 신용공여를 자본금의 100% 한도 내에서 제공하도록 허용되며, '헤지펀드(전문투자형 사모펀드)'에 대해 펀드재산 보관·관리, 신용공여, 증권대여·중개 등의 전담중개업무(PBS; prime brokerage service)를 영위할 수 있다. 한편, 2019년 사모펀드들의 환매중단사태를 계기로 2021년부터 PBS업무에 사모펀드 운용감시의무가 부여되었다.

고자 한다. 〈표 6-1〉에서 자금조달 내역을 살펴보면, 2021년말 현재 차입부채가 증권회사 전체자산(자금조달액)의 60.7%를 차지하며 가장 큰 비중을 차지하고 있다. 차입부채 중에서 환매조건부매도 및 매도파생결합증권이 전체자산대비 각각 25.2%, 14.3%로 가장 높은 비중을 보인다. 다음으로 투자자예수금이 15%를 차지하고 있다. 〈표 6-1〉에서 2019년 말과 비교하면 차입부채의 비중이 상당부분 감소하고 예수부채의 비중이 크게 증가하였다.

표 6-1 증권회사의 재무상태표(2019년말~2021년 말)

(단위 : 백만 원, %)

구분	2019년		2020년		2021년	
	금액	구성비	금액	구성비	금액	구성비
[현금 및 예치금]	67,993,556	14.3	104,357,178	17.4	120,707,257	19.8
[증권]	316,479,579	66.4	349,753,508	58.4	361,819,805	59.2
[파생상품자산]	10,104,342	2.1	13,325,762	2.2	10,084,411	1.7
[대출채권]	48,892,304	10.3	60,566,363	10.1	66,129,803	10.8
콜론	0	0.0	0	0.0	0	0.0
신용공여금	26,812,815	5.6	36,915,910	6.2	42,638,192	7.0
환매조건부매수	4,168,851	0.9	6,353,418	1.1	6,133,218	1.0
대출금	15,366,882	3.2	14,649,649	2.4	14,813,668	2.4
사모사채	1,243,381	0.3	1,743,277	0.3	1,989,918	0.3
[유형자산]	2,308,048	0.5	2,341,584	0.4	2,569,344	0.4
감가상각누계액(-)	2,207,688	0.5	2,374,276	0.4	2,519,936	0.4
[CMA운용자산(종금계정)]	1,998	0.0	0	0.0	0	0.0
[리스자산(종금계정)]	2,855	0.0	135	0.0	88	0.0
[기타자산]	30,498,461	6.4	68,718,934	11.5	49,387,349	8.1
미수금	21,603,487	4.5	59,157,961	9.9	39,161,378	6.4
자산총계	476,281,146	100.0	599,063,470	100.0	610,698,065	100.0
[예수부채]	44,179,612	9.3	90,540,800	15.1	97,592,642	16.0
투자자예수금	39,800,956	8.4	85,761,390	14.3	91,735,162	15.0
[차입부채]	327,919,838	68.9	354,445,298	59.2	370,899,846	60.7
콜머니	3,755,200	0.8	4,480,600	0.7	4,458,400	0.7

구분	2019년		2020년		2021년	
	금액	구성비	금액	구성비	금액	구성비
차입금	26,888,796	5.6	38,373,640	6.4	45,246,038	7.4
환매조건부매도	121,652,421	25.5	150,621,827	25.1	153,624,071	25.2
매도증권	24,234,725	5.1	22,692,690	3.8	27,138,639	4.4
매도파생결합증권	113,081,320	23.7	93,780,487	15.7	87,113,335	14.3
사채	20,092,959	4.2	22,138,912	3.7	29,954,653	4.9
[파생상품부채]	10,308,816	2.2	15,206,554	2.5	12,698,986	2.1
[기타부채]	34,637,272	7.3	73,685,406	12.3	54,898,125	9.0
미지급금	20,689,709	4.3	56,952,884	9.5	34,783,236	5.7
부채총계	417,052,191	87.6	533,884,705	89.1	536,096,242	87.8
자본총계	59,228,950	12.4	65,178,766	10.9	74,601,826	12.2
부채 및 자본총계	476,281,146	100.0	599,063,470	100.0	610,698,065	100.0

자료 : 금융감독원, 「금융통계정보시스템」.

자산운용 구조를 살펴보면, 〈표 6-1〉에서 2021년 말 현재 증권이 자산대비 59%로 가장 높은 점유율을 보이고 있다. 다음으로 현금 및 예치금비중이 19.8%로 높은 것으로 나타났다. 2019년 말과 비교하면 증권의 비중이 상당부분 감소하고 현금 및 예치금의 비중이 증가하였다.

이러한 증권회사의 자금조달과 운영 구조는 예금과 대출의 비중이 상대적으로 높은 은행 및 비은행예금취급기관과는 상당히 다른 모습이다. 그 이유는 증권회사는 직접금융시장에서의 중개기능을 핵심적인 고유업무로 영위하고 있기 때문이다.

다음으로 증권회사의 손익구조를 살펴보고자 한다. 〈표 6-2〉는 2019년-2021년 기간 중 증권회사의 손익계산서를 보여준다. 증권회사의 수익구조를 살펴보면, 2021년 중 파생상품 관련 이익이 전체 영업수익에서 51.1%로 가장 높은 비중을 차지하며 다음으로 증권평가·처분이익 및 수수료 수익이 각각 16.2%, 12.6%의 비중을 나타내며 이자수익은 7.4%의 비중을 보여준다. 수수료 수익 내역을 보면 위탁매매 등에 따른 수탁수수료의 비중이 47.5%로 가장 높고 채무보증 수수료(14.3%), 매수·합병수수료(9.5%) 이며 인수·주선수수료(7.7%)는 상대적으로 낮은 비중을 보였다.

| 표 6-2 | 증권회사의 손익계산서(2019년 말~2021년 말)

(단위 : 백만 원)

구분	2019년		2020년		2021년	
	금액	구성비	금액	구성비	금액	구성비
[영업수익]	95,411,905	100.0	129,814,028	100.0	122,299,124	100.0
수수료수익	8,687,677	9.1	12,697,812	9.8	15,436,586	12.6
증권평가 및 처분이익	15,357,095	16.1	24,425,124	18.8	19,840,507	16.2
파생상품 관련 이익	52,202,660	54.7	66,655,007	51.3	62,468,035	51.1
이자수익	8,906,195	9.3	8,617,597	6.6	9,013,254	7.4
대출채권 관련 이익	71,346	0.1	91,344	0.1	95,203	0.1
외환거래이익	5,904,724	6.2	12,501,596	9.6	9,626,080	7.9
기타 영업수익	4,201,463	4.4	4,748,749	3.7	5,603,364	4.6
[영업비용]	89,295,569	100.0	121,437,419	100.0	110,032,593	100.0
수수료비용	1,252,099	1.4	1,497,001	1.2	2,080,330	1.9
증권평가 및 처분손실	23,617,052	26.4	25,255,613	20.8	21,598,311	19.6
파생상품 관련 손실	44,402,034	49.7	66,177,341	54.5	60,006,758	54.5
이자비용	4,208,180	4.7	3,238,219	2.7	3,032,349	2.8
대출채권 관련 손실	100,711	0.1	399,873	0.3	195,122	0.2
외환거래손실	5,658,870	6.3	12,590,695	10.4	9,460,980	8.6
판매비와관리비	8,521,160	9.5	9,759,108	8.0	11,600,826	10.5
기타 영업비용	1,518,723	1.7	2,503,944	2.1	2,056,268	1.9
[영업이익(손실)]	6,116,340		8,376,606		12,266,531	
[영업외손익]	46,274		-787,438		-697,327	
[법인세비용차감전계속사업손익]	6,162,618		7,589,166		11,569,201	
[당기순이익(손실)]	4,608,095		5,551,709		8,449,720	
(대손준비금적립후 당기순이익)	4,509,839		5,445,145		8,275,007	
[기타포괄손익]	109,059		582,722		889,722	
[총포괄이익(손실)]	4,717,151		6,134,430		9,339,440	

자료 : 금융감독원, 「금융통계정보시스템」.

〈표 6-2〉에서 계정별로 수익에서 비용을 차감한 부문별 손익내역을 살펴보면 2021년 말 현재 수수료부문 이익규모가 133,562억 원으로 가장 큰 이익을 창출하였으며 이어서 이자부문이 59,809억 원의 이익을 보였으며 증권평가·처분부문은 -17,578억 원의 손실을 나타내었다.

(2) 선물회사

선물회사는 선물거래 및 해외선물거래에 대한 위탁매매 등 장내파생상품에 대한 투자매매업무와 장내·외파생상품에 대한 투자중개업무를 영위한다. '자본시장법'에서는 파생상품을 선도, 옵션, 스왑 중 어느 하나에 해당하는 투자성 있는 것으로 정의하고, 파생상품시장(거래소)에서 거래되는 것 또는 해외파생상품시장(거래소)에서 거래되는 것을 장내파생상품으로 규정하고 있다.

선물회사의 주요 업무는 선물거래의 자기거래, 위탁거래, 위탁의 중개·주선·대리 등이 있다. 선물회사는 위탁자로부터 선물거래의 위탁을 받는 경우 수량·가격 및 매매의 시기에 한하여 그 결정을 일임 받아 선물거래를 할 수 있다. 또한 선물회사는 선물거래 등과 관련한 고객예탁금을 자기재산과 구분하여 증권금융회사에 예치하여야 하며, 채무불이행이나 임직원의 위법·위규 등에 의하여 위탁자가 입은 손실을 보전하기 위하여 책임준비금을 적립하여야 한다.

현재 취급하고 있는 주요 선물상품으로는 KOSPI200 선물 및 옵션을 포함한 주식상품, 금리상품(3년 국채선물), 통화상품(달러선물, 엔선물), 금 및 돈육선물과 같은 일반상품이 있다. 해외상품으로는 Dow Jones, S&P500, T-Note, T-Bond, FX Margin Trading, Euro FX 등이 있다.

2008년도에 14개의 선물회사가 영업하였으나 2009년 '자본시장법' 시행 이후 일부 선물회사가 증권회사와 합병, 증권회사로 전환, 영업폐지 등으로 감소함에 따라 2021년 말 현재 4개의 전업 선물회사가 영업 중이며 자산규모는 약 4.9조원이다.[18] 한편, 다수의 증권회사가 파생상품에 대한 투자매매·중개업 인가를 받아 겸업하고 있다. 증권회사는 '투자매매·중개업자 Ⅰ', 선물회사는 '투자매매·중개업자 Ⅱ'로 구분하기도 한다.

1.2 집합투자업자

집합투자업자는 '자본시장법'에 따른 집합투자를 수행하는 금융기관으로서 그 이전의 자산운용회사에 해당된다. 집합투자업자는 투자신탁, 투자회사 등의 방식으로 설정·설립되는 집합투자기구(펀드)의 재산을 운용하는 것을 주된 업무로 한다.

집합투자기구의 설립형태는 투자신탁과 투자회사 방식으로 구분된다. 집합투자기구는 설립 형태에 따라 계약형(contractual type)과 회사형(corporate type)으로 나눌 수 있다. 우리나라의 집합투자기구 가운데 투자신탁은 계약형 집합투자기구이며 투자회사, 투자유한회사, 투자합자회사 등은 회사형 집합투자기구이다. 계약형은 신탁계약에 의거 발행하는 수익증권을 투자자가 취득하는 형태의 신탁제도로서 일본과 유럽 국가들이 주로 채택하고 있다.[19] 회사형은 투자전문가가 투자전문회사를 설립하고 이 회사의 주식(또는 지분증권)을 투자자가 매입하는 형태로 미국의 뮤추얼펀드에서 발전된 제도이다. 투자회사가 대표적인 회사형 집합투자기구이다.

투자신탁은 수익증권을 발행하고 이를 통해 다수의 투자자로부터 자금을 모아 증권 등의 자산에 투자하여 그 수익을 투자자에게 분배하는 방식이며 국내 집합투자기구 95%이상의 대부분이 투자신탁 방식으로 이루어지고 있다.

투자신탁의 조직은 위탁회사(투자신탁재산 운용)·수탁회사(신탁재산 보관)·판매회사(수익증권 판매)로 구성된다. 집합투자업자는 이 가운데 위탁회사의 역할을 담당한다. 수탁회사는 신탁회사이며 판매회사는 은행, 증권회사 등이다. 수탁회사는 위탁회사의 지시에 따라 유가증권 및 실물자산에 투자·운용

18) 금융감독원, 「금융통계정보시스템」.

19) 수익증권은 고객이 집합투자기구(펀드)상품에 가입하여 발생하는 수익을 배분받을 수 있는 권리를 표시하는 증권을 말하며 집합투자기구(펀드)상품을 총칭한다고 볼 수 있다.

하고 동 자산의 구입대금 지급, 매각에 따른 자산인도, 이자 및 배당 수령, 수익증권 환매대금 및 이익금의 지급, 집합투자업자 감시 등 관련 사무를 처리한다. 즉, 고객이 펀드상품에 가입함으로써 저축한 자금은 자산운용회사와 신탁업자간 신탁계약에 따라 신탁업자가 보관·관리 및 감시하며 자산운용회사는 투자·운용 지시를 한다.([그림 6-1] 참고)

투자회사는 증권 등의 자산으로 운용하고 그 수익을 주주에게 배분하는 방식이다. 투자회사는 '상법' 상의 주식회사이나 본점 이외의 영업점을 설치하거나 직원의 고용 또는 상근 임원을 둘 수 없는 서류상의 회사이다. 투자회사는 자산의 운용, 보관, 모집·판매, 기타 일반사무를 각각 별도의 자산운용회사, 자산보관회사, 판매회사, 일반사무관리회사에 위탁하여야 한다. 투자회사의 위탁을 받아 자산을 운용하는 자산운용회사는 서류상 회사인 투자회사의 설립 및 주식 모집을 실질적으로 주관한다.

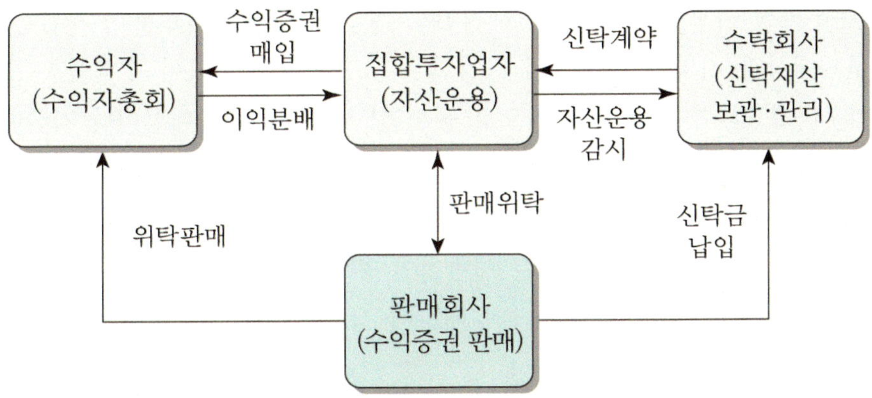

자료 : 한국은행(2021)

| 그림 6-1 | 집합투자기구(투자신탁)의 운영구조

집합투자기구를 투자대상별로 보면 증권, 부동산, 특별자산, 단기금융(MMF), 혼합자산 등 5종류로 구분하고 집합투자업자가 집합투자기구의 재산으로 운용할 수 있는 자산은 재산적 가치가 있는 모든 재산을 대상으로 하고 그 편입비율에 대한 제한만 두고 있다.[20] 다만 단기금융집합투자기구(MMF)의 경우 콜론, CP, CD 등 단기금융상품(증권)에만 투자할 수 있다.

〈표 6-3〉은 2018년 말~2021년 말 기간 중 집합투자기구 투자대상별 수탁고 현황을 보여준다. 2021년 말 현재 증권집합투자기구가 309.9조원으로 전체 설정잔액의 39.4%, 단기금융집합투자기구(MMF)가 135.5조원으로 17.2%를 차지하고 있다. 증권집합투자기구 내에서는 2021년 말 현재 채권형이 전체 설정잔액의 16.6%로 가장 높은 비중을 차지하고 있다.

사모집합투자기구(사모펀드)란 투자자 총수가 49인 이하의 사모로만 집합투자증권을 발행하는 집합투자기구로서 '전문투자형 사모집합투자기구(헤지펀드; Hedge Funds)'와 '경영참여형 사모집합투자기구(PEF; Private Equity Funds)'로 구분할 수 있다.

전문투자형 사모집합투자기구(헤지펀드)는 소수의 투자자로부터 자금을 모아 투자대상과 지역에 관계없이 다양한 투자전략을 사용하여 수익을 추구하는 기구라고 할 수 있다. 일반적으로 공모펀드에 비해 투자대상이나 자산운용에 대한 제한이 없어 운용전략의 유연성이 높고, 운용보수(수수료)외에 성과보수를 부과할 수 있으며 차입·공매도가 가능하고 환매제한이 있을 수 있는 등의 특성이 있다. 즉 헤지펀드는 일반적인 공모펀드에 비해 운영 수수료율이 높으며 자산운영상 규제를 덜 받기 때문에 상대적으로 위험한 투자를 할 수 있다.

---

20) 채권형은 자산총액의 60% 이상 채권에 투자하고, 주식형은 자산총액의 60% 이상 주식에 투자한다. 혼합주식형은 자산총액 중 주식에 투자할 수 있는 최고편입한도가 50% 이상이며 혼합채권형은 자산총액 중 주식에 투자할 수 있는 최고편입한도가 50% 미만이다. 투자계약증권은 자산총액의 60% 이상을 투자계약증권에 투자하고, 재간접형은 자산총액의 40% 이상을 집합투자증권에 투자한다.

|표 6-3| 집합투자기구 투자대상별 설정잔액(2018년 말~2021년 말)

(단위 : 일억 원, %)

구분	2018		2019		2020		2021	
	금액	구성비	금액	구성비	금액	구성비	금액	구성비
증권합계	2,414,246	43.8	2,636,833	40.6	2,625,590	38.0	3,099,357	39.4
주식형	851,830	15.5	877,092	13.5	776,980	11.2	959,451	12.2
혼합형주식	101,325	1.8	95,844	1.5	85,513	1.2	96,604	1.2
혼합형채권	179,528	3.3	157,123	2.4	148,234	2.1	216,247	2.8
채권형	1,017,606	18.5	1,174,509	18.1	1,171,001	16.9	1,300,912	16.6
투자계약	76	0.0	96	0.0	80	0.0	64	0.0
재간접	263,881	4.8	332,169	5.1	443,782	6.4	526,079	6.7
단기금융(MMF)	896,261	16.3	1,048,606	16.1	1,258,998	18.2	1,355,148	17.2
파생형	496,133	9.0	508,093	7.8	482,588	7.0	499,995	6.4
부동산	755,464	13.7	983,380	15.1	1,114,605	16.1	1,249,434	15.9
실물		0.0		0.0		0.0		0.0
특별자산	711,025	12.9	931,824	14.3	1,072,601	15.5	1,181,157	15.0
혼합자산	236,850	4.3	387,555	6.0	363,683	5.3	471,781	6.0
합계	5,509,979	100.0	6,496,290	100.0	6,918,064	100.0	7,856,872	100.0

주 : 집합투자기구 설정원본 기준.
자료 : 금융투자협회

경영참여형 사모집합투자기구는 회사의 재산을 지분증권에 투자하여 경영권 참여, 사업구조·지배구조의 개선 등의 방법으로 투자한 기업의 가치를 높여 그 수익을 사원에게 배분함을 목적으로 설립된 합자회사를 말한다. 경영참여형 사모집합투자기구는 금융회사 및 일반 기업의 M&A 등 구조조정에 적극 활용될 수 있다.

1.3 투자자문·투자일임회사

투자자문업무는 금융투자대상자산의 가치 또는 투자판단에 관한 자문을 하는 업무이다. 투자일임업무는 고객으로부터 금융투자상품 가치 등의 분석에 기초한 투자 판단의 전부 또는 일부를 위임받아 고객을 위하여 투자를 행하는 업무이다.

투자자문업 또는 투자일임업을 영위하는 금융기관으로는 투자자문회사가 있다. 1999년 4월 '증권거래법' 개정을 통해 투자일임업이 허가제에서 등록제로 완화된 이후 투자자문수요가 확대되고, '자본시장법' 시행에 따른 등록요건 완화 등에 의해 전업 투자자문회사의 수는 2000년 말 32개에서 큰 폭으로 증가해 2021년 말 현재 294개 전업 투자자문회사가 등록·영업 중이다.

1.4 신탁업자

신탁업자로는 은행, 증권회사, 보험회사 등에 의한 신탁겸업사와 부동산신탁회사가 있다. 겸업사의 경우 부동산신탁업무의 범위 등에서 다소 차이가 있는 점을 제외하고는 대부분 동일하다. 우리나라의 신탁업자는 부동산신탁회사를 제외하고 은행, 증권회사, 보험회사의 신탁계정을 의미한다. 신탁겸업사의 경우 신탁자산은 자기자산과는 별도의 신탁계정으로 분리하여 운용해야 한다. 즉, 신탁겸업 은행의 경우 은행계정과 신탁계정이 엄격히 분리되어 운용된다.

신탁업자는 금전 또는 재산을 신탁 받아 이를 유가증권, 대출금 등으로 운용하여 그 수익을 분배하는 업무를 주로 영위한다. 신탁업자는 '자본시장법', '신탁법' 및 '담보부사채 신탁법'에 따라 신탁의 인수, 신탁재산의 관리·운용·처분 등에 관한 업무 및 이에 부수하는 업무를 수행한다.

신탁(trust)이란 위탁자와 수탁자(신탁회사)와의 특별한 신임관계에 기초하여 위탁자가 특정 재산권을 수탁자에게 이전하거나 기타 처분을 하고 수탁자로 하여금 수익자(위탁자 자신 혹은 제3자)의 이익을 위하여 그 재산권을 관리·처분하게 하는 법률관계를 말한다. 신탁업무는 법률상으로 차이는 있으나 고객의 자산을 운용하여 수익을 배분한다는 면에서 실질적으로 집합투자회사(자산운용회사)의 업무와 유사하다.

수탁업무는 인수재산에 따라 크게 금전신탁과 재산신탁으로 구분된다. 신탁업자가 신탁계약에 따라 인수할 수 있는 재산은 금전, 증권, 금전채권, 동산, 부동산, 지상권·전세권·부동산임차권·부동산소유권 이전등기청구권 및 그 밖의 부동산 관련 권리, 지적재산권 등 무체재산권으로 제한되어 있다. 이외에도 투자신탁, 담보부사채신탁, 공익신탁 등의 수탁업무도 영위한다.

금전신탁은 위탁자가 위탁금전의 운용방법을 지정하는지의 여부에 따라 특정금전신탁과 불특정금전신탁으로 구분한다. 불특정금전신탁의 경우 펀드(집합투자기구)상품과 매우 유사하므로 2004년 1월 이후 '간접투자자산운용업법' 시행으로 신규수신이 대부분 금지되었으며, 현재는 연금신탁만 신규수신이 가능하다.

재산신탁은 신탁 인수 시 신탁재산으로 유가증권·금전채권·부동산 등을 수탁하여 신탁계약 내용에 따라 관리·처분·운용한 후 신탁 종료 시에 금전 또는 신탁재산의 운용현상 그대로 수익자에게 교부하는 신탁을 말한다.

투자신탁은 위탁자인 집합투자업자가 수탁자인 신탁겸업사와 투자신탁계약을 체결하여 수익증권의 발행으로 조성된 자금을 유가증권 및 부동산 등 실물자산에 투자·운용하도록 수탁회사에 지시하고 그 수익을 수익자에게 배분하는 제도이다.

신탁업자의 운용업무관련 규제를 살펴보면, '자본시장법'은 신탁재산에 속하는 금전의 운용방법을 증권, 장내외 파생상품 등 금융투자상품의 매수, 금융기관에의 예치, 금전채권의 매수, 대출, 어음의 매수, 실물자산의 매수, 무체재산권의 매수, 부동산의 매수 또는 개발, 그 밖에 신탁재산의 안전성·수익성 등을 고려하여 대통령령으로 정하는 방법 등으로 제한하고 있다. 또한 신탁운용자산의 처분은 이익상충 방지를 위해 시장을 통하여 매매함을 원칙으로 하며 특정 신탁상품의 수익률을 제고할 목적으로 운용자산을 편출하거나 편입할 수 없다.

〈표 6-4〉에서 국내은행 신탁계정의 자금조달내역을 보면 2021년 말 기준 금전신탁이 58.7%를 차지하고 재산신탁이 40%를 차지하고 있다. 신탁계정의

| 표 6-4 | 국내은행 신탁계정 재무상태표(2019년 말~2021년 말)

(단위 : 백만 원, %)

구분	2019년		2020년		2021년	
	금액	구성비	금액	구성비	금액	구성비
Ⅰ. 자산총계	481,836,097	100.0	494,683,342	100.0	501,729,558	100.0
1. 현금및예치금	110,509,377	22.9	126,318,427	25.5	145,485,696	29.0
2. 증권	99,766,816	20.7	89,417,651	18.1	99,236,119	19.8
3. 금전채권	199,248,862	41.4	206,764,385	41.8	185,812,602	37.0
4. 파생상품	0	0.0	0	0.0	0	0.0
5. 동산·부동산	50,443,111	10.5	51,463,354	10.4	54,552,019	10.9
6. 실물자산	27,034	0.0	29,277	0.0	46,512	0.0
7. 기타운용 자산	600	0.0	600	0.0	600	0.0
8. 기타자산	21,562,172	4.5	20,253,797	4.1	16,359,223	3.3
9. 현재가치차금	0	0.0	0	0.0	0	0.0
10. 채권평가충당금(-)	16,095	0.0	9,773	0.0	8,716	0.0
11. 손익	294,215	0.1	445,623	0.1	245,503	0.0
Ⅱ. 부채총계	481,836,097	100.0	494,683,342	100.0	501,729,558	100.0
1. 금전신탁	257,988,327	53.5	271,907,233	55.0	294,569,029	58.7
2. 재산신탁	218,204,939	45.3	215,957,881	43.7	200,546,902	40.0
3. 종합재산신탁	99,008	0.0	231,411	0.0	231,411	0.0
4. 공익신탁	6,254	0.0	6,054	0.0	6,541	0.0
5. 담보부사채신탁	0	0.0	0	0.0	50,000	0.0
6. 기타신탁	0	0.0	0	0.0	0	0.0
7. 차입금	0	0.0	0	0.0	0	0.0
8. 차입유가증권	0	0.0	0	0.0	0	0.0
9. 파생상품	0	0.0	0	0.0	0	0.0
10. 기타부채	4,760,986	1.0	5,639,826	1.1	5,577,127	1.1
11.특별유보금	482,367	0.1	495,313	0.1	503,051	0.1
12.손익	294,215	0.1	445,623	0.1	245,503	0.0

주 : 일반은행(외은지점 제외) 및 특수은행의 신탁계정 기준.
자료 : 금융감독원, 「금융통계정보시스템」.

자산운용내역을 보면 2021년 말 기준 추심중인 금전채권이 37%로 큰 비중을 차지하고 현금·예치금 및 증권이 각각 29% 및 19.8%를 차지하고 있다. 이는 〈표 6-5〉에서 나타난 바와 같이 수탁고에서 금전채권형태의 재산신탁 비중이 높다는 점을 보여준다. 〈표 6-5〉에서 신탁업자별 시장점유율에서는 2021년 현재 은행과 증권회사가 각각 42.5% 및 26.6%를 차지하고 있다. 부동산신탁업자는 29.4%를 차지하며 증권회사보다 높은 시장점유율을 나타내고 있다.

| 표 6-5 | 신탁업자별 수탁고 내역(2021년 말)

(단위 : 일억 원)

구분	금전신탁			재산신탁				종합재산신탁	합계
	특정금전신탁	불특정금전신탁	금전신탁 계	부동산신탁	증권신탁	금전채권신탁	재산신탁 계		
은행	2,785,355	160,260	2,945,615	543,368	22,909	1,439,088	2,005,469	2,314	4,953,964
증권	2,754,008	705	2,754,713	29,234	12,355	295,561	337,306	3,356	3,095,375
보험	143,967	-	143,967	29,591	260	2,824	32,675	-	176,642
부동산전업신탁사	-	-	-	3,423,636	-	-	3,423,636	-	3,423,636
합계	5,683,330	160,965	5,844,295	4,025,828	35,524	1,737,473	5,799,086	5,670	11,649,617

자료 : 금융투자협회

2. 보험회사의 업무와 재무제표

보험회사는 사망·질병·노후 또는 화재나 각종 사고에 따른 손실의 보상 즉 보험금(insurance benefit)을 약속하고 보험료(insurance premium)를 수수하는 금융중개기관이다. 보험회사는 개개인에게 미래에 발생할 수 있는 사망·질병·노후·사고 등의 불확실성 위험을 다수의 보험가입자에게 분산시키는 기능을 수행한다. 그리고 보험회사는 보험 계약자로부터 수수한 보험료를 모아서 주식, 채권, 대출, 부동산 등의 자산으로 투자하는 금융중개 기능을 수행한다. 보험계약의 특성상 생명보험회사는 손해보험회사에 비해 장기적으로 자산운용을 한다.

보험회사는 생명보험회사, 손해보험회사, 우체국보험, 공제기관 등으로 구분된다. 손해보험회사에는 일반적인 손해보험회사 이외에 재보험회사와 보증보험회사가 있다. 우체국보험은 일반 민영보험과 달리 정부가 취급하는 국영보험이다. 공제기관은 원래 공통적 유대를 가진 특정 회원을 상대로 상호부조 차원에서 다수의 조합원이 일정금액을 갹출하여 보험과 저축기능을 수행하는 데서 출발하였으나, 점차 업무범위를 넓혀 일반인을 대상으로 한 공제업무도 취급하게 되었다. 일반인을 대상으로 공제업무를 영위하고 있는 기관은 수산업협동조합공제, 신용협동조합공제 및 새마을금고공제 등 총3개 기관이 있다. 본 절에서는 보험회사 유형별 구체적 업무와 재무상태표를 살펴본다.[21)]

2.1 생명보험회사

생명보험회사는 사망, 질병, 노후 등에 대비한 보험의 인수·운영을 주된 업무로 하는 금융회사이다. 생명보험은 미리 약정한 금액을 보험금으로 지급하는 정액보상인 반면 손해보험은 피보험자가 사고로 입은 손해를 보험금으로 지급하는 실손보상이라는 데에 차이가 있다.

보험료는 보험사고가 발생할 확률을 감안하여 산출된다. 다수의 계약자가 거래하므로 '대수의 법칙(law of large number)'을 활용하여 통계적으로 사고발생 확률을 추정하게 된다. 즉 특정 개개인에게 보험사고가 언제 얼마나 발생할지 예측하기는 어렵지만 다수의 사람들에게 그러한 보험사고가 평균적으로 발생할 확률은 통계적으로 예측가능하다. 보험계리사(actuaries)는 이러한 예측업무를 담당한다.

보험회사는 보험료 산출시 역선택(adverse selection) 문제를 줄이기 위해

21) 주요 업무내용은 한국은행(2018)을 주로 참고함.

노력한다. 보험에 적극적으로 가입하려고 하는 사람은 보험사고가 발생할 가능성이 상대적으로 높다고 볼 수 있다. 가령, 건강이 안 좋고 자주 질병이 발생하는 사람이 매우 건강한 사람에 비해 더 적극적으로 보험가입을 원할 것이다. 그러므로 보험료 산출시 보험가입자의 과거 병력 등 건강상태를 파악할 수 있는 정보를 활용한다. 건강이 안 좋거나 고령인 사람에게는 할증보험료가 부과된다. 손해보험에서도 마찬가지로 자동차보험에서 자동차 사고 경력이 여러 번 있는 경우 할증보험료가 부과된다.

보험회사는 또한 도덕적 해이(moral hazard) 문제에 직면한다. 보험계약자는 일단 보험에 가입한 이후에는 보험사고를 예방하는 데 필요한 주의, 노력을 소홀히 하는 현상이 발생한다는 것이다. 가령, 자동차보험에 가입한 사람은 자동차보험에 가입하지 않는 사람에 비해 자동차사고를 예방하려는 주의, 노력을 상대적으로 소홀히 하는 도덕적 해이가 발생한다. 보험회사는 이러한 도덕적 해이 문제를 줄이기 위해 '자기부담금(deductible)'을 설정하거나 '제한적 약관'을 활용한다. '자기부담금(deductible)'은 보험사고가 발생하더라도 손실액의 일부를 보험가입자가 부담하는 것이므로 도덕적 해이를 줄이는 데 기여하게 된다. '제한적 약관'이란 예를 들어 보험가입자가 보험사고가 발생하더라도 보험가입자의 중대한 부주의가 있는 경우 보험금을 지급하지 않는다는 조항을 약관에 추가하는 것이다.

생명보험상품은 피보험자를 기준으로 개인보험과 단체보험으로 구분되며 개인보험은 다시 보험금 지급조건에 따라 사망보험, 생존보험 및 생사혼합보험으로 세분된다.

개인보험 가운데 사망보험은 피보험자가 보험기간 중에 장해 또는 사망 시 보험금이 지급되는 전형적인 보장성보험으로서 정기보험 및 종신보험이 있다. 정기보험은 보험기간을 미리 정해놓고 피보험자가 보험기간 내에 사망하였을 때 보험금을 지급하는 보험이며 종신보험은 보험기간이 피보험자의 일생 동안에 걸쳐 있는 보험상품을 말한다.

생존보험은 피보험자가 보험기간 만기일까지 생존하는 경우에만 보험금이 지급되는 형태로서 저축성기능이 강한 보험이다. 그러나 실제로는 이와 같은 순수한 형태의 생존보험상품은 없고 피보험자가 사망시 별도의 보험금을 지급하는 보장내용을 부가하는 것이 일반적이다. 현재 동 보험의 주요상품으로는 연금보험과 교육보험이 있다.

생사혼합보험은 양로보험이라고도 부르는데 생존보험의 저축기능과 사망보험의 보장기능을 겸비한 절충형 보험이다. 즉 피보험자가 보험기간 중에 사망 또는 상해를 당할 경우 사망보험금이, 생존 시에는 생존보험금이 각각 지급된다.

개인보험과 달리 단체보험은 일정한 요건을 갖춘 단체의 구성원 일부 또는 전부를 피보험자로 하여 단체의 대표자가 가입하는 보험이다. 이 보험은 고용주가 보험기간 중 피고용자의 사망, 질병 또는 퇴직 등과 같은 예기치 않은 손해발생 위험을 보험회사에 전가하는 방법으로 널리 이용되며 단체정기보험, 단체저축보험 등이 이에 해당된다. 단체보험은 동질의 위험을 대상으로 하기 때문에 보험계약체결이 편리하며 보험료 일괄납입 등 계약관리가 편리하기 때문에 보험료가 비교적 저렴한 특징이 있다.

〈표 6-6〉에 나타난 바와 같이 생명보험회사의 보험종목별 보유계약 잔액의 구성을 보면 개인보험에서 사망보험 비중이 2021년 말 현재 74.9%로 가장 높다. 특별계정에서 운용되는 보험의 비중은 2021년 말 현재 3.2%로 작은 비중을 차지한다.

〈표 6-7〉에서 2021년 말 현재 생명보험회사의 자금조달 내역을 보면 책임준비금이 총자금 조달액의 68%로 대부분을 차지하고 있다. 책임준비금(policy reserve)은 보험사고 발생 시 혹은 보험만기 시에 지급해야할 보험금을 위해 의무적으로 적립해야하는 것으로 보험사가 보험계약자에게 지고 있는 채무를 의미한다. 책임준비금중에서 보험료적립금 및 지급준비금이 총자금 조달액의 65%, 1.6%를 각각 차지하였다.[22] 그리고 특별계정부채가 총자금 조달액에서

22) 보험료적립금은 현재 유지되는 보험계약에 대해 향후 지급할 보험금을 위해 적립하는 것이다. 지급준비금은 회계연도 말 현재 보험금 지급사유가 발생하였으나 아직 지급되지 않은 추정보험금을 의미한다.

18.9%의 비중을 차지하고 있으며 그 중에서 변액보험, 퇴직연금이 각각 11.4%, 7.5%의 비중을 보였다.

생명보험회사 및 손해보험회사는 보험업에 의거 '특별계정' 부채/자산을 '일반계정' 부채/자산과 구분하여 회계처리 한다. 고객들 간의 위험전가에 따른 이해충돌을 방지하기 위해 특수목적의 보험상품을 취급하는 경우 그 준비금에 상당하는 자산의 전부 혹은 일부를 '특별계정'으로 분리한다. '특별계정'에서 취급하는 보험상품은 연금저축, 퇴직보험, 퇴직연금, 변액보험 등이다. 이러한 보험계약은 '일반계정'의 보험계약과는 위험특성이 다르므로, 위험특성이 다른 보험계약을 분리하여 운영함으로써 보험계약자들이 선택한 위험특성이 보존되고 다른 계약자에게 위험이 전가되지 않도록 한다.

자금운용면에서는 2021년 말 현재 유가증권 투자가 전체 자산에서 60.7%로 가장 높은 비중을 보였다. 유가증권 중에서 국공채 등의 채권이 높은 비중을 차지하였다. 다음으로 특별계정자산이 18.1%, 대출이 16.4%의 비중을 보였다.

표 6-6 생명보험회사 보험종목별 보유계약 내역(2019년 말~2021년 말)

(단위 : 백만 원)

구분	2019년		2020년		2021년	
	금액	구성비	금액	구성비	금액	구성비
[일반계정]	1,830,345,112	97.5	1,818,313,104	97.0	1,896,118,061	96.8
개인	1,786,117,386	95.1	1,776,367,966	94.8	1,849,783,804	94.4
생존	298,520,531	15.9	287,506,938	15.3	291,589,134	14.9
(연금보험)	294,415,767	15.7	284,027,112	15.2	288,589,666	14.7
사망	1,387,726,245	73.9	1,396,348,951	74.5	1,467,111,939	74.9
(종신보험)	680,640,270	36.2	678,202,309	36.2	710,664,652	36.3
생사혼합	99,870,607	5.3	92,512,075	4.9	91,082,729	4.6
단체	44,227,725	2.4	41,945,138	2.2	46,334,256	2.4
[특별계정]	47,495,189	2.5	55,428,552	3.0	63,541,013	3.2
[합계]	1,877,840,302	100.0	1,873,741,654	100.0	1,959,659,072	100.0

주 : 기말 기준.

자료 : 금융감독원, 「금융통계정보시스템」.

| 표 6-7 | 생명보험회사 재무상태표(2019년 말~2021년 말)

(단위 : 백만 원, %)

구분	2019년		2020년		2021년	
	금액	구성비	금액	구성비	금액	구성비
자산총계	764,862,748	100.0	815,629,841	100.0	860,735,958	100.0
운용자산	617,396,146	80.7	649,355,245	79.6	685,230,315	79.6
현금과예치금	12,531,030	1.6	8,718,299	1.1	10,902,670	1.3
유가증권	465,907,386	60.9	495,915,387	60.8	522,381,779	60.7
매도가능증권	352,450,439	46.1	415,053,810	50.9	417,832,394	48.5
주식	33,080,145	4.3	45,556,417	5.6	44,192,778	5.1
국·공채	117,739,842	15.4	139,616,064	17.1	144,944,657	16.8
특수채	64,006,123	8.4	74,643,176	9.2	70,402,352	8.2
금융채	5,194,690	0.7	7,415,243	0.9	7,408,185	0.9
회사채	19,263,016	2.5	23,866,788	2.9	24,351,815	2.8
수익증권	40,020,069	5.2	44,960,462	5.5	49,133,974	5.7
외화유가증권	71,191,548	9.3	76,867,112	9.4	75,026,707	8.7
만기보유증권	92,531,621	12.1	55,573,544	6.8	79,267,845	9.2
국·공채	36,580,102	4.8	31,553,500	3.9	49,462,254	5.7
특수채	25,781,697	3.4	11,604,293	1.4	14,426,378	1.7
금융채	3,383,455	0.4	795,467	0.1	1,054,946	0.1
회사채	5,455,087	0.7	3,402,138	0.4	3,789,112	0.4
외화유가증권	21,311,279	2.8	8,198,147	1.0	10,515,155	1.2
대출채권	127,497,679	16.7	133,501,059	16.4	141,104,375	16.4
부동산	11,460,049	1.5	11,220,500	1.4	10,841,493	1.3
비운용자산	20,797,009	2.7	22,409,909	2.7	19,591,465	2.3
특별계정자산	126,669,594	16.6	143,864,689	17.6	155,914,174	18.1
부채총계	691,561,989	90.4	733,634,525	89.9	785,413,344	91.2
책임준비금	524,280,059	68.5	542,823,578	66.6	585,172,582	68.0
보험료적립금	501,494,417	65.6	518,629,148	63.6	559,110,460	65.0
지급준비금	11,862,654	1.6	12,686,404	1.6	13,697,121	1.6
특별계정부채	133,017,498	17.4	148,635,429	18.2	162,253,683	18.9
퇴직연금	47,718,516	6.2	55,848,441	6.8	64,332,047	7.5
변액보험	85,455,032	11.2	92,883,815	11.4	98,413,838	11.4
자본총계	73,300,762	9.6	81,995,317	10.1	75,322,612	8.8
부채및자본총계	764,862,748	100.0	815,629,841	100.0	860,735,958	100.0

주 : 국내생명보험회사(외국생명보험회사 제외) 기준.

자료 : 금융감독원, 「금융통계정보시스템」.

〈표 6-8〉에서 생명보험회사 손익발생원천별 실적내역을 살펴보면, 2019-2021년 기간 중에 영업이익은 손실을 보였으나 영업외수익 특히 변액보험 수입수수료 등 특별계정 수입수수료가 당기순이익에 기여를 한 것을 알 수 있다.

| 표 6-8 | 생명보험회사 손익발생원천별 실적(2019년 말~2021년 말)

(단위 : 백만 원)

구분	2019년		2020년		2021년	
	금액	구성비	금액	구성비	금액	구성비
보험손익	-5,103,375	-244.8	-2,062,871	-91.1	-3,958,005	-151.4
투자손익	19,941,402	956.5	19,191,882	847.4	20,536,568	785.7
책임준비금전입액	16,121,431	773.3	17,759,623	784.2	16,606,077	635.3
영업이익	-1,283,406	-61.6	-630,610	-27.8	-27,515	-1.1
영업외손익	3,924,972	188.3	3,555,982	157.0	3,311,048	126.7
당기순이익	2,084,870	100.0	2,264,824	100.0	2,613,702	100.0

자료 : 금융감독원, 「금융통계정보시스템」.

2.2 손해보험회사

손해보험회사는 화재, 자동차 및 해상사고 등에 대비한 보험의 인수·운영을 고유업무로 하는 금융기관이다. 손해보험은 각종 사고발생에 따른 재산상의 손실위험에 공동 대처하기 위한 상호보장적 성격의 사회제도로서 장기저축 기능과 상호보장 기능이 혼합된 생명보험과는 그 성격이 다르다. 손해보험회사에는 일반적인 손해보험회사 이외에 전업 재보험회사와 전업 보증보험회사가 있다.

손해보험회사가 취급하고 있는 보험종목은 부보위험의 대상에 따라 화재, 해상, 자동차, 보증, 특종, 연금, 장기저축성 및 해외원보험 등 8가지로 구분된다. 보험종목별 보험상품 내용을 보면 해상보험에는 적하보험, 선박보험, 운송보험 등이 있으며 자동차보험(개인용, 업무용, 영업용)에는 자동차종합보험과 운전자보험이 있다. 보증보험에는 신원보증, 계약이행보증, 할부판매보증 및 납세보증 등이 있으며 특종보험에는 상해보험, 도난보험, 배상책임보험 및 원자력보험 등이 포함된다. 보험기간 중 보험사고가 없더라도 만기 시 보험금을 지급하는 장기저축성보험에는 장기화재, 장기상해, 장기질병, 장기종합보험 등이 포함되고 개인연금보험 및 퇴직보험은 대표적인 연금보험이다. 이 밖에 해외원보험은 해외에 진출한 국내손해보험회사가 외국인과 체결한 각종 보험을 말한다.

그 외에도 손해보험사는 재보험(reinsurance)을 취급한다. 재보험이란 보험회사가 보험금이 매우 큰 보험계약을 취급하는 경우에는 특정보험사 혼자서 부담하기 어려우므로 보험계약상 책임의 일부 혹은 전부를 다른 보험회사에게 인수시키는 보험을 의미한다.

손해보험회사의 보험종목별 수입보험료 구성을 보면 2021년 4분기 현재 장기저축성보험이 61.9%로 가장 높은 비중을 차지하고 있으며 다음으로 자동차보험과 특종보험이 각각 22.1%, 8.8%를 차지하였다.

손해보험회사의 자금조달 내역을 보면 책임준비금이 2021년 12월말 현재 총자금 조달액의 70.8%를 차지하고 있다. 자금운용면에서는 총자금 운용액 중 유가증권투자 비중이 54.6%로 가장 크고 다음으로 대출금이 22.7% 비중을 보였다.

표 6-9 손해보험 종목별 수입보험료(2021년 4분기)

(단위 : 백만 원, %)

구분	화재	해상	자동차	보증	특종	장기	개인연금	합계
금액	318,489	691,958	20,347,042	2,030,524	8,139,164	57,933,223	2,593,242	92,053,643
구성비	0.3	0.8	22.1	2.2	8.8	62.9	2.8	100.0

주 : 국내손해보험회사(외국손해보험회사 제외) 기준.
자료 : 손해보험협회, 『손해보험통계』.

| 표 6-10 | 손해보험회사 재무상태표(2019년 말~2021년 말)

(단위 : 백만 원, %)

구분	2019년		2020년		2021년	
	금액	구성비	금액	구성비	금액	구성비
[자산총계]	315,081,264	100.0	337,940,787	100.0	359,394,480	100.0
(운 용 자 산)	257,112,932	81.6	274,201,590	81.1	289,248,410	80.5
현·예금 및 예치금	6,320,740	2.0	5,792,956	1.7	5,509,814	1.5
유 가 증 권	173,827,493	55.2	185,769,645	55.0	196,255,127	54.6
매도가능증권	137,645,150	43.7	150,006,431	44.4	138,663,001	38.6
주식	6,057,769	1.9	8,520,770	2.5	8,856,878	2.5
국·공채	27,539,178	8.7	34,240,883	10.1	24,989,062	7.0
특수채	22,368,881	7.1	22,344,213	6.6	20,112,932	5.6
회사채	15,793,560	5.0	16,994,485	5.0	14,970,837	4.2
수익증권	30,177,325	9.6	32,921,439	9.7	35,833,348	10.0
외화유가증권	29,528,845	9.4	28,985,967	8.6	28,013,374	7.8
만기보유증권	27,441,486	8.7	24,100,923	7.1	44,231,059	12.3
국·공채	11,424,503	3.6	11,912,755	3.5	23,942,434	6.7
특수채	7,697,774	2.4	6,124,831	1.8	8,892,882	2.5
회사채	2,129,298	0.7	1,653,189	0.5	2,984,023	0.8
외화유가증권	5,395,938	1.7	3,691,038	1.1	7,677,781	2.1
대 출 채 권	71,034,301	22.5	76,978,072	22.8	81,582,008	22.7
부 동 산	5,930,396	1.9	5,660,916	1.7	5,901,463	1.6
(비 운 용 자 산)	31,834,530	10.1	35,057,808	10.4	35,879,015	10.0
(특 별 계 정 자 산)	26,133,801	8.3	28,681,388	8.5	34,267,055	9.5
[부 채 총 계]	273,869,633	86.9	293,064,814	86.7	314,167,348	87.4
책임준비금	228,263,153	72.4	241,910,633	71.6	254,419,330	70.8
지급준비금	21,378,809	6.8	24,930,752	7.4	27,774,109	7.7
보험료적립금	188,718,265	59.9	197,006,796	58.3	205,514,145	57.2
미경과보험료적립금	16,899,272	5.4	18,576,946	5.5	19,621,231	5.5
기타부채	19,314,126	6.1	20,249,236	6.0	23,558,355	6.6
보험미지급금	6,383,266	2.0	6,373,678	1.9	7,080,780	2.0
(특 별 계 정 부 채)	26,292,354	8.3	30,904,944	9.1	36,189,665	10.1
퇴직연금	27,787,031	8.8	30,956,566	9.2	37,324,270	10.4
[자 본 총 계]	41,211,631	13.1	44,875,973	13.3	45,227,130	12.6
[부채및자본총계]	315,081,264	100.0	337,940,787	100.0	359,394,480	100.0

주 : 국내손해보험회사(외국손해보험회사 제외) 기준.

자료 : 금융감독원, 「금융통계정보시스템」.

2.3 우체국보험

현재의 우체국보험은 1982년 제정된 '체신예금·보험에 관한 법률'에 따라 정부가 운영하는 국영보험이다. 우체국보험은 정부가 보험금 등의 지급 책임을 지므로 안정성이 높다. 우체국보험은 생명보험만을 취급하고 있다. 우체국보험은 민영 생명보험회사와 마찬가지로 교육보험, 연금보험, 보장성보험 및 생사혼합보험을 모두 취급하고 있다. 또한 우체국보험은 민영보험에 비해 보험료가 상대적으로 저렴하게 책정되어 있을 뿐만 아니라 계약보험금 한도 역시 1인당 4천만 원 이내로 비교적 소액으로 되어 있다.

납입된 보험료는 '우체국보험특별회계법'에 따라 설치된 우체국보험적립금으로 운용된다. 자금운용 방법에는 금융기관 예탁, 증권(주식 및 채권 등)의 매입 및 파생상품 거래, 보험계약자에 대한 대출, 국가·지방자치단체 및 정부투자기관에 대한 대출, 업무용 부동산의 매입·임대, 벤처기업 투자, 재정자금 예탁 등이 있다.

보험종목별 수입보험료 구성을 보면 2021년 말 현재 보장성보험(62.8%)이 가장 큰 비중을 보이며 생사혼합보험(19.9%), 연금보험(17.3%)으로 조달되었다.

우체국보험의 총자산은 2021년 말 현재 63조 7,045억 원이며 자산운용 구성은 유가증권에 대한 투자가 88.3%로 높은 비중을 차지한다. 이 밖에 대출금(6.1%), 현금·예금(2.7%)의 형태로 운영되고 있다.[23)]

2.4 공제기관

공제기관이란 개별 특별법(수산업협동조합법, 새마을금고법, 신용협동조합법 등)에 근거하여 생명공제, 보험공제 등 유사보험을 취급하는 기관이다. 공제기관에는 수산업협동조합공제, 새마을금고공제, 신용협동조합공제 등이 있다. 농업협동조합공제의 경우 2012년 3월 보험회사(NH농협손해보험)로 전환되었다.

23) 보험개발원(2021), 『보험통계연감』을 참고함.

공제기관은 모두 조합원과 일반인을 대상으로 질병과 사망 등에 대한 보장을 제공하는 생명공제와 화재·도난 등에 대한 보장을 제공하는 손해공제를 취급하고 있다. 수산업협동조합공제는 어민보호를 위한 정부의 정책보험인 어선 및 어선원에 대한 보험, 양식수산물재해에 대한 양식보험을 추가로 취급하고 있다.

공제기관의 보유계약규모는 2020년 말 현재 새마을금고공제가 가장 크고, 공제유형별로는 생명공제가 총보유계약 대비 78.4%로 가장 큰 비중을 차지하고 있다. 자금운용구조를 살펴보면 2020년 말 현재 유가증권에 대한 투자가 새마을금고공제, 수산업협동조합공제, 신용협동조합공제에서 각각 62.5%, 76.6%, 63.3%로 가장 큰 비중을 점유하고 있다.[24]

3. 기타 금융기관의 업무와 현황

앞에서 열거한 그룹에 속하는 금융기관의 업무로 분류하기 어려운 금융 업무들을 주된 업무로 취급하는 기관을 기타 금융기관으로 분류한다. 여기에는 금융지주회사, 여신전문금융회사(리스회사, 신용카드회사, 할부금융회사, 신기술사업금융회사), 벤처캐피탈회사(중소기업창업투자회사), 대부업자 및 증권금융회사 등이 있다. 본 절에서는 기타 금융기관별 구체적 업무와 재무상태표를 살펴본다.[25]

3.1 금융지주회사

금융지주회사라 함은 주식 또는 지분의 소유를 통하여 금융업을 영위하는 회사 또는 금융업의 영위와 밀접한 관련이 있는 회사를 지배하는 것을 주된

24) 보험개발원(2020), 『보험통계연감』을 참고함.

25) 주요 업무내용은 한국은행(2018)을 주로 참고함.

사업으로 하는 회사를 말한다. 우리나라에서는 금융회사의 대형화·겸업화를 지원하고 경쟁력을 제고하기 위해 2000년 10월 제정된 '금융지주회사법'에 근거하여 2001년 4월 우리금융지주회사가 최초로 설립되었다. 2021년 말 현재 인가된 금융지주회사는 총 10개이다.

규제측면에서 볼 때 금융지주회사는 일반지주회사와 몇 가지 공통점을 가지고 있는데, 금융지주회사는 비금융회사를 자회사로 지배할 수 없고 일반지주회사는 금융회사를 자회사로 둘 수 없는 이른바 '금산분리 원칙'이 적용되고 있다. 또한 지주회사의 자회사는 다른 자회사 또는 지주회사의 주식을 소유할 수 없도록 되어 있다. 이는 순환출자, 상호출자 등을 통해 자회사간 위험이 전이되는 등의 부작용을 방지하기 위한 것이다.

반면 금융지주회사와 일반지주회사 간에는 다음과 같은 차이점이 있다. 금융지주회사는 자회사 지배에 관한 업무만 수행하는 순수지주회사만 허용되는 반면 일반지주회사는 자회사 지배 이외의 사업을 영위하는 사업지주회사와 순수지주회사 모두 설립이 가능하다. 설립절차면에서도 일반지주회사는 설립 후 공정거래위원회에 대한 사후신고로 충분하지만 금융지주회사는 설립 전에 금융위원회의 인가를 받아야 하고, 금융회사를 자회사 및 손자회사로 편입하는 경우에도 금융위원회의 사전 인가를 받아야 한다.

또한 금융지주회사의 경우, 동일 지주회사 내의 자회사간 위험 전이를 방지하기 위해 자회사간 신용공여 등의 거래가 제한된다. 자회사간 신용공여는 자기자본의 10% 이내에서 허용되며 이 경우에도 국채 등 적정담보를 확보해야 한다. 자회사의 지주회사에 대한 신용공여와 자회사 상호간 또는 자회사와 지주회사 간 불량자산거래는 금지된다.

금융지주회사는 많은 규제를 받는 반면 혜택도 누릴 수 있다. 우선 금융지주회사 소속 금융회사 간에는 고객의 금융거래정보와 신용정보를 공유할 수 있다. 또한 지주회사와 자회사간, 자회사간 임원 겸직이 폭넓게 인정된다. 개별 업권 규율 법률에 따른 겸직금지 예외를 상당 폭 두고 있는 것이다. 금융지주회사 임직원은 자회사 임원 겸직이 가능하고, 자회사 임원은 같은 업종의 다른 자회사의 임원을 겸직할 수 있다. 아울러 주식양도차익에 대한 과세 이연 등의 세제 혜택도 적용된다.

금융지주회사는 미국에서 가장 큰 발전을 보였으며 현재 대부분의 미국 대형금융기관은 금융지주회사 형태를 띠고 있다. 미국에서 금융지주회사가 발전하게 된 이유는 금융지주회사가 은행 및 금융기관에게 다음과 같은 이점을 제공하였기 때문이다. 첫째, 다른 주에서의 지점설치 규제를 회피하면서 다른 주로 진입할 수 있었다. 둘째, 은행이 투자은행업, 보험업 등을 겸업화 하는데 용이하였다. 셋째, 지주회사를 통해 다양한 차입형태로 조달한 자금을 활용할 수 있는 이점이 있었다.

미국에서는 1927년 제정된 맥파든법(McFadden Act)에 따라 연방정부의 인가를 받은 국법은행(National Bank)의 경우에도 다른 주에서 지점을 개설하는 것이 엄격히 제한되었다. 주내에서 조달된 자금이 주내에서 운용되어야한다는 것이 그 법안의 주된 취지였다. 이러한 규제는 1997년 리글-닐 법안(Riegle-Neal Interstate Banking and Branching Efficiency Act)이 시행될 때까지 유지되었다. 미국의 은행들은 이런 규제를 회피하기 위해 지주회사의 자회사를 타주에 설립하는 형태로 영업망을 확대시켰다. 그리고 1933년 법제화된 글래스-스티걸 법안(Glass-Steagall Act)에 의해 미국의 상업은행들이 투자은행업 등을 겸업화하는 것을 제한하였다. 미국 대형은행들은 지주회사의 관계자회사(affiliate)로 투자은행을 설립함으로써 글래스-스티걸 법안을 회피하여 겸업화를 추구하였다.[26]

이와 같이 미국에서 금융지주회사가 발전하게 된 배경이 한국과 다르며 한국과 미국의 금융구조가 다른 상황에서 금융지주회사 체제가 우리나라에서 조기에 성과를 보이기는 어려웠다. 국내 금융시장에서 금융지주회사체제를 단기간에 도입하는 과정에서 대형화, 겸업화의 시너지를 창출하지 못하고 비효율적 부작용이 나타나기도 하였다. 우리나라의 금융구조는 앞 서 살펴본 바

26) 대표적인 사례는 1987년 시티은행의 금융지주회사인 Citicorp가 이른바 '제20조 관계자회사(section 20 affiliates)'로 투자은행을 설립하여 인가를 받은 것이다.

와 같이 은행위주의 금융구조이므로 금융지주회사를 설립하더라도 사실상 은행위주로 금융그룹이 경영되며 금융지주회사는 옥상옥의 비효율성이 초래되기도 하였다. 또한 은행의 그룹내 영향력이 크기 때문에 상위 기업인 금융지주사와 은행 간 마찰에 따른 비효율성이 나타나기도 하였다.

3.2 여신전문금융회사

여신전문금융회사는 수신기능 없이 여신업무만을 취급하는 금융기관이다. 여신전문금융회사는 주로 채권 발행과 금융기관 차입금 등에 의해 자금을 조달하여 다른 금융기관이 거의 취급하지 않는 소비자금융, 리스, 벤처금융 등에 운용한다.

여신전문금융회사가 영위할 수 있는 업종에는 리스업, 신용카드업, 할부금융업, 신기술사업금융업이 있다. 여신전문금융회사는 복수로 영위할 수 있는 세부 업종의 범위에 따라 최저자본금이 차등화되어 있다.

2021년 12월말 현재 여신전문금융회사로 등록 또는 허가받아 영업 중인 회사는 모두 131개이다. 여신전문금융회사의 총자산 규모는 약 245조원이며 이 가운데 신용카드회사가 약 157조원으로 가장 크고 그 다음으로 할부금융회사(약 99조원), 리스회사(약 87조원) 및 신기술사업금융회사(약 22조원) 순이다.[27)]

여신전문금융회사의 자금조달 방법은 금융기관 차입, 회사채 또는 어음 발행, 보유 유가증권의 매출, 보유 대출채권의 양도 등으로 제한되어 있다. 여신전문금융회사는 주로 차입금과 회사채 발행을 통해 자금을 조달하고 있다. 자금운용은 허가를 받거나 등록한 고유업무를 위주로 이루어지고 있다.

자산운용내역을 살펴보면 2021년 말 현재 신용카드사의 경우 카드자산(운용)이 총자산의 74.4%를 차지하며 할부금융회사는 대출채권(44.6%), 할부금융자산(21.5%), 리스자산(21.6%) 위주로 자산운용되고 있다. 리스회사의 경우 대출채권(54.2%) 및 리스자산(19.7%) 위주로 운용되며 신기술사업금융회사는

27) 금융감독원, 『금융통계월보』(2021년 12월호) 참고함.

대출채권(53.4%) 및 유가증권(18.4%) 위주로 운용된다.

자금운용에 있어 동일인에 대한 여신 한도는 설정되어 있지 않으나 대주주 및 그 특수관계인에 대한 여신은 자기자본의 50% 이내로 제한되며 이를 회피하기 위해 다른 금융기관 등과 주식을 서로 교차하여 보유하거나 여신행위를 하는 것도 금지된다.

(1) 리스회사

리스회사(시설대여회사)는 시설대여 방식으로 기업 설비자금을 공급하는 금융기관이다. 2021년 12월말 현재 26개 리스회사가 영업 중이며 총자산 규모는 87조원 수준이다.

리스회사는 시설대여와 연불판매업무를 취급하고 있다. 시설대여는 특정물건을 새로이 취득하거나 대여 받아 고객에게 일정기간 이상 대여하고 그 기간 중 사용료(리스료)를 정기적으로 분할하여 받는 금융이다. 연불판매는 새로이 취득한 특정물건을 고객에게 인도하고 그 물건의 대금·이자 등을 일정기간 이상에 걸쳐 정기적으로 분할하여 받는 금융이다. 시설대여 기간 종료 후 물건의 처분 및 연불판매 시 물건의 소유권 이전에 관한 사항은 당사자간의 약정에 따르게 되어 있다.

(2) 신용카드회사

신용카드회사는 신용카드의 이용과 관련한 소비자금융을 영위하는 금융기관이다. 2021년 12월말 현재 총 8개 신용카드회사가 영업 중이며 총자산 규모는 157조원 수준이다.

1987년 5월 '신용카드업법'이 제정됨으로써 신용카드업의 제도적 기반이 마련되었다. 법 제정 이후 신용카드업을 겸영하던 은행 중 일부는 금융지주회사 소속 계열회사로 분리되거나 많은 은행이 종래의 직접 겸영체제를 유지하고 있으며 이후 비은행계 전업회사들도 추가로 설립되었다.

신용카드업은 신용카드 이용과 관련된 대금의 결제, 신용카드의 발행 및 관리, 신용카드 가맹점의 모집 및 관리를 기본업무로 한다. 신용카드업자는 기본업무와 함께 신용카드 회원에 대한 자금의 융통, 직불카드의 발행·대금결제, 선불카드의 발행·판매·대금결제와 같은 부수업무를 영위할 수 있다.

(3) 할부금융회사

할부금융회사는 할부금융 이용자에게 재화와 용역의 구매자금을 공여하는 소비자금융을 취급하는 금융기관이다. 2021년 12월말 현재 23개 할부금융회사가 영업 중이며 총자산 규모는 99조원이다.

할부금융은 할부금융회사가 재화와 용역의 매도인 및 매수인과 각각 약정을 체결하여 재화와 용역의 구매자금을 매도인에게 지급하고 매수인으로부터 그 원리금을 분할상환 받는 방식의 금융이다. 따라서 할부금융회사는 할부금융의 대상이 되는 재화 및 용역의 구매액을 초과하여 할부금융 자금을 대출할 수 없다. 또한 할부금융 자금은 목적 이외의 전용을 방지하기 위해 매도인에게 직접 지급한다. 그 밖에 할부금융회사는 기업의 외상판매로 발생한 매출채권을 매입함으로써 기업에 자금을 빌려주고 동 채권의 관리·회수 등을 대행하는 팩토링업무와 가계의 학자금, 결혼자금, 전세자금 등을 신용이나 담보조건으로 대여하는 가계대출업무를 영위한다.

(4) 신기술사업금융회사

신기술사업금융회사는 기술력과 장래성은 있으나 자본과 경영기반이 취약한 기업에 대해 자금 지원, 경영·기술지도 등의 서비스를 제공하고 수익을 추구하는 회사이다. 2021년 12월말 현재 74개 신기술사업금융회사가 영업 중이며 총자산 규모는 약 22조원 수준이다.

신기술사업금융회사는 여신전문금융회사로 분류되지만 중소기업창업투자회사와 함께 벤처캐피탈회사에도 포함된다. 신기술사업금융회사와 중소기업창업투자회사는 업무내용이 유사하나 설립 근거법, 지원대상, 업무 규제 등에서 다소 차이가 있다.

신기술사업금융회사는 신기술사업자에 대한 투·융자 및 경영·기술지도, 신기술사업투자조합의 설립 및 자금의 관리·운용 등을 주된 업무로 한다. 신기술사업자에 대한 투자는 주식 인수나 전환사채·신주인수권부사채 등 회사채 인수를 통해 이루어진다. 한편 융자는 일반융자 또는 조건부융자 방식으로 이루어진다. 조건부융자는 계획한 사업이 성공하는 경우에는 일정기간 사업성과에 따라 실시료를 받지만 실패하는 경우에는 대출원금의 일부만을 최소상환금으로 회수하는 방식이다.

신기술사업금융회사는 다른 여신전문금융회사와 마찬가지로 금융기관 차입, 회사채 또는 어음 발행, 보유 유가증권 매출, 보유 대출채권 양도 등을 통해 자금을 조달한다. 이밖에 공공자금관리기금, 신용보증기금 등 정부기금으로부터 신기술사업 투·융자에 필요한 자금을 차입할 수 있다.

3.3 벤처캐피탈회사

벤처캐피탈회사는 고수익·고위험 사업을 시작하는 기업에 지분 인수를 대가로 투자자금을 공급하거나 기업 인수·합병·구조조정 등을 통해 수익을 추구하는 금융회사를 말한다. 이들 회사는 단순히 자금을 지원하는 데 그치는 것이 아니라 투자기업의 사업계획 수립, 마케팅, 경영관리 등에 능동적으로 개입하여 기업가치를 제고시킴으로써 수익을 창출한다.

우리나라의 벤처캐피탈회사로는 신기술사업금융회사와 중소기업창업투자회사가 있으며 신생 기업에 대한 자본투자를 주된 업무로 하며 업무내용이 유사하다. 신기술사업금융회사는 여신전문금융업법에 근거하여, 기술신용보증기금법에서 정한 신기술사업자를 지원 대상으로 하고 리스, 할부금융 등 다른 여신금융업무를 겸업할 수 있다. 반면 중소기업창업투자회사는 중소기업창업지원법의 규제를 받고 벤처기업 육성에 관한 특별조치법에 의한 벤처기업과 창업자를 주된 지원대상으로 하며 중소기업 창업 관련 벤처캐피탈업무에 특화하고 있다.

(1) 중소기업창업투자회사

중소기업창업투자회사는 중소기업 창업자 및 벤처기업에 대한 투자, 창업투자조합의 결성 및 업무 집행, 해외기술의 알선·보급을 위한 해외투자 등을 영위하는 회사이다.

중소기업창업투자회사는 주식, 전환사채, 신주인수권부사채를 인수하거나 약정투자 등을 통해 중소기업 창업자 등에게 자금을 지원하는 투자업무를 주로 하고 있다. 중소기업창업투자회사는 등록 후 3년 이내에 납입자본금의 50%를 창업자나 벤처기업, 창업투자조합 등에 투자하여야 한다. 이 밖에 중소기업창업투자회사는 투자기업의 경영상담, 정보제공, 마케팅·기업공개·해외진출 지원 등 기업가치 제고를 위한 활동을 영위한다. 한편 중소기업창업투자회사는 당초 경영지배 목적의 투자를 제한하였으나 창업 초기 기업의 자금조달 및 부실징후 기업의 원활한 구조조정을 위해 2005년 10월 경영지배 목적투자를 허용하였다.

중소기업창업투자회사는 사업 수행에 필요한 자금조달을 위해 정부, 정부가 설치한 기금, 국내외 금융기관, 외국정부 또는 국제기구로부터 차입할 수 있으며 자본금과 적립금 총액의 10배 이내에서 회사채를 발행할 수 있다.

3.4 대부업자

대부업은 주로 소액자금을 신용도가 낮은 소비자에게 대부하거나 이러한 금전의 대부를 중개하는 것을 의미한다.

대부업은 1997년 외환위기 이후 저금리 기조, 가계의 자금수요 증가 등으로 크게 성장하였으나 불법적인 채권추심행위, 고금리 부과 등이 사회문제로 부각되었다. 이에 따라 대부업의 투명성을 확보하고 금융이용자를 보호하기 위해 2002년 8월 '대부업 등의 등록 및 금융이용자 보호에 관한 법률'(이하 대부업법)이 제정되어 대부업이 양성화되기 시작하였다.

대부업의 경우 대체로 최저자본금 등의 진입요건, 영업지역 제한, 자금조달에 관한 규제가 없다. 대부업자는 영업소를 관할하는 시·도지사에 등록하고 대부업 등의 준수사항 등에 관한 교육을 받아야 하며, 대부업자에 대한 감독권은 시·도지사에게 주어졌다. 다만, '대부업법'이 개정(2018년 11월 개정) 되면서, 대부업자 중 법인으로서 자산규모가 100억 원을 초과하는 자, P2P연계 대부업자, 채권매입 추심업자 등은 금융위원회에 등록하여 감독을 받도록 하고 있다.

대부업체의 대부금리는 연 24%를 초과할 수 없다. 2018년 2월 고금리 대출 이용자의 부담을 경감하기 위하여 대부업자 및 여신금융기관에 적용되는 법정 최고금리를 연 24%로 하향조정하고, 사적금전대차에 관한 최고이자율도 연 24%로 인하하도록 하였기 때문이다. 다만, 미등록 대부업자의 경우 대부업법이 아닌 이자제한법 및 시행령에 따라 25%가 적용된다.[28)]

3.5 증권금융회사

증권금융회사는 증권의 취득, 인수, 보유 및 매매와 관련하여 증권회사와 일반투자가에게 자금을 공급하거나 증권을 대여하는 증권금융업무를 전문적으로 취급하는 금융기관이다. 2021년 말 현재 우리나라의 증권금융 전담기관은 한국증권금융이며 유일한 증권금융업 취급 기관이다.

한국증권금융은 증권인수자금 대출, 증권유통금융, 증권담보대출, 금전신탁, 집합투자재산의 수탁업무 등을 영위하고 있다. 증권인수자금대출은 대표적인 증권금융으로서 발행시장에서 증권을 매입하는 증권인수인에게 증권 인수 및 취득에 소요되는 자금을 대출하는 것이다. 증권유통금융은 증권회사의 고객이 신용거래에 의해 증권을 매입하는 경우 소요자금을, 신용거래에 의해 증권을 매도할 경우 이에 필요한 증권을 각각 증권회사를 차주로 하여 대출해 주는 결제금융을 말한다. 여기서 전자를 융자, 후자를 대주(貸株)라고 한다. 증권담보대출은 개인이나 법인이 보유한 유가증권을 담보로 자금을 대출하는

28) 2014년 11월 개정됨.

제도이다. 또한 실권주청약예수금 등 일반수신업무와 금융투자업자 등의 투자자예탁금 등 금융기관으로부터 예수하는 법인예수업무 등의 수신업무도 취급하고 있다.

한국증권금융은 자금조달은 예수부채가 대부분이며 그 외에 차입부채, 사채 등에 의해 소요자금을 조달한다. 자금운용면에서는 투자금융상품 및 대출채권 위주로 운용된다.

연습 문제

01 일반은행과 증권회사(투자매매중개업자)가 영위할 수 있는 인수업무(underwriting)의 차이를 설명하시오.

02 최근 증권회사의 영업수익구조에서 가장 큰 비중을 나타내는 3가지 항목은 무엇인가?

03 증권회사 자금조달구조의 특징을 설명하시오.

04 종합금융사업자제도의 도입 목적은 무엇인가?

05 은행신탁계정(신탁업자)와 은행계정의 차이를 설명하시오.

06 헤지펀드(Hedge Fund)와 PEF(Private Equity Fund)를 비교·설명하시오.

07 다음 용어를 설명하시오.

- 위탁매매(brokerage)와 자기매매(dealing)
- 투자신탁형 집합투자기구와 투자회사형 집합투자기구
- 투자신탁의 위탁자와 수탁자
- 팩토링업무
- 사망보험과 생존보험

08 생명보험회사와 손해보험회사의 보험종목별 수입보험료 혹은 보유계약잔액에서 가장 큰 비중을 나타내는 종목은 각각 무엇인가?

09 생명보험과 손해보험의 차이점을 설명하시오.

10 보험회사에서 '특별계정'을 '일반계정'과 구분하여 회계처리 하는 이유를 설명하시오.

11 보험회사의 자산운용구조상 특징은 무엇인지 일반은행과 비교하여 설명하시오.

12 우체국보험의 특징을 설명하시오.

13 금융지주회사의 장점을 설명하시오.

14 미국에서 금융지주회사가 발전하게된 배경을 설명하시오. 우리나라에서 금융지주회사 체제가 도입되면서 발생한 부작용은 무엇인가?

15 여신전문금융회사의 의미와 영위할 수 있는 업종을 설명하시오.

16 여신전문금융회사의 자금조달방법에서 특징은 무엇인가?

Chapter 07

금융기관의 경영성과 분석

1. 금융기관의 수익성 분석

금융기관의 경영성과는 수용 가능한 위험수준에서 최대한의 수익성을 달성할 때 그 성과가 극대화 될 것이다. 은행을 비롯한 금융기관의 수익성을 측정하고 분석하기 위해 흔히 활용되는 중요한 수익성 지표로는 자기자본순이익률(ROE: Return on Equity), 총자산순이익률(ROA: Return on Asset), 순이자마진(NIM: Net Interest Margin), 순비이자마진(Net noninterest margin), 영업수익경비율(CIR: Cost Income ratio), 총자산경비율, 대손충당금전입율(provision for loan loss rate) 등이 있다.

$$ROE(\%) = \frac{\text{당기순이익}}{\text{자기자본}} \tag{7-1}$$

$$ROA(\%) = \frac{\text{당기순이익}}{\text{총자산}} \tag{7-2}$$

$$\text{NIM}\ (\%) = \frac{\text{이자수익} - \text{이자비용}}{\text{총자산}} \tag{7-3}$$

$$\text{Net noninterest margin}\ (\%) = \frac{\text{비이자수익} - \text{비이자비용}}{\text{총자산}} \tag{7-4}$$

$$\text{영업수익경비율}\ (\%) = \frac{\text{판매관리비}}{\text{영업수익}} \tag{7-5}$$

$$\text{대손충당금전입율}\ (\%) = \frac{\text{대손충당금전입액}}{\text{총여신}} \tag{7-6}$$

자기자본순이익률(ROE)는 주주의 투자수익률(return to shareholders)을 나타내는 지표이다. 주주입장에서 은행에 투자한 자본금 대비 얼마만큼 순이익이 발생했는지를 측정한다. 그러므로 ROE가 높은 경우 그 은행의 주가를 상승시키는 방향으로 작용할 수 있다. 총자산순이익률(ROA)는 금융기관의 경영효율성(earning efficiency)을 나타내는 지표이다. 즉 금융기관이 얼마나 효율적으로 자산으로부터 순이익을 창출했는지를 측정한다.

순비이자마진(Net noninterest margin)은 비이자수익에서 비이자비용을 차감한 비이자이익을 총자산으로 나눈 비율이다. 영업수익경비율(CIR)은 은행 등 금융기관들이 영업수익 중에서 어느 정도 인건비 물건비 등의 판매관리비를 지출하였는지를 나타낸다. 총자산경비율은 영업수익경비율과 유사하게 비용구조의 적정성을 평가하는 지표이며 총자산대비 판매관리비의 비율로 측정한다.

ROA와 ROE는 흔히 사용되는 대표적인 수익성지표이지만 수익성을 측정하는 목적이 서로 다르므로 두 지표를 함께 고려하여 은행의 수익성을 평가하여야 한다. 은행의 수익성을 이익률 즉 자기자본순이익률(ROE)만 따져서 평가하는 경우 은행의 중장기적 경쟁력이 약화할 수 있다. 그 이유는 다음과 같은 ROA와 ROE간 관계식을 통해 살펴볼 수 있다.

$$ROE = ROA \times \frac{총자산}{자기자본} \tag{7-7}$$

[총자산 / 자기자본]은 자기자본승수(EM: equity multiplier) 혹은 레버리지로서 자기자본 대비 총자산의 단순비율을 나타낸다. EM가 높아지는 경우는 자금조달 방법 중에서 자기자본보다는 부채에 대한 의존도가 높아진다는 것을 의미한다. 또한 높은 부채비율(레버리지)에 의존하는 경우 리스크도 그만큼 높아진다.

위 〈식 7-7〉은 아래와 같이 ROE 지표를 분리함으로써 도출할 수 있다.

$$\frac{당기순이익}{자기자본} = \frac{당기순이익}{총자산} \times \frac{총자산}{자기자본} \tag{7-8}$$

이러한 관계식은 ROE를 결정하는 요소 중에서 자금조달구조 혹은 자기자본비율도 중요한 역할을 한다는 것을 보여준다. ROA와 ROE간 관계식에서 ROA가 낮더라도 자기자본승수(EM)가 높다면 높은 ROE를 달성할 수 있음을 알 수 있다. 가령, ROA가 1.0%, EM가 10배인 경우 ROE 10%를 달성할 수 있다. 반면에 ROA가 0.75%, EM가 20배인 경우 ROE 15%를 달성하게 된다. 즉 경영효율성 혹은 수익창출능력이 더 안 좋아지더라도 부채에 대한 의존도를 높여 자기자본승수가 높아지면 더 높은 ROE를 달성할 수도 있다. 반면 자기자본 비율은 감소하므로 은행의 위험노출도가 증가하게 된다. 높은 레버리지(부채비율)를 통해 자금조달을 함에 따라 높아지는 리스크와 ROE 측면의 수익성간 반비례관계가 있음을 보여준다. 따라서 금융기관의 수익성을 측정하는데 있어서 주주측면의 이익률만 고려하는 데 따른 맹점이 있음을 알 수 있다.

그리고 ROA를 나타내는 〈식 7-2〉를 다음과 같이 추가적으로 분리할 수 있다.

$$\frac{당기순이익}{총자산} = \frac{당기순이익}{영업수익} \times \frac{영업수익}{총자산} \quad (7\text{-}9)$$

〈식 7-9〉에서 [당기순이익 / 영업수익]은 NPM(Net Profit Margin: 이익마진)을 의미하며 [영업수익 / 총자산]은 AU(Asset Utilization: 자산 활용도)을 의미한다.

NPM(이익마진)은 영업수익 중에서 당기순이익을 얼마나 도출하는가를 나타낸다. 영업수익에서 비용을 차감할 경우 비용이 도출되므로 NPM(이익마진)은 얼마나 비용을 효과적으로 감소시키는지를 반영한다. 즉 NPM(이익마진)은 은행의 효과적인 비용관리(cost control)능력을 반영하는 척도라고 할 수 있다.

AU(자산 활용도)은 자산운용으로부터 영업수익을 얼마나 도출하는가를 나타낸다. 자산을 운용함에 있어서 높은 수익률을 달성할 수 있는 대출 및 투자항목으로 포트폴리오 믹스(mix)를 운용하고 과도한 리스크를 회피할 경우 자산 대비 영업수익비율이 높아질 것이다. 즉 AU(자산 활용도)은 은행의 성공적인 포트폴리오 관리능력을 반영하는 척도라고 할 수 있다.

따라서 ROE의 결정요소를 나타내는 〈식 7-6〉은 다음과 같이 정리할 수 있다.

$$ROE = NPM \times AU \times EM \quad (7\text{-}10)$$

〈식 7-10〉은 주주 투자수익률을 반영하는 ROE가 다양한 요인에 의해 영향을 받는다는 것을 보여준다. 이러한 ROE 결정요인 분석방법을 듀퐁분석(Dupont analysis)이라고 한다. 만약 ROE가 변화할 경우 세 가지 요인 중에서 어떤 요인이 크게 작용했는지 살펴볼 필요가 있을 것이다. 우선 앞에서 설명한 바와 같이 ROE는 자기자본승수(EM)관련 은행의 경영방향에 의해 영향을 받는다. 즉 자금조달 측면에서 부채의 의존도 및 자기자본의 의존도가 ROE에 영향을 미친다.

다음으로 NPM(이익마진) 관련 은행 경영방향이 ROA 뿐만 아니라 ROE에도 영향을 미친다. 다시 말해 비용관리를 얼마나 성공적으로 수행하느냐 여부가 ROE의 주요 결정요인으로 작용한다. 가령 비이자수익 혹은 수수료수익의 비중이 높아진다면 수익 대비 비용을 상대적으로 줄이게 되므로 NPM(이익마진)이 높아질 수 있다. 그리고 대손충당금비용을 최소화하는 것도 효과적인 비용관리에 해당된다. 아울러, 세금에 대한 노출을 최소화할 수 있도록 효율적인 세무관리(tax management)를 함으로써 NPM(이익마진)을 높일 수 있다.

그리고 은행의 성공적인 자산포트폴리오 관리능력 즉 AU(자산 활용도)관련 은행의 경영방향이 ROA와 ROE에 중요한 영향을 미친다. 자산포트폴리오 관리 결과, 자산 대비 이자수익 비율과 자산 대비 비이자수익 비율이 증가하면 AU(자산 활용도)도 증가할 것이다. 물론 높은 수익률을 달성할 수 있도록 포트폴리오를 성공적으로 운용하는 것은 금융시장의 상황도 중요한 요인으로 작용할 수 있다. 전반적으로 시장의 이자율이 높은 여건에서는 AU(자산 활용도)도 높아질 수 있다.

결국 은행의 전반적인 경영효율성 혹은 이익창출능력을 나타내는 ROA는 성공적인 자산포트폴리오 관리와 비용관리에 달려있음을 알 수 있다. AU(자산 활용도)는 성공적인 자산포트폴리오 관리 정도를 반영하며 NPM(이익마진)은 효율적인 비용관리 정도를 반영한다.

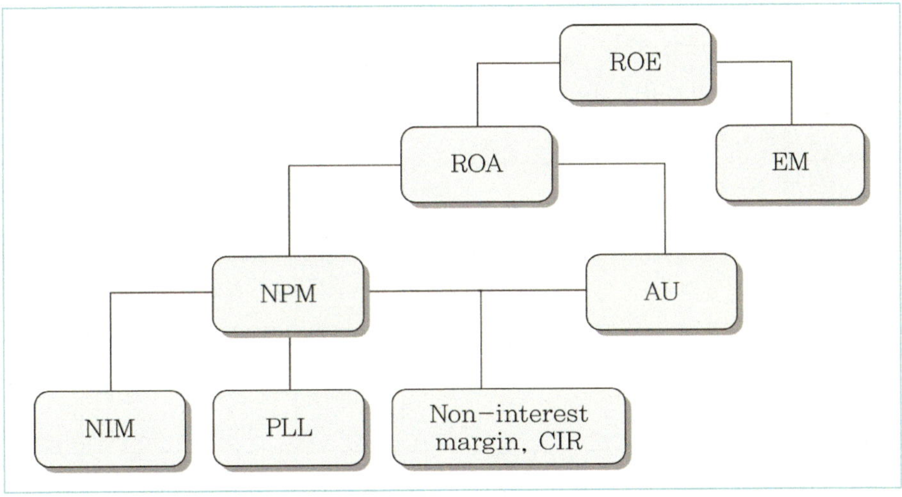

그림 7-1 금융기관의 듀퐁분석(Doupon Analysis)

따라서 ROA를 좌우하는 중요한 수익성 지표로 순이자마진(NIM: Net Interest Margin), 순비이자마진(Net noninterest margin), 대손충당금전입율(PLL: Provision for loan loss ratio) 혹은 대손비용률(credit cost rate)을 들 수 있다.

세금 및 기타항목을 제외하고, 대손충당금전입율(PLL) 지표를 자산대비 비율로 변경하여 응용하면 ROA와 이러한 수익성 지표들 간 관계는 다음과 같이 나타낼 수 있다.

$$ROA \approx [NIM + \text{Net noninterest margin} - PLL] \quad (7\text{-}11)$$

위의 〈식 7-11〉은 은행의 이익은 순이자이익, 순비이자이익, 대손충당금을 얼마나 신중하게 관리하느냐에 따라 좌우된다는 것을 보여준다.

| 표 7-1 | 일반은행의 손익계산서(2016년-2020년 말)

(단위 : 억 원)

계 정 과 목	2016년	2017년	2018년	2019년	2020년
Ⅰ. 이자수익	376,652	392,516	451,781	485,208	433,158
1. 예치금이자	2,311	2,631	3,111	3,934	1,512
2. 당기손익인식증권이자	1,450	1,767	2,803	3,331	3,314
3. 매도가능, 만기보유증권이자	35,528	34,517	41,320	46,863	41,358
4. 대출채권이자	334,683	351,255	402,166	428,638	384,887
5. 기타이자수익	2,680	2,346	2,380	2,442	2,088
Ⅱ. 이자비용	146,783	143,088	180,107	207,060	154,484
1. 예수금이자	112,373	108,597	137,930	159,792	119,649
2. 차입금이자	8,635	10,009	12,993	14,186	8,865
3. 사채이자	22,718	21,587	25,486	28,795	23,823
4. 기타이자비용	3,057	2,896	3,698	4,287	2,147
Ⅲ. 이자손익(Ⅰ-Ⅱ)	229,870	249,428	271,674	278,148	278,675

계 정 과 목	2016년	2017년	2018년	2019년	2020년
IV. 비이자손익	38,451	46,835	36,673	43,340	46,816
1. 수수료순수익	31,767	32,776	33,482	35,282	35,285
2. 신탁관련손익	6,270	9,581	10,501	11,220	7,992
3. 유가증권손익	14,079	9,070	6,450	10,692	15,679
4. 외환·파생관련손익	13,395	22,024	16,452	20,446	22,100
5. 종금계정손익	483	604	705	721	1,151
6. 기타손익	-27,543	-27,221	-30,917	-35,021	-35,391
V. 총이익(III+IV)	268,321	296,263	308,348	321,488	325,491
VI. 판매비와 관리비	166,773	164,068	165,874	171,418	172,902
1. 인건비	80,535	85,202	84,936	85,594	86,508
2. 퇴직급여	7,742	7,464	7,813	8,249	8,609
3. 물건비	48,996	48,144	49,675	42,648	41,472
4. 업무용동·부동산상각	6,914	6,721	7,000	16,785	17,293
5. 기타제상각	3,171	3,250	3,924	4,423	4,884
6. 제세공과	4,043	4,319	4,571	5,250	5,061
VII. 충당금전입(순)	28,571	25,059	13,535	15,916	30,457
VIII. 영업손익(V-VI-VII)	72,976	107,139	128,938	134,154	122,131
IX. 영업외손익	4,021	-2,068	1,046	-408	-5,344
X. 세전이익(VIII+IX)	76,998	105,071	129,984	133,746	116,787
XI. 법인세비용	12,458	21,291	34,327	33,669	29,513
XII. 당기순이익(X-XI)	64,540	83,780	95,657	100,077	87,275
XIII. 대손준비금	5,051	3,971	6,599	8,249	483
XIV. 대손준비금 적립후 당기손이익(XII-XIII)	59,489	79,808	89,058	91,828	86,791
일반은행평균 ROA	0.45	0.56	0.60	0.59	0.47
일반은행평균 ROE	5.88	7.30	7.93	7.92	6.56
일반은행평균 NIM	1.59	1.68	1.71	1.62	1.47

자료 : 금융감독원, 『은행경영통계』.

〈표 7-1〉은 2016년-2020년 말 기간 동안 일반은행의 손익내역을 이자손익, 비이자손익, 판관비 및 대손충당금으로 구분한 손익계산서 및 ROA, ROE 지표 추이를 보여준다. [그림 7-2]에 나타난 바와 같이 일반은행의 ROA, 대손충당금 전입액(대손준비금 포함), 이자손익 및 비이자손익 추이를 비교해보면 ROA는 특히 NIM과 대손충당금의 영향을 크게 받는 것을 알 수 있다.

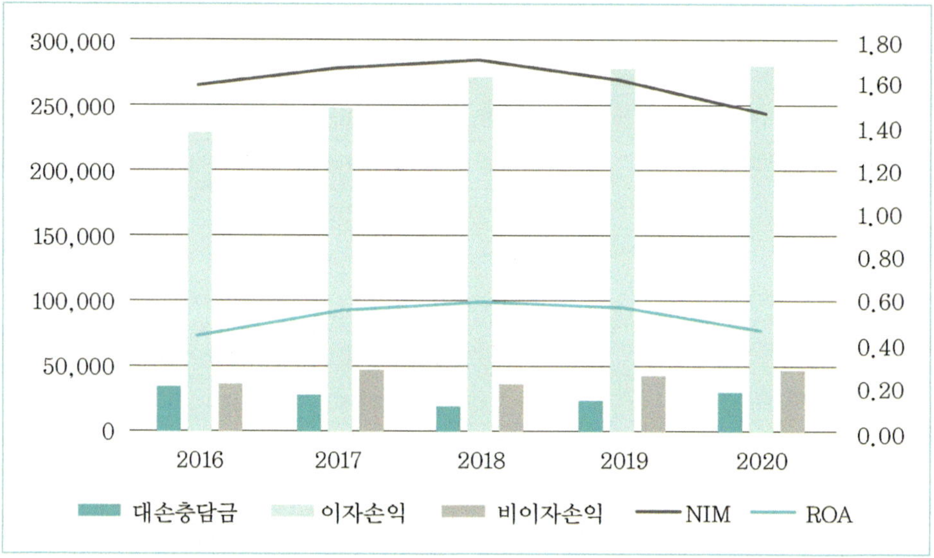

❙ 그림 7-2 ❙ 일반은행의 ROA, 대손충당금, 이자 및 비이자손익 추이 (2016년-2020년 말)

2. 자본적정성 및 자산건전성 지표

앞에서 설명한 수익성 지표 이외에 유용한 주요 경영성과분석 지표를 자본적정성, 자산건전성 측면에서 살펴보고자 한다.

자본적정성은 은행이 직면하는 여러 종류의 손실발생 위험에 대하여 충분한 수준의 자기자본을 보유하는지를 나타내는 지표인 BIS 자기자본비율로 측정한다. BIS기준 자기자본비율은 자기자본을 총위험가중자산(신용위험가중자산+시장위험가중자산+운영위험가중자산)으로 나누어 산출하며 최저자기자본비율은 8%이다.[29)]

$$BIS\text{자기자본비율}(\%) = \frac{\text{자기자본}}{\text{위험가중자산}} \tag{7-12}$$

자산건전성은 은행의 영업과정에서 발생하는 사전에 예상되는 손실을 대손충당금 등으로 흡수할 수 있는지를 측정하고 대비하는 데 의의가 있다. 자본적정성규제은 미예상손실에 대비하는 데 주안점이 있다는 점에서 자산건전성규제와 차이가 있다.

은행이 보유한 자산의 건전성은 차주의 채무상환능력을 기초로 하여 연체기간, 부도여부 등 과거실적 뿐만 아니라 차주의 미래 채무상환능력까지 종합적으로 감안하여 "정상", "요주의", "고정", "회수의문", "추정손실"인 5단계로 분류한다.

자산건전성 분석은 우선 부실여신의 비중이 얼마나 차지하는지에 대한 측정이 필요하다. 이에 대한 대표적 지표로서 총여신 대비 고정이하여신비율은 부실여신으로 간주되는 고정이하여신이 총여신에서 차지하는 비중을 나타낸다.

그리고 분류된 자산에 대해 적립된 대손충당금이 자산의 예상손실을 충분히 흡수할 수 있는지에 대한 측정 및 분석이 중요하다. 이에 대한 대표적 지표로서 고정이하여신 대비 대손충당금 적립률은 대손충당금 잔액이 부실여신으로 간주되는 고정이하여신에서 차지하는 비중을 나타낸다.

29) BIS자기자본 규제의 변천에 따른 위험가중자산의 구체적 측정방법은 본서의 자본관리 부분에서 자세히 다루고 있음.

$$\text{총여신 대비 고정이하여신비율}(\%) = \frac{\text{고정이하여신}}{\text{총여신}} \tag{7-13}$$

$$\text{고정이하여신 대비 대손충당금적립률}(\%) = \frac{\text{대손충당금}}{\text{고정이하여신}} \tag{7-14}$$

3. 감독당국의 은행 경영평가[30)]

금융감독당국은 금융회사의 경영상태를 파악하기 위하여 경영실태평가라는 분석수단을 활용하고 있다. 경영실태평가는 각 금융회사의 경영실적, 경영의 건전성, 경영진의 경영능력, 법규준수 상황 및 리스크 관리실태 등 다양한 평가부문을 종합적이고 통일적인 방식에 따라 일정한 등급으로 평가하여 금융회사의 경영상태를 체계적이고 객관적으로 확인하는 방법의 하나이다.

경영실태평가는 금융회사 그룹별 특성에 따라 평가부문과 항목이 다르지만 평가절차나 방법 등은 거의 동일하다. 따라서 이하에서는 가장 일반적인 은행의 경우를 중심으로 설명하고자 한다.

일반은행 본점 및 현지법인에 대해서는 그동안 CAMELS 방식을 운영하였으나, 제도개선을 통해서 2012년 4분기부터 CAMEL-R 방식으로 변경하여 평가하고 있으며, 자본적정성(Capital Adequacy), 자산건전성(Asset Quality), 경영관리적정성(Management), 수익성(Earnings), 유동성(Liquidity), 리스크 관리(Risk Management) 등 6개 부문으로 구성된다.

각 부문의 평가항목은 특정한 수치를 통해 산정 가능한 계량평가항목과 계량화하여 나타낼 수 없는 부분 또는 계량지표가 경영실태를 적절히 반영하지 못하는 부분에 대해서는 질적 평가(비계량평가)를 통해 최종 부문등급을 결정하고 있는 바, 경영관리부문과 리스크 관리 부문은 비계량평가만 실시하고 있다.

30) 금융감독원, 『금융감독개론』(2022)을 주로 참고함.

| 표 7-2 | 일반은행 본점, 국외현지법인에 대한 경영실태평가항목

평가부문	계량지표	비계량 평가항목	비중
자본 적정성	• 총자기자본비율 • 기본자본비율[1)] • 보통주자본비율[1)] • 단순기본자본비율	• 경영지도기준 충족 여부 • 리스크의 성격 및 규모 등을 감안한 자본규모의 적정성 • 자본구성의 적정성 및 향후 자본증식 가능성 • 경영진의 자본적정성 유지정책의 타당성	20%
자산 건전성	• 손실위험도가중여신비율 • 고정이하여신비율 • 연체대출채권비율(계절조정연체율 기준) • 대손충당금적립률	• 신용리스크 관리의 적정성 • 신용리스크 인식·측정·평가 • 여신정책의 적정성 • 자산건전성 분류의 적정성 • 충당금 적립의 적정성 • 여신관리의 적정성[10)] • 문제여신 판별 및 관리실태	25%
경영 관리의 적정성		• 경영지배구조의 안정성 • 경영정책수립 및 집행기능의 적정성 • 성과보상체계운영의 적정성 • 경영효율성 및 경영개선추진실태 • 내부통제제도 및 운영실태 • 법규, 정책 및 검사지적사항의 이행실태 • 사회적 책임 이행실태	15%
수익성	• 총자산순이익률[2)] • 총자산경비율[2)] • 이익경비율 • 위험조정자본이익률[3)]	• 수익의 규모 및 내용에 영향을 미치는 리스크의 수준 등 • 수익구조의 적정성 • 비용구조의 적정성 • 경영합리화 및 미래수익창출능력	10%
유동성	• 유동성커버리지비율[4)] • 외화유동성커버리지비율[5)] • 외화유동성비율[6)] • 원화예대율[7)] • 중장기외화자금조달비율[8)] • 순안정자금조달비율[9)]	• 유동성리스크 관리의 적정성 • 유동성 변동요인의 적정성 • 자금조달 및 운용구조의 합리성 • 유동성 위기상황분석(Stress－Test) 운용의 적정성	15%

평가부문	계량지표	비계량 평가항목	비중
리스크 관리		• 리스크 지배구조 및 관리정책의 적정성 • 리스크 관리절차 및 통제실태 • 리스크 인식·측정·평가의 적정성	15%

1) 「은행업 감독규정」 제102조에 따라 인터넷전문은행은 2019.12.31.까지 적용배제, 2020년부터 적용
2) 은행 자산규모가 10조원 이상인 경우와 10조원 미만인 경우로 구분하여 평가
3), 4), 5), 7), 8) 은행의 국외현지법인은 적용배제
5) 직전반기 종료일 현재 외화부채 규모가 5억 달러 미만이고 총부채 대비 외화부채 비중이 100분의 5미만인 은행은 적용배제
6) 외화자산이 은행계정 총자산 대비 5% 이하인 은행 또는 외화 유동성커버리지비율 적용은행 본점은 적용배제
7) 직전 분기중 분기말월 기준 원화대출금 2조원 미만인 은행은 적용배제
8) 외화대출잔액이 미화 50백만불 미만인 은행은 적용배제
9) 인터넷전문은행은 2020년부터 적용
10) “차주기업의 외환리스크관리 적정성” 포함
자료 : 금융감독원, 금융감독개론(2022).

경영실태평가의 부문별 평가등급 및 종합등급은 1등급(우수 : Strong), 2등급(양호 : Satisfactory), 3등급(보통 : Less than satisfactory), 4등급(취약 : Deficient), 5등급(위험 : Critically deficient)의 5단계로 구분되며, 각 등급이 나타내는 의미는 은행, 비은행, 증권, 보험 및 금융지주회사 등이 유사하게 정의되어 있다.

경영실태평가결과는 그 결과에 따라 경영개선권고, 경영개선요구, 경영개선명령 등의 적기시정조치에 활용된다. 경영개선권고 사유로는 종합평가등급이 3등급 이상으로서 특정 부문별 평가등급이 4등급 이하인 경우에, 경영개선요구 사유로는 은행·보험·증권 모두 종합평가등급이 4등급 이하인 경우이며, 경영개선명령은 부실금융기관에 해당하는 경우이다.

연습 문제

01 ROA와 ROE의 의미를 설명하시오.

02 ROA, ROE, EM(equity multiplier)간 관계를 설명하시오.

(단위 : 억 원)

이자수익	220
이자비용	140
총자산	4,400
총부채	3,700
영업수익	450
당기순이익	60

03 다음은 A은행의 재무 정보이다. 이 은행의 ROE, ROA, NIM, NPM(이익 마진), AU(자산 활용도)를 각각 구하시오

04 B은행의 NIM이 2.5%이며 이자수익이 900억원, 이자비용은 800억 원으로 보고되었다. 이 은행의 자산을 구하시오

05 NPM(이익 마진)과 AU(자산 활용도)의 의미는 무엇인가?

06 NPM(이익 마진), AU(자산 활용도), ROE간의 관계를 설명하시오.

07 ROA, NIM, 순비이자마진, 대손충당금적립률 간의 관계를 설명하시오.

08 고정이하여신의 의미는 무엇인가? 고정이하여신 대비 대손충당금적립률에 관해 설명하시오.

09 감독당국의 경영실태평가로 활용되는 CAMEL-R을 설명하시오.

Part Ⅲ

자산 · 부채 종합관리

Chapter 08

금리위험과 자산·부채 종합관리

1. 금리위험의 개념

금리위험이란 금리의 변동으로 인해 금융기관의 수익성과 순자산가치가 변동할 위험을 말한다. 금융시장에서의 금리변동은 금융기관의 이자수익성뿐만 아니라 금융기관의 순자산(net worth) 가치에도 영향을 미친다. 금리위험은 크게 조달금리위험(refinancing risk), 운용금리위험(reinvestment risk), 시장가치위험(market value risk)으로 구분할 수 있다.(Saunders and Cornett, 2014)

우선 금융기관의 수익성에 영향을 미치는 조달금리위험과 운용금리위험에 관해 살펴보자. 금융기관의 금리위험은 자산과 부채의 만기불일치 혹은 자산과 부채의 금리민감도에 의해 발생한다. 만약 자산과 부채가 모두 고정금리이며 부채의 만기가 자산보다 더 작다고 하자. 가령 어떤 은행의 자산 500억 원의 만기가 2년(고정금리 6%)이고 부채 500억 원의 만기가 1년(고정금리 4%)라고 가정하자. 첫해 1년 동안의 예대금리차(예대마진)은 2%p(6%－4%)수준을 유지하며 10억 원(500억 원 × 2%)의 이익을 얻게 된다. 하지만 1년 후의 예대금리차는 부채의 금리 즉 조달금리에 의해 좌우된다. 만약 1년 후 시장금리의 상승움직임에 의해 부채의 금리가 6%로 상승한다면 예대금리차(예대마진)은 0%p(6%−6%)로 수익성은 크게 악화될 것이다. 이와 같이 부채의 만기가 자산의 만기보다 짧은 경우에 발생하는 금리위험이 조달금리위험이다. 만약 자산과 부채의 만기가 동일하다고 하더라도 부채가 변동금리이며 자산이 고정금리인 경우에도 조달금리위험이 발생한다. 가령 어떤 은행 자산 500억 원의 만기가 2년(고정금리 6%)이고 부채 500억 원의 만기가 2년(계약초기 변동금리 4%)으로 같다고 가정하자. 계약초기에 부채의 변동금리가 4%수준이었으나 약 1년 후 시장금리의 상승움직임에 의해 부채의 변동금리가 6%로 상승한다면 예대금리차(예대마진)은 초기의 2%p에서 0%p로 수익성이 크게 감소한다.

위의 경우와 반대로 자산의 만기가 부채의 만기보다 짧은 경우에 발생하는 금리위험이 운용금리위험이다. 가령 어떤 은행의 자산 500억 원의 만기가 1년(고정금리 6%)이고 부채 500억 원의 만기가 2년(고정금리 4%)라고 가정하자. 첫해 1년 동안의 예대금리차(예대마진)은 2%p(6%−4%)수준을 유지하며 10억 원(500억 원×2%)의 이익을 얻게 된다. 하지만 1년 후의 예대금리차는 자산의 금리 즉 운용금리에 의해 좌우된다. 만약 1년 후 시장금리의 하락움직임에 의해 자산의 금리가 4%로 하락한다면 예대금리차(예대마진)은 0%p(4%−4%)로 수익성은 크게 악화될 것이다. 만약 자산과 부채의 만기가 동일하다고 하더라도 자산이 변동금리이며 부채가 고정금리인 경우에도 운용금리위험이 발생한다. 가령 어떤 은행 자산 500억 원의 만기가 2년(계약초기 변동금리 6%)이고 부채 500억 원의 만기가 2년(고정금리 4%)으로 같다고 가정하자. 계약초기에 자산의 변동금리가 6%수준이었으나 약 1년 후 시장금리의 하락세에 의해 자산의 변동금리가 4%로 하락한다면 예대금리차는 초기의 2%p에서 0%p로 수익성이 크게 악화된다.

금융시장에서의 금리변동은 금융기관의 이자수익성 즉, NIM에 대해 영향을 미칠 뿐만 아니라 금융기관의 순자산(net worth)의 시장가치에도 영향을 미친다. 가령 금리가 상승할 경우 금융기관의 자산가치가 하락함과 동시에 부채의 가치도 하락하게 된다. 자산가치의 하락폭이 부채가치의 하락폭보다 큰 경우 이 금융기관의 순자산가치가 하락하게 된다. 금리변동 시 자산과 부채의 시장가치 변동폭은 만기에 따라 달라진다. 만기가 큰 장기자산(부채)가 단기자산(부채)보다 더 큰 폭으로 변화한다. 가령 장기자산과 단기부채를 보유하고 있는 은행의 경우 금리가 상승할 경우 그 은행의 순자산가치는 감소하게 된다. 이와 같이 금리의 변동을 인해 금융기관의 순자산가치가 변동하는 위험을 시장가치위험이라고 한다.

2. 자산·부채 종합관리의 중요성

금융기관 경영에서 자산·부채 종합관리(ALM: Asset-Liability Management)란 자산과 부채 포트폴리오를 통합적으로 관리함으로써 금융기관의 시장가치를 극대화시키고 수익의 안정성을 확보하기 위한 경영기법을 의미한다. 이상에서 설명한 자산·부채 종합관리(ALM)의 개념이 광의의 ALM 정의라고 할 수 있으며 최근 흔히 논의되고 있는 자산·부채 종합관리(ALM)의 개념은 협의의 ALM에 해당된다. 협의의 자산부채 종합관리는 자산과 부채간 미스매치(mismatch)로 인해 발생 가능한 금융위험을 관리하는 다양한 위험관리(risk management)기법을 활용하여 수용 가능한 위험수준에서 수익성 목표를 달성하기 위한 자산과 부채의 통합적 의사결정(integrated decision making)이라고 할 수 있다. 다시 말해, 협의의 ALM 개념은 이자율 변동 등 금융환경변화가 심해짐에 따라 금융기관이 당면하는 위험증가에 대비한 포트폴리오전략이라고 할 수 있다. (김영진, 2005)

하지만 자산·부채 종합관리는 위험 헤지(risk hedge)와는 다소 차이가 있다. 위험 헤지는 궁극적으로 위험의 제거에 목적을 두고 있으나 자산부채 종합관리는 수용 가능한 위험수준에서 안정적이며 높은 순자산가치 및 수익을 얻는 것이 목적이라는 점에서 위험 헤지와 차이가 있다.

ALM이 금융기관의 중요한 경영기법으로 처음 미국에서 발전하게 된 배경을 살펴볼 필요가 있다. 주식 및 채권시장과 같은 자본시장이 효율적으로 발전하기 이전에는 은행들은 부채의 관리에는 별로 신경 쓰지 않고 자산관리에만 관심을 가졌다. 1970년대 들어서 미국의 자본시장이 본격적으로 발전하기 이전에는 고객들은 여유자금이 생기면 은행위주로 저축하는 것을 당연하게 여겼다. 더욱이 대공황 당시 1933년 도입된 이자율규제(Regulation Q)로 인해 예금이자율의 제한이 있었으므로 상업은행들은 저금리의 자금을 안정적으로 조달할 수 있었다. 그러므로 이 시기 은행의 중요한 의사결정은 예금 및 차입금과 같은 자금조달이 아니라 희소한 자금을 어떻게 최적으로 대여하고 운용할 것인지와 관련된 자산관리에 집중되었다. 1970년대 들어서 베트남전쟁 이후 과도한 재정적자 및 인플레이션 상황으로 인해 시장이자율이 이자율규제 상한선을 넘게 되었다. 이로 인해 저축자 및 투자자들이 은행에 저축한 자금이 자본시장으로 빠져나가게 하는 탈중개화(disintermediation)가 가속화되었다. 미국의 상업은행과 투자은행(증권회사)는 자금조달이 자산운용규모를 결정할 만큼 중요성이 있음을 인식하고 서로 경쟁적으로 부채관리에 집중하였다. 전통적인 예금에서 탈피한 부채관리로 인해 CD, MMDA(money market deposit account), NOW(negotiable order of withdrawal), RP, CP, Federal fund market, Eurocurrency 등이 이 시기에 발전하였다.

그 후 1980년대 들어서 수많은 저축대부조합(Savings and Loans, S&L)들이 도산하는 소위 S&L위기가 발생하였다. S&L위기의 주된 원인은 자산부채 간 미스매치(mismatch)에 있었다. 1970년대 후반 인플레이션을 억제하기 위한 Fed(연방준비제도)의 긴축적인 정책으로 인해 1980년대 초 시장이자율은 크게 상승하여 자금조달비용은 높아졌다. 반면 저축대부조합 자산운용의 큰 비중을 차지하던 주택담보대출은 장기간의 고정금리였으므로 자산운용 수익이 비용대비 크게 악화함에 따라 S&L위기가 초래되었다. 이 시기 수많은 저축대부조합의 도산은 다른 중대형 은행의 도산으로 전파되었다. 이러한 S&L위기와 아울러 금리자유화 및 변동환율제 도입으로 인해 금융위험이 한층 증대된

환경 하에서 자산과 부채를 연계시킨 자산·부채 종합관리의 중요성이 제고되고 다양한 ALM 경영기업이 발전하게 되었다.

금융기관의 자산부채 종합관리를 통해 달성하고자 하는 중요한 과제 중 하나는 금리가 변동하는 환경 하에서 금융자산과 부채를 효과적으로 컨트롤함으로서 순이자마진(net interest margin)과 순자산(net worth)을 금융기관의 목표에 부합하도록 관리하는 데 있다.

금융기관이 부채(간접증권)를 발행하고 자산(직접증권)을 매입하는 자산변환과정에서 발생하는 자산과 부채의 금리격차는 중요한 순수익원이다. 금융시장에서 금리가 변동하는 상황에서 금융기관의 이자수익에 해당하는 자산측면의 금리 가령, 대출 및 투자증권 등의 금리가 변동할 것이다. 뿐만 아니라 금융기관의 이자비용에 해당하는 부채측면의 금리 가령, 예금 및 차입금 등의 금리도 변동할 것이다. 이와 같은 자산의 이자수익과 부채의 이자비용 간 격차인 순이자수입을 이자수익자산으로 나눈 수치를 순이자마진(NIM, net interest margin)이라 하며 금융기관의 이자 수익력을 나타내는 중요한 지표임을 앞에서 설명하였다. 그러므로 금융기관은 금리가 변동하는 환경에서 자산과 부채 포트폴리오의 이자율과 규모(volume)를 통합적으로 관리함으로써 NIM을 일정수준 이상으로 관리해야 한다.

금융시장에서의 금리변동은 금융기관의 이자수익성 즉, NIM에 대해 영향을 미칠 뿐만 아니라 금융기관의 순자산(net worth) 가치에도 영향을 미친다. 은행의 순자산가치 변동은 은행에 대한 투자자 혹은 주주 입장에서의 투자가치가 변동함을 의미한다. 금리변동 위험에 대해 NIM을 방어하더라도 금융기관의 순자산(net worth) 가치하락의 방어가 담보되는 것이 아니며 순자산(net worth)의 관리가 NIM의 관리보다 더욱 중요할 수 있다. 그러므로 금리변동에 따른 수익성을 안정화시키고 순자산가치를 극대화시키기 위해 ALM 경영기법을 활용하여 자산과 부채를 효과적으로 관리할 필요가 있다.

3. 재조정갭 모형

재조정갭 모형(repricing gap model)은 재조정 모형(repricing model), 자금갭 모형(funding gap model) 혹은 금리민감갭 모형(interest-sensitive gap model)이라고도 부른다. 재조정갭 모형은 일정기간 동안의 금리변동이 금융기관의 순이자이익(NII; net interest income)에 미치는 영향을 살펴보고 자산과 부채 구조의 단·중기전략에 활용하는 경영기법이다. 순이자이익이란 자산으로부터 발생하는 이자수익과 부채로부터 발생하는 이자비용의 차이를 말한다.

이 모형에서는 특정 기간 동안의 재조정갭(repricing gap)을 측정하는 것이 중요한 부분이다. 재조정갭이란 금리민감자산(RSA; rate sensitive assets)과 금리민감부채(RSL; rate sensitive liabilities)간 차이를 의미한다. 만약 금리민감자산(RSA)이 금리민감부채(RSL) 규모보다 더 큰 경우 양의 재조정갭(positive repricing gap) 혹은 양의 갭(positive gap)이라고 한다. 반대로 금리민감자산(RSA) 규모가 금리민감부채(RSL) 보다 더 작은 경우 음의 재조정갭(negative repricing gap) 혹은 음의 갭(negative gap)이라고 한다.

재조정갭을 도출하기 위해서 우선 금리의 재조정기간별로 자산과 부채를 분류하여 금리민감자산과 금리민감부채를 도출해야한다. 금리의 재조정이란 특정 자산과 부채가 시장금리 수준으로 변경되는 것을 의미한다. 그러므로 재조정기간이란 특정 자산과 부채가 시장금리 수준으로 재조정되기까지 소요되는 기간을 말한다. 가령 특정 고정금리 자산과 부채의 경우에는 만기가 되어야만 시장금리 수준으로 자산과 부채가 재조정될 것이다. 그러므로 고정금리 자산과 부채의 경우에는 만기가 그 자산과 부채의 재조정기간이 된다. 변동금리 자산과 부채의 경우에 만약 3개월 단위로 변동금리가 조정된다면 그 자산과 부채의 재조정기간은 3개월 주기로 새로운 변동금리가 적용되기까지 기다려야하는 기간이 된다.

| 표 8-1 | 재조정갭

(단위 : 억 원)

재조정기간	자산	부채	갭	누적갭
1일	25	30	-5	-5
1일 초과 - 3개월	35	50	-15	-20
3개월 초과 - 6개월	75	100	-25	-45
6개월 초과 - 1년	115	90	+25	-20
1년 초과 - 5년	50	40	+10	-10
5년 초과	20	10	+10	0
계	320	320	0	-

〈표 8-1〉은 어떤 은행의 자산과 부채를 6가지의 재조정기간별로 금리민감자산과 금리민감부채를 분류하고 있다. 이러한 작업은 컴퓨터 프로그램을 활용하여 손쉽게 도출이 가능하다. 1일 재조정기간에서 금리민감자산 규모는 25억 원이며 금리민감부채는 30억 원이다. 그러므로 1일 재조정기간에서는 음의 재조정갭(-5억 원)를 나타낸다.

재조정갭의 정도는 이자율의 변동에 대해 순이자이익이 얼마만큼 변동할 수 있는지를 나타낸다. 즉 재조정갭은 이자율 위험에 대한 노출정도를 나타낸다. 금리의 변화가 자산과 부채에 대해서 동일하게 적용된다는 가정 하에서 양의 갭인 경우, 금리의 상승은 이자수익이 이자비용보다 더 많이 증가할 것이므로 양의 순이자이익을 나타날 것이다. 그리고 NIM도 증가할 것이다. 반면, 양의 갭에서 금리가 하락한다면 금리의 하락에 따른 이자수익의 감소 규모가 이자비용의 감소보다 더 크므로 순이자이익은 손실을 나타낼 것이다.

반대로, 음의 갭인 경우, 금리 상승 시 이자수익보다 이자비용이 더 많이 증가할 것이므로 음의 순이자이익 즉 손실을 나타낼 것이다. 하지만 음의 갭 상황에서, 금리가 하락하는 경우 이자수익의 감소 규모보다 이자비용의 감소 규모가 더 클 것이므로 양의 순이자이익을 보일 것이다.

〈표 8-1〉의 예에서, 1일 기간 동안 재조정갭 규모는 음의 재조정갭, -5억 원

이므로, 1일 기간 동안 금리가 1%p 상승한다면 순이자이익은 (-5억 원) × 0.01 즉, -5백만 원만큼 손실이 발생한다. 재조정기간 1년을 기준으로 설정하여 1년 기간 동안의 금리변화에 따른 순이자이익의 변화를 살펴보기 위해서는 식 (8-2)에 나타난 바와 같이, 1년 기간의 재조정누적갭을 활용해야 한다. 만약 1년 기간 동안 금리가 1%p 상승한다면 순이자이익은 (-20억 원) × 0.01 즉, -2천만 원만큼 손실이 발생할 것이다.

재조정 누적갭은 금리위험에 대한 노출정도를 측정하는 데 유용하게 활용될 수 있다. 〈표 8-2〉는 어떤 은행의 대차대조표를 재조정기간 1년을 기준으로 금리민감자산(RSA), 금리민감부채(RSL), 금리둔감자산(RNSA), 금리둔감부채(RNSL)로 분류한 사례를 나타낸다. 재조정기간 1년을 기준으로 재조정누적갭은 −200억 원이다. 만약 1년 기간 동안 금리가 1%p 상승한다면 순이자이익은 -2억 원만큼 손실이 발생할 것이다.

표 8-2 금리민감도별 분류한 A은행의 대차대조표

(단위 : 억 원)

자산		부채	
콜론(1일물)	250	콜머니(1일물)	300
유가증권(만기 6월)	350	양도성예금증서(CD)	600
변동금리 가계대출	1000	변동금리 저축성예금	1500
변동금리 기업대출	1100	환매조건부채권(RP)	500
RSA(1년 기준)	2700	RSL(1년 기준)	2900
고정금리 가계대출 (만기 1년-3년)	500	고정금리 저축성예금 (만기 1년초과)	350
고정금리 기업대출 (만기 3년 초과)	300	자본금	250
RNSA(1년 기준)	800	RNSL(1년 기준)	600
자산 총계	3500	부채 총계	3500

앞서 설명한 바와 같이 재조정갭의 정도가 클수록 순이자이익의 변동폭 즉, 위험노출이 더 크게 나타난다. 측정된 위험노출의 정도에 따라 금융기관의 경영진은 노출된 위험을 수용할 것인지 아니면 위험을 어느 정도 제거할 것인지에 관한 의사결정을 하게 된다.

$$재조정갭_i(Repricing\ Gap) = RSA_i - RSL_i \tag{8-1}$$

$$\Delta NII_i = 누적\ 재조정갭_i \times R_i \tag{8-2}$$

이상에서 설명한 재조정갭 경영기법은 이론적으로 우수하고 간편하게 위험노출 정도를 측정할 수 있다는 점에서 장점이 있다. 그러나 금융기관이 실제로 재조정갭 모형을 사용하는 데 한계가 있다. 우선, 재조정갭 모형은 자산과 부채에 적용되는 이자율의 변동폭과 변동속도가 같다고 가정하고 있으나 현실적으로 그렇지 못하다는 한계가 있다. 일반적으로 예금이자율과 같은 부채측면의 이자율 변화속도가 대출이자율과 같은 자산 이자율의 변화속도보다 더 늦게 움직이는 경향이 있다. 가령, 시장금리 상승시기에 대출이자율은 빠르게 상승하나 예금이자율은 시차를 두고 느리게 상승하는 경향이 있다.[1)]

다음으로 재조정갭 경영기법은 재조정기간의 계획기간(planning period) 설정이 상당히 자의적이라는 단점이 있다. 설정되는 계획기간에 따라 측정되는 이자율위험의 노출정도가 상당한 차이가 있을 수 있다. 일반적으로 1년의 계획기간을 설정하여 의사결정방향을 결정하지만 계획기간이 다르게 설정되면 의사결정방향도 달라질 수 있다. 그리고 재조정 모형에서는 자산과 부채의 만기에 따라 재조정기간을 기준으로 금리민감도 분류하고 있으나 실제 금리의 재조정기간은 자산/부채의 만기와 다를 수 있다. 가령, 10년 만기 장기대출

---

1) 자산과 부채의 여러 항목별로 이자율 변동속도와 변동폭이 차이가 있음을 감안하여, 각 항목별로 이자율 민감도 가중치(sensitivity weight)를 곱하여 금리변화에 따른 순이자이익의 변화를 추정하는 기법인 가중평균 재조정갭(wighted repricing gap) 기법이 활용되기도 한다.(Rose and Hudgins, 2013)

자산이 1년 후에 만기가 도래한다면, 이 장기대출에 대해 금리가 재조정되는 기간은 잔존만기인 1년이 된다. 그리고 장기 대출의 경우 만기이전에 미리 조기상환함에 따라 재조정기간이 짧아질 수 도 있다. 즉, 재조정갭 모형은 만기이전의 중간현금흐름을 정확하게 반영하지 못하는 한계가 있다.

또한 재조정갭 모형은 금리의 변화에 따라 자산과 부채의 시장가치가 변화하는 점을 반영하지 못한다는 단점이 있다. 재조정갭 모형은 자산과 부채의 가치를 시장가치가 아닌 장부가치로 측정하며 금리변화에 따라 자산과 부채의 가치가 변화함으로써 금융기관의 순자산가치가 변화하는 점을 반영하지 못한다는 한계가 있다.

4. 만기갭 모형

앞에서 살펴본 재조정갭 모형의 중요한 단점은 자산과 부채의 가치측정 시 시장가치회계가 아닌 장부가치회계를 활용한다는 점이다. 장부가치로 회계처리 하는 경우 금융거래가 발생한 과거시점에 기록된 역사적 가치를 반영하게 된다. 가령 유가증권을 매입한 과거시점의 가치, 대출이 발생한 과거시점의 가치, 예금상품을 판매한 시점에 기록된 가치 등으로 평가하게 된다. 그러므로 자산과 부채의 가치가 매일매일 변화하는 것을 반영하지 못한다. 시장가치회계를 활용한다는 것은 자산과 부채의 가치측정 시 현재시점의 시장가치로 평가함을 의미한다. 만약 현재시점에 어떤 은행을 청산한다면 자산과 부채의 현실적인 가치를 파악하기 위해서는 시장가치회계를 활용해야한다. 만기갭 모형(maturity gap model)과 듀레이션갭 모형(duration gap model)은 시장가치회계에 기반한 모형으로써 재조정모형의 전술한 단점을 보완한다.

만기갭 모형은 자산과 부채의 만기를 일치시켜 시장금리 변화에 따른 순자산가치의 변동을 최소화하고자 하는 모형이다. 시장금리가 변화하면 자산과 부채의 시장가치가 변화하며 만기가 장기일수록 그 변화폭이 더 커진다. 그러므로 자산과 부채의 만기를 일치시키면 시장금리변화가 금융기관의 순자산가치 변화에 미치는 영향이 최소화된다.

금리변화 시 자산과 부채가치의 변화가 만기에 따라 달라지는 원리를 구체적으로 살펴보자. 어떤 금융자산의 현재가격은 그 금융자산의 소유자가 만기까지 받게 되는 모든 지급액(현금흐름)의 현재가치 합계와 같다. 가령 어떤 채권의 액면가가 F, 매년 소유자에게 지급되는 표면이자가 C, 만기가 n년이라고 하면, 그 채권의 가격 P는 다음의 식 (8-3)과 같이 나타낼 수 있다.

이자율(i)이 상승(하락)할 경우 채권의 가격(P)은 하락(상승)하는 특성을 알 수 있다. 즉, 이자율과 채권가격은 반비례관계를 보인다. 만기이외에는 동일한 조건을 가진 장단기채권을 비교해보면, 시장이자율(i) 상승 시 장기채권인 경우에 단기채권에 비해 할인(discount)이 많이 이루어지므로 채권가격도 장기채권이 단기채권에 비해 더 크게 하락하게 된다.

$$P = \frac{C}{(1+i)} + \frac{C}{(1+i)^2} + \frac{C}{(1+i)^3} + \dots + \frac{C+F}{(1+i)^n} \tag{8-3}$$

식 (8-3)의 원리를 금융기관의 자산과 부채가치에 그대로 적용할 수 있다. 즉, 시장이자율(i)이 상승(하락)할 경우 금융기관의 자산 혹은 부채의 시장가치(P)는 하락(상승)하게 된다. 금융기관의 자산만기가 부채만기에 비해 훨씬 더 장기라고 한다면, 시장금리 상승 시 자산의 시장가치 하락폭(ΔA)이 부채의 시장가치 하락폭(ΔL)에 비해 더 크므로 순자산가치(ΔE)는 감소한다.

$$\Delta E = \Delta A - \Delta L \tag{8-4}$$

만기갭(maturity gap)은 자산의 가중평균만기(MA)에서 부채의 가중평균만기(ML)를 차감한 값을 의미한다. 가중평균만기란 각 자산(부채)항목의 만기와 전체자산(부채)대비 각 자산(부채)비중을 반영하여 가중평균한 값이다.

만약 어떤 은행의 자산의 가중평균만기(MA)가 3년, 부채의 가중평균만기(ML)가 1년, 총자산의 시장가치는 100억원, 총부채의 시장가치는 90억 원이라고 하자. 이 은행의 만기갭은 2년이다. 이 은행의 자산과 부채는 식 (8-3)의 원리가 적용되는 채권으로 구성되었다고 가정하자. 즉, 이 은행의 자산은 액면금액 100억 원, 부채는 액면금액 90억 원, 표면금리는 시장금리와 같은 5%이다.

금리수준이 현재 5%에서 6%로 1%p 상승한다면 이 은행의 자산과 부채는 〈표 8-4〉와 같이 변화한다. 이 은행의 순자산가치는 10억 원에서 8.18억 원으로 감소함을 알 수 있다. 즉, 만기갭이 0보다 큰 양의 만기갭인 경우 시장금리의 상승은 은행의 순자산가치를 하락시키게 된다.

$$A = \frac{5\text{억 원}}{(1+6\%)} + \frac{5\text{억 원}}{(1+6\%)^2} + \frac{105\text{억 원}}{(1+6\%)^3} = 97.33 \quad (8\text{-}5)$$

$$L = \frac{94.5\text{억 원}}{(1+6\%)} = 89.15 \quad (8\text{-}6)$$

| 표 8-3 | A은행의 재무상태표

(단위 : 억 원)

자산		부채 및 자기자본	
자산(M_A=3)	100	부채(M_L=1)	90
		자기자본(순자산)	10
총계	100	총계	100

| 표 8-4 | 만기갭이 양인 경우 금리상승 후 A은행의 재무상태표

(단위 : 억 원)

자산		부채 및 자기자본	
자산(M_A=3)	97.33	부채(M_L=1)	89.15
		자기자본(순자산)	8.18
총계	97.33	총계	97.33

만약 만기갭이 0인 상태에서 시장금리의 상승 시 은행의 순자산가치가 어떻게 변화하는지 살펴보자. 금리수준이 현재 5%에서 6%로 1%p 상승한다면 이 은행의 순자산가치는 〈표 8-5〉와 같이 변화한다. 이 은행의 만기갭이 0인 상태와 만기갭인 2인 상태를 비교해보면, 만기갭이 0인 경우에 순자산가치의 변동폭이 더 작다는 점을 알 수 있다. 하지만, 만기갭이 0인 상태에서도 금리위험으로부터 완전히 면역화 되지는 않는다.

$$L = \frac{4.5억원}{(1+6\%)} + \frac{4.5억원}{(1+6\%)^2} + \frac{94.5억원}{(1+6\%)^3} = 87.59 \quad (8\text{-}6)$$

┃표 8-5┃ 만기갭이 0인 경우 금리상승 후 A은행의 재무상태표

(단위 : 억 원)

자산		부채 및 자기자본	
자산(M_A=3)	97.33	부채(M_L=3)	87.59
		자기자본(순자산)	9.74
총계	97.33	총계	97.33

5. 듀레이션갭 모형

5.1 듀레이션갭의 개념과 특성

앞서 살펴본 만기갭 모형에서 자산과 부채의 만기를 일치시키더라도 금리변화에 따른 금융기관의 순자산가치 변동위험을 완전히 제거할 수 없다. 그 이유는 우선 자산과 부채의 만기가 이자율변화에 대한 민감도를 정확하게 반영하지 못하기 때문이다. 자산과 부채의 명목상의 만기뿐만 아니라 자산과 부채로부터 발생하는 현금흐름을 감안한 평균만기 즉 듀레이션(duration)을 고려해야 한다. 또 다른 이유는 자산대비 부채의 비율이 1보다 작기 때문이다.

다시 말해, 은행의 재무상태표상 레버리지 정도를 고려하지 않기 때문이다. 듀레이션갭 모형(duration gap model)은 이러한 만기갭 모형의 한계점을 극복하면서 금리위험을 측정하고 대응하는 모형이다.

듀레이션이란 자산과 부채로부터 발생하는 모든 현금흐름의 가치와 발생시기를 고려하여 가중평균한 만기이다. 가령, 은행이 보유하는 대출 혹은 증권과 같은 자산의 듀레이션이란 은행이 그러한 자산을 상환(회수)받게 되는 실질적인 평균상환(회수)기간이라고 할 수 있다. 만기 1년, 이자율 10%, 원금 1억 원의 대출자산이 있다고 하자. 만약 그 차입자가 6개월 후에 원금의 절반인 5천만 원을 상환하고 나머지는 1년 후 만기시점에 상환하였다면 평균상환기간 개념인 듀레이션은 만기 1년보다 짧을 것이다. 만약 1년 후 만기시점에 대출원리금을 전액 상환한다면 듀레이션과 만기는 1년으로 동일하게 된다.

다음과 같은 고정소득증권에 대한 듀레이션 산출공식을 활용하여 듀레이션 혹은 맥콜리 듀레이션(Macaulay's Duration)[2)]을 구할 수 있으며 다양한 자산 및 부채에 적용할 수 있다.

$$D = \frac{\sum_{t=1}^{N} CF_t \times DF_t \times t}{\sum_{t=1}^{N} CF_t \times DF_t} = \frac{\sum_{t=1}^{N} PV_t \times t}{\sum_{t=1}^{N} PV_t} \qquad (8\text{-}7)$$

여기서 D는 년수로 표시한 듀레이션을, CF_t는 t기말에 발생하는 현금흐름을, DF_t는 현재가치로 할인하는 요소로 $1/(1+i)^t$ 값을 나타낸다. PV_t는 t기에 발생하는 현금흐름의 현재가치를 의미한다.

〈표 8-6〉은 듀레이션 산출공식을 사용하여 듀레이션을 도출한 과정을 보여준다. 어떤 채권의 만기가 6년, 매년 지급하는 표면금리(coupon rate)는 6%, 액면가(face value)는 1,000만원, 시장금리(만기수익률)는 8%인 경우이다. 도출된

2) 듀레이션 개념을 1938년 처음으로 제시한 Macaulay 이름을 붙여서 부르기도 한다.

듀레이션 5.17년은 이 채권의 현금흐름을 감안한 가중평균만기를 의미한다.

듀레이션의 특징을 살펴보면, 우선 만기가 길어질수록 가중평균만기 개념인 듀레이션도 증가하게 된다. 위의 식 (8-7)에서 보는 바와 같이 듀레이션은 만기(t)의 양의 함수임을 알 수 있다.

그리고 시장금리(만기수익률)이 상승할수록 듀레이션은 감소하는 특징이 있다. 아래 〈표 8-7〉은 〈표 8-6〉과 비교하여 다른 조건이 동일한 가운데 시장금리(만기수익률)가 10%로 더 높은 경우이며, 시장금리가 높을수록 듀레이션이 감소함을 보여준다. 시장금리가 높을수록 더 나중에 발생하는 현금흐름이 더 많이 할인되고 그 비중이 축소되므로 평균회수기간이 짧아지는 결과가 발생하기 때문이다.

또한 듀레이션은 표면금리가 감소할수록 듀레이션이 증가하는 특징이 있다. 〈표 8-8〉은 〈표 8-6〉과 비교하여 다른 조건이 동일한 가운데 표면금리가 제로인 할인채(discount bond)의 경우이다. 표면금리가 낮을수록 투자자들이 회수하는 기간이 늦춰지므로 듀레이션이 증가하게 된다. 〈표 8-8〉에서와 같이 표면금리가 없는 경우에는 듀레이션과 만기는 같아진다.

| 표 8-6 | 채권(이표채)의 듀레이션 산출사례 : 표면금리 6%, 액면가 1000만원, 만기 6년, 시장금리(만기수익률) 8%

(단위 : 만원)

t	CF_t	DF_t	PV_t	$PV_t \times t$
1	60	0.9259	55.55	55.55
2	60	0.8573	51.44	102.88
3	60	0.7938	47.63	142.89
4	60	0.7350	44.10	176.40
5	60	0.6806	40.84	204.18
6	1060	0.6302	668.01	4,008.07
			합계 : 907.57	합계 : 4689.97
듀레이션(D) = 4689.97/907.57 = 5.17년				

| 표 8-7 | 채권(이표채)의 듀레이션 산출사례 : 표면금리 6%, 액면가 1000만원, 만기 6년, 시장금리(만기수익률) 10%

(단위 : 만원)

t	CF_t	DF_t	PV_t	$PV_t \times t$
1	60	0.9091	54.55	54.55
2	60	0.8264	49.58	99.16
3	60	0.7513	45.08	135.24
4	60	0.6830	40.98	163.92
5	60	0.6209	37.25	186.25
6	1060	0.5645	598.37	3,590.22
			합계 : 825.81	합계 : 4,229.34
듀레이션(D) = 4,229.34/825.81 = 5.12년				

| 표 8-8 | 채권(할인채)의 듀레이션 산출사례 : 액면가 1000만원, 만기 6년, 시장금리(만기수익률) 8%

(단위 : 만원)

t	CF_t	DF_t	PV_t	$PV_t \times t$
1	0	0.9259	0	0
2	0	0.8573	0	0
3	0	0.7938	0	0
4	0	0.7350	0	0
5	0	0.6806	0	0
6	1000	0.6302	630.20	3,781.20
			합계 : 630.02	합계 : 3,781.20
듀레이션(D) = 3,781.20/630.20 = 6년				

5.2 듀레이션의 경제적 의미

듀레이션갭 모형을 이자율위험에 대한 경영기법으로 활용하기 위해 이자율 변동 시 자산/부채의 가격변동민감도와 듀레이션이 어떤 관계가 있는지 먼저 살펴봐야한다. 앞에서 시장금리(만기수익률)변동에 따른 채권의 가격변동은 만기가 길수록 가격변동폭이 커지는 관계가 있음을 파악하였다. 현금흐름의 시간을 감안한 가중평균만기인 듀레이션도, 만기와 마찬가지로, 시장금리변동 시 듀레이션이 클수록 채권가격변동의 민감도를 증가시키는 역할을 한다.

어떤 채권의 액면가가 F, 매년 지급되는 표면이자가 C, 만기가 n년, 만기수익률이 R이라고 하면, 그 채권의 가격 P는 다음의 식 (8-8)과 같다. 시장금리(R) 상승시 채권가격의 변동성과 듀레이션의 역할을 살펴보기 위해 채권가격(P)에 대해 시장금리(R)로 미분하면 식 (8-9)를 도출할 수 있다.[3)]

$$P = \frac{C}{(1+R)} + \frac{C}{(1+R)^2} + \frac{C}{(1+R)^3} + \dots + \frac{C+F}{(1+R)^n} \qquad (8\text{-}8)$$

$$\frac{dP}{P} = -D\frac{dR}{(1+R)} \qquad (8\text{-}9)$$

식 (8-9)는 시장금리(R)의 변화에 따라 채권가격은 반비례하는 방향으로 변화하며 듀레이션이 클수록 채권가격의 변동성이 더 커짐을 의미한다. 시장금리 상승 시 채권의 가격은 하락하며 듀레이션이 클수록 가격하락폭이 크고 더 큰 자본손실을 입을 수 있음을 의미한다.

만약, 어떤 채권의 듀레이션 5.17년, 현재의 가격이 1,000만원, 시장금리(만

---

3) $\frac{dP}{dR} = \frac{-C}{(1+R)^2} + \frac{-2C}{(1+R)^3} + \dots + \frac{-N(C+F)}{(1+R)^{n+1}}$, 이를 다시 정리하면

$\frac{dP}{dR} = -\frac{1}{1+R}\left[\frac{C}{(1+R)} + \frac{2C}{(1+R)^2} + \dots + \frac{N(C+F)}{(1+R)^N}\right] \dots (1).$

앞서 살펴본 듀레이션 산출식은 $D = \frac{\sum_{t=1}^{N} PV_t \times t}{P}$. 이 듀레이션 식을 정리하면

$P \times D = \frac{C}{(1+R)} + 2\times\frac{C}{(1+R)^2} + \dots + N\times\frac{(C+F)}{(1+R)^N}$. 이 식을 위 식(1)에 대입하면

$\frac{dP}{dR} = -\frac{1}{1+R}(P\times D)$. 이를 다시 정리하면 $\frac{dP}{P} = -D\frac{1}{(1+R)}$.

기수익률)는 8%라고 하자. 시장금리가 8%에서 8.5%로 상승한다면 채권의 가격변화율을 식 (8-9)를 활용하여 다음과 같이 산출할 수 있다.

$$\frac{dP}{P} = -5.12\frac{0.005}{(1+0.08)} = -0.0237 = -2.37\%$$

시장금리가 5%p 상승할 경우 채권가격은 23.7만원(−2.37% × 1000만원) 만큼 감소할 것이다.

5.2 듀레이션갭을 활용한 면역화전략

앞에서 시장금리변동 시 채권의 금리민감도는 듀레이션과 밀접한 관계가 있음을 이해하였다. 이러한 관계를 나타내는 식 (8-9)를 금융기관의 자산 및 부채에 다음과 같이 적용할 수 있다.

$$\frac{\Delta A}{A} = -D_A\frac{\Delta R}{(1+R)} \quad (8\text{-}10)$$

$$\frac{\Delta L}{L} = -D_L\frac{\Delta R}{(1+R)} \quad (8\text{-}11)$$

여기서 D_A, D_L은 각각 금융기관의 자산, 부채포트폴리오의 듀레이션을 나타낸다. 위 두식의 양변에 A, L을 각각 곱한 후 식 (8-10)에서 식 (8-11)을 차감하면 다음의 관계식을 얻는다.[4)]

4) $$\Delta E = \left[-D_A A\frac{\Delta R}{(1+R)}\right] - \left[-D_L L\frac{\Delta R}{(1+R)}\right] = [-D_A A + D_L L]\frac{\Delta R}{(1+r)}$$

$$= -\left[D_A\frac{A}{A} - D_L\frac{L}{A}\right]A\frac{\Delta R}{(1+R)} = -[D_A - D_L k]A\frac{R}{(1+R)}$$

$$\Delta E = -[D_A - D_L k] \times A \times \frac{\Delta R}{(1+R)} \qquad (8\text{-}12)$$

여기서 $k = A/L$ 즉, 금융기관의 부채비율(레버리지)을 나타낸다. $D_A - kD_L$을 레버리지 조정 듀레이션갭(leverage adjusted duration gap)이라고 한다. 식(8-12)는 시장금리변동 시 금융기관의 순사산가치가 변동하는 위험이 있으며 레버리지 조정 듀레이션갭이 클수록 그 위험성이 커짐을 의미한다. 시장금리 상승 시에 금융기관의 순자산가치 하락폭은 양의 듀레이션갭이 클수록 더 커짐을 나타낸다.

예를 들어, 어떤 은행 자산과 부채포트폴리오의 가중평균 듀레이션이 각각 $D_A = 4$, $D_L = 2$, 총자산이 1,000억 원, 총부채는 900억 원이라고 하자. 금리수준이 8%에서 10%로 상승할 것으로 예상된다면 이 은행의 순자산가치는 어떤 변화가 있을지 다음과 같이 추산할 수 있다.

$$\Delta E = -\left[4 - 2\frac{900}{1000}\right] \times 1000 \times \frac{0.02}{(1+0.08)} = -40.74$$

이자율이 2%p 상승할 경우 이 은행의 순자산은 약 40.74억 원 감소할 것이다. 결과적으로, 아래 재무상태표에 나타난 바와 같이, 자기자본비율도 10%에서 6.4%(=59.26/925.93)로 크게 하락한다.

만약 레버리지 조정 듀레이션갭을 0으로 만들면 금리변동에 따른 순자산가치의 변동위험을 제거할 수 있다. 즉, 금리위험에 대해 자기자본의 변화를 면역화시키는 전략은 레버리지 조정 듀레이션갭을 0으로 조정하는 것이다.

(단위 : 억 원)

자산		부채 및 자기자본	
자산(M_A=4)	925.93	부채(M_L=2)	866.67
		자기자본(순자산)	59.26
총계	925.93	총계	925.93

그러나 레버리지 조정 듀레이션갭을 0으로 만드는 면역화전략은 상당한 기회비용을 수반한다. 양의 레버리지 조정 듀레이션갭을 0으로 만들기 위해서는 자산의 듀레이션을 축소시키고 부채의 듀레이션은 늘려야한다. 레버리지 k값이 1보다 작으므로 부채의 듀레이션을 자산의 듀레이션보다 크게 만들어야 레버리지 조정 듀레이션갭을 0으로 조정할 수 있다. 가령, 자산의 듀레이션을 줄이기 위해 대출자산의 잔존만기 축소, 변동금리 대출 증가, 이자상환 횟수 증가 등의 조정을 무리하게 실행하는 경우에는 고객관계가 악화되어 상당한 영업손실을 초래할 수 있다. 부채의 경우에도 듀레이션을 늘리기 위해 가령, 장기예금이나 장기CD의 비중을 증가시키면 고객의 불만이 초래되고 장기부채의 경우 단기에 비해 그만큼 지급이자율도 증가하므로 상당한 기회비용을 초래한다.

그러므로 현실적으로 많은 금융기관은 직접적인 포트폴리오 재조정을 통해 레버리지 조정 듀레이션갭을 0으로 만드는 것이 아니라, 듀레이션 갭은 통제가 능한 적절한 양의 듀레이션갭 수준으로 유지하면서, 이자율위험 헤징을 위한 파생금융상품, 유동화(securitization) 등을 포함하는 부외거래(off-balace sheet method)를 병행하고 있다.

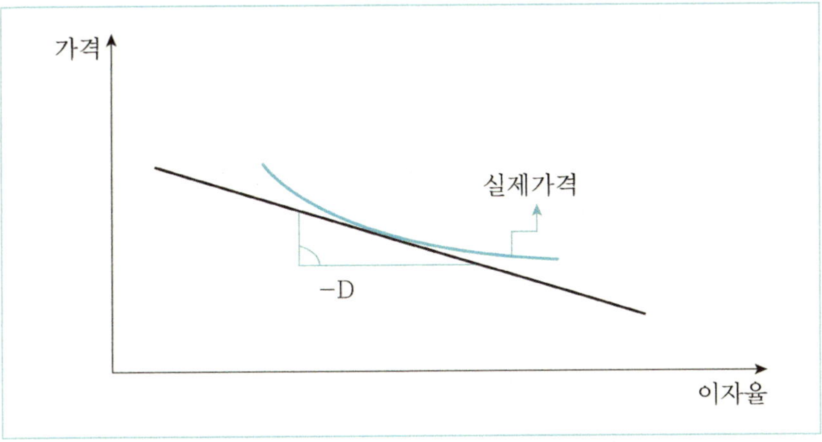

| 그림 8-1 | 채권가격과 이자율의 관계

듀레이션갭 모형의 다른 한계는 시장금리변화와 자산/부채 시장가치의 변화간에 선형관계(linear relationship)가 존재한다고 가정한다는 점이다. 듀레이션갭 모형은 이자율의 변화($\Delta R/(1+R)$와 채권가격의 변화($\Delta P/P$)간에 듀레이션(-D) 만큼 일정한 음의 선형관계가 있는 것으로 가정하지만, [그림 8-1]에 나타난 바와 같이 금리변화에 따른 실제가격 변화는 복록성(convexity)의 비선형관계를 보인다. 그러므로 이자율이 큰 폭으로 변화하는 경우에는 듀레이션갭의 추정이 부정확할 수 있다. 가령, 시장금리가 2%p만큼 큰 폭으로 상승하는 경우에 채권의 실제가격 하락폭은 듀레이션갭모형의 추정치보다 더 작은 폭으로 하락한다.

또한, 듀레이션갭 모형에서는 시장금리의 상승/하락 시 단기금리와 장기금리의 변화폭이 같다고 가정하고 있다. 그러나 실제금리의 변화폭은 장단기 금리 간에 차이가 있으며 단기금리의 변화폭이 장기금리의 변화폭보다 상대적으로 크게 나타나는 경향이 있다. 즉, 실제 장단기금리의 변화에는 '수익률곡선의 비평행적 이동(non-parallel yield curve shift)' 현상이 나타난다. 가령, 금리가 빠르게 상승하는 시기에 단기금리가 100bp 상승하는 반면 장기금리는 75bp만 상승하는 것과 같은 현상이 나타난다. 듀레이션이 상대적으로 작은 부채에 적용되는 금리의 변화와 듀레이션이 큰 자산에 적용되는 금리변화가 차이가 있다면 듀레이션갭 모형에 의한 순자산가치의 추정이 부정확할 수 있다.

6. 파생금융상품의 활용

6.1 금리선물의 활용

선물거래는 선물의 시장가격의 변동에 따라 손익이 달라지는데 만기일의 선물가격이 최초 계약가격을 상회하면 매입자가 이익(매도자 손실)을 얻게 되나 하회할 경우에는 매입자가 손실(매도자 이익)을 입게 된다([그림 8-2] 참고). 금리선물거래는 정규거래시간 중 최종약정가격, 즉 일일정산가격을 기준으로 정산하게 된다. 선물가격 상승 시 선물매수자는 전일 선물포지션의 선물가격과 금일 일일정산가격과의 차이만큼 금액을 수령하고 선물매도자는 동 차이만큼 금액을 지급하게 된다. 최종결제방법은 우리나라의 경우 현금결제(cash settlement) 방식으로써 만기일에 현물채권을 직접 인도하는 대신에 거래소가 정한 최종결제가격과 선물계약가격과의 차액만을 정산한다.

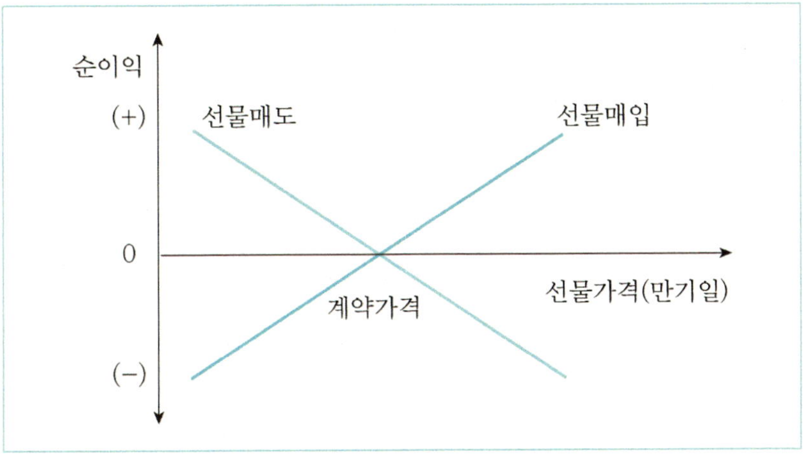

| 그림 8-2 | 금리선물 거래의 손익구조

시장금리 상승 시 국채선물의 가치는 하락할 것이며 하락의 정도는 아래 식과 같이 듀레이션에 따라 달라진다.

$$\frac{\Delta F}{F} = -D_F \frac{\Delta R}{(1+R)}$$

$$\Delta F = -D_F \frac{\Delta R}{(1+R)} F$$

$$\Delta F = -D_F \times \frac{\Delta R}{(1+R)} \times P_F \times N_F$$

여기서, F는 국채선물의 가치 즉, 선물계약 금액이며 D_F는 선물가격의 기초자산인 국채의 듀레이션이다. 선물계약 금액은 1계약 당 선물금액(P_F)과 선물 계약수(N_F)의 곱으로 나타낼 수 있다. 선물매도(short position)의 경우 N_F는 음수로 표시되며 선물매도자는 금리상승 시 이익을 보게 된다.

금리선물계약을 통해 발생하는 이익(ΔF)이 금리상승 시 은행의 순자산가치하락에 따른 예상손실(ΔE)을 커버할 수 있다면, 아래 식과 같이. 금리위험이 완전 헤징될 수 있다.

$$\Delta E + \Delta F = 0$$

$$-(D_A - kD_L) \times A \times \frac{\Delta R}{1+R} = D_F \times \frac{\Delta R}{(1+R)} \times P_F \times N_F$$

위 식을 선물계약수(N_F)에 관해 풀면, 금리위험의 완전헤징을 위해 필요한 선물계약수가 도출된다.

$$N_F = -\frac{(D_A - kD_L) \times A}{D_F \times P_F}$$

예를 들어, 어떤 은행 자산과 부채포트폴리오의 듀레이션이 각각 $D_A = 5$, $D_L = 2$, 총자산이 1,000억 원, 총부채는 900억 원으로 k=0.9라고 하자. 국채선물 1계약 당 선물금액(P_F)은 1억 원이며 3년 만기 국채선물의 듀레이션(D_F)은 2.5년이라고 하자. 이 은행이 3년 만기 국채선물을 이용하여 금리위험을 헤징하기 위해 필요한 선물계약 수는 다음과 같이 도출할 수 있다.

$$N_F = -\frac{(5 - 0.9 \times 2) \times 1{,}000\text{억원}}{2.5 \times 1\text{억원}} = -1{,}280\text{계약}$$

만약 시장금리가 현재 5%에서 6%로 상승할 경우 이 은행의 순자산가치하락에 따른 예상손실은, 아래 식과 같이, 약 30.48억 원이다. 하지만, 금리선물매도계약을 통해 발생하는 이익이 약 30.48억 원이므로 금리위험이 완전 헤징된다.

$$\Delta E = -(5-0.9\times 2)\times 1000\text{억원}\times \frac{0.01}{(1+0.05)} = -30.48\text{억원}$$

$$\Delta F = -2.5\times \frac{0.01}{(1+0.05)}\times 1\text{억원}\times (-1280\text{억원}) = 30.48\text{억원}$$

6.2 금리스왑의 활용

(1) 금리스왑의 구조

[그림 8-3]에 나타난 바와 같이, 전형적인 고정금리-변동금리간 Plain Vanilla Swap 방식의 금리스왑 거래구조를 살펴보자. 예를 들어 대형 은행 A는 1억 달러규모 채권발행(5년 만기)을 통해 고정금리 8% 부채를 안고 있다. 이 은행은 보유자산으로부터의 이자수익은 변동금리이므로 금리하락시기에 변동금리 이자수익으로 고정금리 8% 부채의 이자비용을 상환할 수 없는 문제를 갖고 있다. 한편, 신용도가 상대적으로 낮은 소형 은행 B는 고정금리의 모기지 대출자산을 보유하고 있으며, 변동금리 CD로 자금을 조달하고 있다. 은행 B의 문제는 금리상승시기에 변동금리의 CD 조달금리가 상승할 경우 고정금리(모기지대출) 수익으로써 조달금리를 상환할 수 없다는 점이다. 이러한 금융시장 여건을 인지하고 있는 중개회사를 통해 양 은행은 [그림 8-3]과 같이 금리스왑 거래를 할 수 있다. 즉, 은행 B는 금리스왑 매입포지션(매입자)을 취함으로써 고정금리를 은행 A에게 주고 변동금리를 받는다. 반대로 은행 A는 금리스왑 매도자로서 변동금리를 은행 B에게 주고 고정금리를 받는다.

결과적으로 이와 같은 금리스왑거래로 인해 은행 A는 매년 8%의 고정금리를 은행 B로부터 받아서 고정금리 부채의 이자를 상환할 수 있다. 즉, 은행 A는 고정금리 이자상환(payment)을 변동금리 이자상환으로 변환시키게 된다. 그리고 은행 B는 매년 LIBOR (London Interbank Offer Rate)+0.5%의 변동금리를 은행 A로부터 수취해서 변동금리 부채(CD)의 이자를 커버할 수 있게 된다. 즉, 은행 B는 변동금리 이자상환(payment)을 고정금리 이자상환으로 변환시키게 된다. 그리고 스왑거래는 계약당시에 장부상에 나타나지 않는 부외거래(off-balance sheet activity)가 된다.

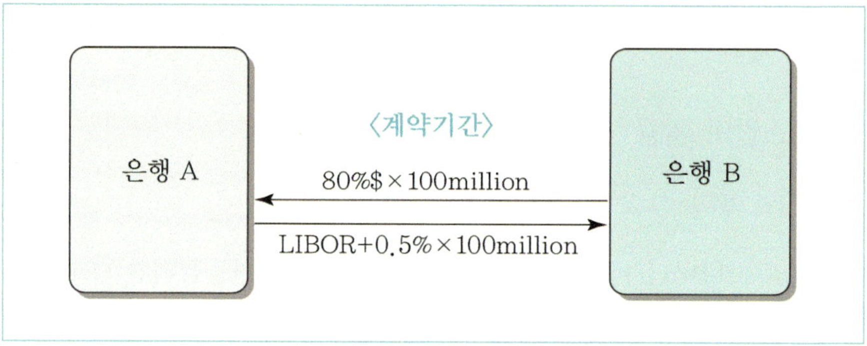

| 그림 8-3 | 금리스왑 거래 예시

(2) 금리스왑을 이용한 헤징전략

금융기관이 전체적인 자산 혹은 부채의 금리위험을 상쇄하기 위한 거시적 헤징전략을 살펴보자. 금리변동에 의해 발생하는 금융기관의 순자산 가치의 감소를 금리스왑을 이용함에 따라 발생하는 이익으로써 상쇄할 수 있도록 최적의 스왑계약을 활용해야한다.

앞서 살펴본 듀레이션 모형을 활용해 최적의 금리스왑 계약규모 산출방법을 살펴보자. 어떤 은행의 자산 듀레이션이 5년이며 부채의 듀레이션이 1년인 양(+)의 듀레이션갭을 가정한다. 일반적으로 장기 자산은 고정금리이며 단기 부채는 변동금리이므로 이 은행의 자산은 고정금리이며 부채는 변동금리로 가정한다. 그러므로 이 은행은 금리상승 시에 아래 식과 같이 순자산가치가 하락하는 위험에 노출되어 있다.

$$\Delta E = -(D_A - kD_L) \times A \times \frac{\Delta R}{(1+R)} < 0$$

스왑 매입자 입장에서 스왑계약만기 5년 동안의 고정금리를 지급하고 매년 변동하는 변동금리를 수취하므로, 스왑 매입은 고정금리 채권을 발행하고 변동금리 채권을 보유하는 것과 같은 현금흐름을 보인다. 즉, 스왑의 가치변화(이익)은 숏 포지션에 해당하는 고정금리 채권의 발행의 가치와 롱 포지션에 해당하는 변동금리 채권발행의 가치변화를 합한 것과 같다.[5] 따라서 금리스왑의 매입자 입장에서의 스왑의 이익은 아래 식과 같다.

$$\Delta S = (D_{fixed} - D_{float}) \times N \times \frac{\Delta R}{(1+R)}$$

여기서, ΔS : 스왑의 가치 변화(이익)

D_{fixed} : 스왑계약만기와 같은 만기를 갖는 고정금리 국채의 듀레이션

D_{float} : 스왑계약의 이자지급주기와 같은 변동금리 국채의 듀레이션

N : 스왑의 계약금액

금리스왑거래를 통해 얻을 수 있는 스왑의 이익이 금리상승에 따른 순자산가치 하락분을 커버할 경우 금리위험을 헤징할 수 있다.

$$\Delta S + \Delta E = 0$$

각각 대입하여 스왑의 계약금액(N)에 관해 풀면 다음 식과 같이 산출된다.

---

5) $\Delta S = \Delta N_{float} + (-\Delta N_{fixed})$

여기서, $\Delta N_{float} = -D_{float} \times N \times \frac{\Delta R}{1+R}$, $\Delta N_{fixed} = -D_{fixed} \times N \times \frac{\Delta R}{1+R}$

각각 대입하면, $\Delta S = (D_{fixed} - D_{float}) \times N \times \frac{\Delta R}{1+R}$

$$N = \frac{(D_A - kD_L) \times A}{D_{fixed} - D_{float}}$$

예를 들어, 어떤 은행 자산과 부채포트폴리오의 듀레이션이 각각 D_A=5, D_L=2, 총자산이 1,000억 원, 총부채는 900억 원으로 k=0.9라고 하자. 그리고 스왑계약상 고정금리(표면금리)를 지급하는 장기 국채의 듀레이션(D_{fixed})이 6년이며, 스왑계약상 매년 금리가 변화하는 변동금리를 지급하는 변동금리 채권의 듀레이션(D_{float})은 1년이라고 하자. 이러한 스왑계약을 이용할 경우 위험을 헤징하기 위해서 필요한 스왑계약금액은 다음과 같이 도출된다.

$$N = \frac{(5 - 0.9 \times 2) \times 1{,}000\text{억원}}{6 - 1} = \frac{3{,}200\text{억원}}{5} = 640\text{억원}$$

만약 시장금리가 현재 5%에서 6%로 상승할 경우 이 은행의 순자산가치하락에 따른 예상손실은, 아래 식과 같이, 약 30.48억 원이다. 하지만, 금리스왑계약을 통해 발생하는 이익이 약 30.48억 원이므로 금리위험이 완전 헤징된다.

$$\Delta E = -(5 - 0.9 \times 2) \times 1000\text{억원} \times \frac{0.01}{(1 + 0.05)} = -30.48\text{억원}$$

$$\Delta S = (6 - 1) \times 640\text{억원} \times \frac{0.01}{(1 + 0.05)} = 30.48\text{억원}$$

연습 문제

01 ALM(Asset-Liability Management)의 의미를 설명하시오. ALM과 위험헤징(risk hedging)과의 차이는 무엇인가?

02 아래 표는 A은행의 자산과 부채를 만기 혹은 금리의 재조정시기을 감안한 재조정기간별로 분류한 것이다.

a. 1년 기간을 기준으로 재조정갭을 계산할 경우 금리민감자산, 금리민감부채, 금리재조정누적갭을 구하시오.

b. 만약 향후 1년 기간 동안 금리가 1%p 상승한다면 순이자이익은 어떻게 변화하는가?

(단위 : 억 원)

	1일~3개월	3개월 초과~6개월	6개월 초과~1년	1년 초과
대출	100	200	300	600
유가증권	20	25	50	60
요구불예금	300	0	0	0
정기예금	100	200	200	100
자금시장차입금	150	100	50	0

03 만기갭이 0인 상태에서도 금리위험에 완전히 면역화되지 않는 이유를 설명하시오.

04 채권 표면금리 7%, 액면가 1000만원, 만기 3년; 채권 시장금리(만기수익률)이 5%인 경우, 이 채권의 듀레이션을 계산하시오. 만약 채권 시장금리가 5%에서 6%로 상승한다면 채권의 가격은 어떻게 변화하겠는가?

05 듀레이션의 특성에서 표면금리와 듀레이션의 관계를 설명하시오. 표면금리가 없는 할인채의 듀레이션은 어떤 특징이 있는가?

06 어떤 은행 자산과 부채포트폴리오의 가중평균 듀레이션이 각각 DA=4, DL=2, 총자산이 1,000억 원, 총부채는 900억 원이라고 하자. 금리수준이 5%에서 6%로 상승한다면 이 은행의 순자산가치는 어떤 변화가 있겠는가?

07 어떤 은행 자산과 부채포트폴리오의 듀레이션이 각각 DA=5, DL=3, 총자산이 1,000억 원, 총부채는 900억 원이라고 하자. 국채선물 1계약당 선물금액(PF)은 1억 원이며 3년 만기 국채선물의 듀레이션(DF)은 2.7년이라고 하자. 이 은행이 3년 만기 국채선물을 이용하여 금리위험을 완전헤징하기 위해 필요한 선물계약수를 계산하시오.

08 위 7번의 예에서 시장금리가 5%에서 6%로 상승할 경우 선물계약을 통해 발생하는 이득/손실을 계산하시오.

09 어떤 은행 자산과 부채포트폴리오의 듀레이션이 각각 D_A=4, D_L=1, 총자산이 1,000억 원, 총부채는 900억 원으로 k=0.9라고 하자. 스왑계약상 고정금리(표면금리)를 지급하는 장기 국채의 듀레이션(D_{fixed})이 6년이며, 스왑계약상 매년 금리가 변화하는 변동금리를 지급하는 변동금리 채권의 듀레이션(D_{float})은 1년이라고 하자. 이러한 스왑계약을 이용할 경우 위험을 완전헤징하기 위해 필요한 스왑계약금액을 계산하시오.

Chapter 09

자산관리

1. 자산관리(여신관리)의 의의

자산관리란 금융기관의 경영목표 달성을 위해 재무상태표상의 차변에 해당하는 여러 항목들을 최적의 상태로 구성하고 관리하는 것을 의미한다. 앞서 제5장에서 살펴본 바와 같이 일반은행 재무상태표의 차변에 해당하는 항목들은 대출채권, 유가증권, 현금 및 예치금 등으로 구성되어있다. 이 중에서 일반은행의 경우 대출채권이 2021년 기준 총자산대비 72.6%의 높은 비중을 차지하고 있다. 그러므로 본 서에서 다루는 금융기관의 자산관리부문은 주식, 채권 등의 자본시장과 자금시장에 대한 투자업무보다는 대출을 비롯한 여신관리 위주로 설명하고자 한다.

여신이란 대출뿐만 아니라 자금 부담가능성이 있는 기타 거래까지 포함하는 개념이다. 따라서 대출은 좁은 의미의 여신으로서 일반자금대출, 당좌대출, 할인어음 등과 같이 금전의 형태로 취급하는 거래를 말하는 반면, 여신은 지금 당장 금전의 형태를 띠지는 않더라도 앞으로 자금 부담의 가능성이 있는 지급보증, 유가증권 대여, 사모사채 인수 등의 기타 거래를 포함한다.(금

융기관연구회, 2011)

여신 및 대출과 비슷한 용어로 활용되는 신용공여란 대출, 지급보증 및 유가증권의 매입, 기타 금융거래상의 신용위험을 수반하는 금융기관의 모든 직·간접적 거래를 말하며, 그 구체적인 범위는 금융위원회가 정하고 있다. 즉, 신용공여는 '은행법'에서 금융감독의 목적으로 정의된 개념으로서 포괄하는 범위가 대출 및 여신보다 더 넓은 개념이다.

여신관리가 중요한 이유는 은행의 자산에서 가장 큰 비중을 차지하고 있을 뿐만 아니라 가장 큰 수익원천이기 때문이다. 또한 여신은 위험도 매우 높은 항목이기 때문이다. 은행들의 유가증권에 대한 투자도 상당한 규모이나 유가증권의 비중은 2021년 일반은행 자산의 17.4%로 대출채권의 비중과는 차이가 있다. 여신은 위험이 매우 높은 항목이므로 철저한 신용위험관리에 기반한 여신관리가 필요하다. 부실 은행으로 전락하여 구조조정 등의 어려움을 겪는 대부분의 경우는 그 원인이 미흡한 여신관리에 있다.

여신관리가 중요한 또 다른 이유는 여신관리의 질적인 발전은 금융산업 전체의 질적인 발전을 위해 가장 주요한 요인 중 하나이기 때문이다. 다양한 이론적 연구에서 제기된 바와 같이 금융산업이 체계적인 심사기능을 통해 정보의 비대칭성을 최소화하고, 투자프로젝트를 잘 선별하고 모니터링할 경우 결과적으로 생산성 향상으로 인해 금융산업의 부가가치 생산을 제고시킨다. 우리나라의 금융발전 역사를 회고해 볼 때, 민간부문에 대한 무분별한 여신의 급증은 은행의 부실규모를 증가시키고 경제성장을 위축시키는 요인으로 작용하였다. 대표적으로 1998년 경제위기의 원인 중 하나는 기업들에 대한 과다한 여신 공급 문제이다. 1998년 경제위기 이전에 기업들이 팽창정책을 추진하면서 과잉투자 및 중복투자가 누적되었고 금융기관의 도덕적 해이(moral hazard)로 인해 기업들에게 무분별하게 여신을 제공해 준 금융기관들이 외부충격에 취약한 구조적 문제를 가지고 있었다.(조갑제, 2012)

한편, 여신관리는 여신에 대한 의사결정에 있어서 객관적인 정보뿐만 아니라 주관적인 요소도 많이 작용하는 특성이 있다. 가령, 개인이나 기업에 대한 대출에서 대출 수요자의 성격이나 캐릭터, 장래 사업성 등도 고려하여야 한다. 하지만 그러한 판단은 객관적인 정보를 바탕으로 분석하는 여신담당자의 주관적인 요소가 많이 작용한다. 즉, 객관적인 재무제표에 기반한 재무평가와 장래 사업성 등에 대한 주관적인 판단에 근거한 비재무평가를 종합하여 여신을 결정하게 된다.

더구나 여신시장은 여신수요자와 은행 간에 정보의 비대칭성이 존재하므로 여신수요자에 관한 정확한 정량적(quantitative) 및 정성적(qualitative) 정보를 충분히 파악하는 것이 중요하다. 여신수요자의 숨겨진 정보 등으로 인해 정보 파악이 미흡한 경우에 역선택 문제가 발생한다. 여신수요자에 대한 정확하고 충분한 정보를 확보할 수 있고 정보 비대칭성 문제를 최소화하기 위해서는 정보와 회계의 투명성에 대한 국가적 인프라와 제도적 뒷받침이 필요하다. 기업들이 기업회계기준에 따라 투명하게 재무제표를 작성하게 하는 규제가 필요하며 기업의 분식회계, 허위공시 등에 대해서는 엄격한 법적 제도가 적용되어야 한다.

2. 여신업무 절차

여신업무 단계를 세부적으로 구분하면 여신 상담 과정을 거쳐 대출신청 접수 여부를 결정하는 여신취급 전 단계와 신용조사·여신심사를 거쳐 승인 여부를 결정하고 승인 여신에 대해서 여신약정 및 채권보전조치를 강구한 후 여신을 실행하는 여신취급 단계 그리고 취급 여신에 대한 지속적인 사후관리를 통해 여신 기간 내에 여신금액을 회수하는 여신취급 후 단계로 구분할 수 있다.

이러한 여신업무 과정에는 여신행위에 따른 다양한 위험요소를 파악하는 심사절차와 여신 의사결정 과정이 필요하다. 금융기관들은 여신 의사결정의 오류를 방지하고 업무 프로세스의 효율성을 위해 합리적인 여신 의사결정 체계를 구축해야 한다. 일반적으로 여신 의사결정 과정에서 발생할 수 있는 오류는 크게 두 가지 유형의 오류가 있다. 우선, 여신이 제공돼서는 안 될 불량차주를 우량차주로 잘못 판단해 여신을 제공하는 오류가 있다. 이러한 오류가 발생하면 원금 손실 위험이 발생할 수 있기 때문에 오류 발생을 최소화해야 한다.

또 다른 유형의 오류는 우량차주임에도 불구하고 너무 보수적으로 접근하거나, 착오로 불량차주로 판단함에 따라 여신을 거절하게 되는 오류다. 이러한 오류가 발생하면 영업 기회이익을 상실하게 된다. 이런 유형의 오류는 원금 손실까지는 발생하지 않더라도 영업력 훼손을 가져오기 때문에 이 또한 최소화해야 한다.(이기만, 2014)

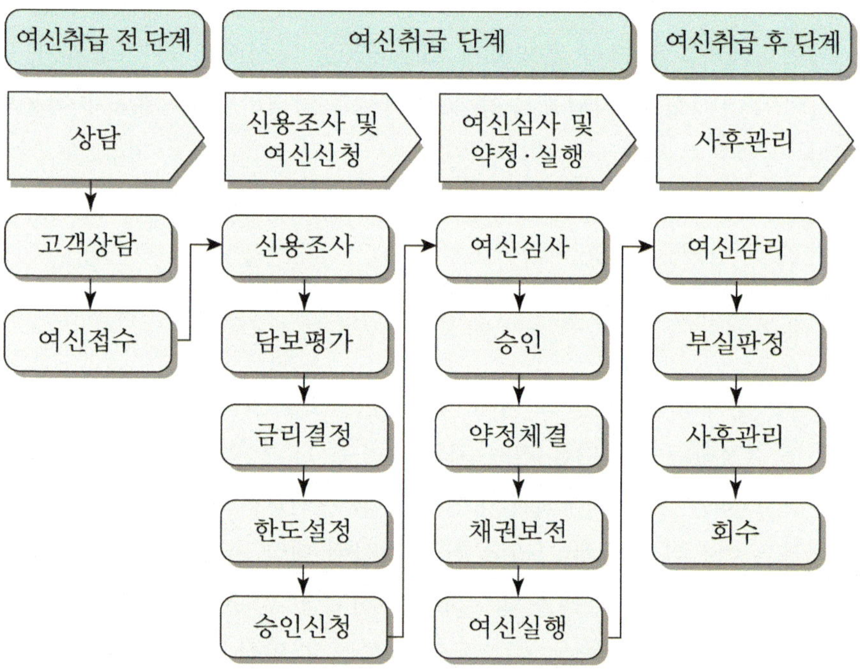

자료 : 이기만(2014)

그림 9-1 여신업무 절차

여신업무 단계별로 주요 내용을 살펴보면 다음가 같다. 여신취급 전 단계에서는, 고객에 대한 여신상담을 통해 여신의 종류, 여신기간, 여신금액, 담보제공여부 등을 파악한 후 고객에게 상담결과(간이신용등급, 시산된 금리)를 제시하여 여신승인신청 진행여부를 결정한다. 고객이 여신을 신청하는 경우 필요한 서류를 받는다. 상담내용이 본부 의뢰 대상인 경우 본부에 심사 및 승인을 의뢰한다.

고객이 필요한 서류를 다 제출하면 여신취급단계로 넘어간다. 고객의 정보를 조회하고 신용조사를 진행한다. 조회하는 고객정보에는 타 금융기관의 대출정보, 연체정보, 보증정보 등이 포함된다. 기업금융의 경우 기업의 신용평가, 재무분석 등의 내용도 구체적으로 조사·분석한다.

신용조사가 끝나면 여신심사 및 승인단계로 넘어간다. 소비자금융의 경우 조회된 고객정보 및 '개인신용평가시스템(CSS: Credit Scoreing System)' 등을 통해 산출된 신용평가등급 정보를 활용하여 여신심사를 진행한다. 개인신용평가시스템(CSS)은 고객의 정보 즉, 직장정보, 소득정보, 신용평점, 신용정보 및 거래정보 등을 반영하여 신용위험을 예측하는 개인신용평점모형이다. 개인신용평가시스템(CSS)은 신청평점시스템과 행동평점시스템을 포함한다. 신청평점시스템(Application Scoring System)은 신규 신용거래를 신청한 고객의 신용평가를 위해 개발된 신용평점시스템이며 행동평점시스템(Behavior Scoring System) 현재 거래 중인 고객을 대상으로 일정시점마다 향후 부실 가능성을 재평가하도록 개발된 신용평점시스템이다.

기업금융의 경우 고객의 신용조사 정보 및 '기업신용평가시스템(CRS: Credit Rating System)' 등을 통해 산출된 신용등급 정보를 활용하여 여신 제공여부를 결정한다. 기업신용평가시스템(CRS)은 기업 등 차주의 신용위험 평가에 필요한 정량적(quantitative), 정성적(qualitative) 정보를 수집·분석하여 신용평가모형을 통해 향후 발생 가능한 차주의 채무불이행 위험을 계량화하고 그 수준에 따라 차주의 적정신용등급으로 분류하는 시스템이다.

은행의 대출금리 산정체계는 [대출 기준금리 + 가산금리 - 우대금리] 체계로 운영된다. 기준금리는 시장금리(은행채, CD)와 COFIX 등을 주로 활용하여 설정된다. 가산금리는 업무원가(인건비·물건비), 리스크프리미엄, 법적비용, 목표이익률, 신용프리미엄, 자본비용 등을 반영한다. 우대금리는 급여이체, 카드 이용실적 등에 따른 부수거래 감면금리, 영업상황을 감안한 본부·영업점 조정금리를 감안하여 설정된다. 우대금리는 특히 영업상황을 반영하여 은행 영업전략에 따라 여신공급을 줄일 때는 축소하고, 늘릴 때는 확대하는 것과 같이 수시로 조정된다.

여신이 결정된 후에는 약정을 체결한다. 그리고 여신실행 전에 담보확보 등 채권보전을 실행한다. 채권보전은 상환재원의 변동성으로 인해 채무상환능력에 문제가 생길 경우에 대비해 연대보증 등의 추가적 상환재원 확보를 포함하는 포괄적 채권보전을 의미한다.

여신취급 후 단계에서 핵심업무로 여신감리(loan review)를 들 수 있다. 여신실행 후에도 지속적인 모니터링을 통하여 차주의 신용도 저하와 담보물의 가치하락 등으로 여신의 회수위험이 증가하는 사건이 있는지 식별한다. 여신감리 담당자는 차주의 신용상태를 수시로 재평가하여 신용평가등급을 조정하고 이에 따라 신용한도 조정, 여신조건 변경, 여신건전성 재분류 등의 업무를 수행한다.

3. 신용분석 모형

신용분석(credit analysis)은 차입자가 만기까지 원리금을 상환할 수 있는 능력과 그에 따른 위험을 측정하는 것이다. 신용분석은 유사한 개념인 여신심사, 채권신용평가를 포함하는 넓은 의미이다. 여신심사는 앞서 설명한 바와 같이 여신(대출) 신청자에 대해서 원리금 상환능력을 평가하는 것을 말한다. 채권신용평가는 채권을 발행하는 기업이 원리금 상환능력이 있는지 평가하고 그 기업과 채권에 대해 신용등급화하는 것을 의미한다. 본 서에서 다루는 자산관리는 여신위주이므로 신용분석 모형도 여신심사 모형을 위주로 설명한다.

3.1. 정성적 모형(Qualitative Models)

정성적 모형은 전문가 판단모형이라고도 불리며 신용분석 시 전문성을 갖춘 자가 계량화하기 힘든 정성적 정보를 가지고 기업의 실체를 파악하고 논리적 추론 및 설득력 있는 설명능력을 통해 결론에 도달하는 방식을 의미한다. 많은 경우 전문가의 판단 즉, 정성적 모형을 보완적으로 활용한다. 1차적으로 계량모형 혹은 정량적(quantitative) 모형에 기초하여 신용등급을 부여하되, 제한적인 범위 내에서 주관적 판단에 기초하여 신용등급을 조정하는 방법을 의미한다.

대표적인 정성적 모형으로 5C 모형 및 5P 모형을 들 수 있다. 5C 모형에서는 차입자에 대한 신용분석 시 고려해야할 5가지 주요 요소를 5C로 나타내고 있다. 5C는 Character(차주), Capacity(상환능력), Capital(자본), Collateral(담보능력), Conditions(경제적 여건)를 의미한다.

Character(차주) 분석이란 차입자가 대출금을 약정에 따라 상환하려는 성실성과 도덕성이 있는지를 판단하는 것이다. 차입자와의 상담, 주위 평판 및 과거의 신용기록 등을 통해 담당자가 주관적으로 판단하게 된다.

Capacity(상환능력) 분석은 차입자가 대출금을 상환할 능력이 있는지 평가하는 것이다. 이는 차입자의 향후 기대되는 순현금유입(자금력)과 수익력을 살펴봄으로써 판단할 수 있다.

Capital(자본) 분석은 차입자의 순자산가치를 의미하며 시장가치로 환산한 총자산에서 총부채를 차감한 금액을 평가하는 것이다. 이는 차입자가 과거에 저축하거나 투자한 축적된 재산이 있는지를 살펴보는 것이다.

Collateral(담보능력) 분석은 차입자가 대출금을 제대로 상환하지 못할 경우 채권을 확보하기 위한 것이다. 담보능력은 물적 담보뿐만 아니라 신용도가 좋은 보증인을 포함한다.

Conditions(경제적 여건) 분석은 차입자의 기업 및 산업의 최근 동향을 나타낸다. 경제적 여건이 변화할 경우 차입자가 속해있는 기업 및 특정산업에 미치는 영향과 그에 따른 상환능력의 변화를 살펴보는 것이다.

최근 은행들이 많이 활용하고 있는 5P 모형은 People(차주), Purpose(자금용도), Payment(상환능력), Protection(채권보전), Perspective(전망)에 대한 심사과정을 거쳐 여신심사를 하는 접근방식이다.[6)]

People(차주) 분석은 가장 기본적으로 차주를 포함한 채무관계인에 대한 법률적 적격성과 신용 상태, 신뢰도 등에 초점을 맞춘다. 차주 입장에서는 정확한 신용평가 를 받음으로써 대출조건 등에서 불이익을 받지 않게 되고, 금융기관 입장에서는 대출 취급과 관련한 위험요소를 최소화할 수 있다.

Purpose(자금 용도) 분석은 자금 용도 적정성 분석이다. 자금 용도별로 발생 가능한 거래위험 및 상환재원이 다르고, 제공되는 여신 형태와 여신 조건 및 구조설계가 다르기 때문에 자금 용도 적정성 분석이 매우 중요하다. 자금용도를 분석하는 경우 철저하게 사업계획을 검토하고 이를 토대로 실질적인 자금 수요의 목적에 부합하는지, 또 생산적인 여신 제공 여부를 판단해야 한다.

Payment(채무상환능력) 분석은 상환재원(payment source)과 차주의 상환의지(willingness to pay), 채무상환능력의 장기적 변동성 분석으로 구분할 수 있다. 상환재원은 제1차 상환재원 및 제2차 상환재원으로 나눌 수 있으며, 상환의지 평가는 과거 차주의 상환이력 등을 통해 점검할 수 있다. 채무상환능력 변동성 분석은 채무만기까지 거시 경제적 위험·산업위험·경영위험·사업위험·재무위험·환경위험 등 발생 가능한 위험요소를 찾아내고 위험경감 요소와 차주의 대응능력을 평가하는 것을 말한다.

Protection(채권보전)은 제1차 상환재원의 변동성으로 인해 채무상환능력에 변동을 가져올 경우에 대비해 제2차 상환재원 확보를 포함하는 포괄적 채권

6) 5P 모형은 이기만(2014)을 주로 참고함.

보전조치를 의미한다.

Perspective(전망) 분석은 여신과 관련된 전반적인 리스크 수준과 이에 대한 기대수익률 등 보상수준이 합리적인 수준인지 검토하고 여신기간, 금리 수준, 상환방법, 특별약정 등 여신 구조를 설계하고, 기타 사항들을 검토함을 의미한다.

3.2. 정량적 모형(Quantitative Models)

신용분석의 정량적 모형은 차입자에 관한 정보를 활용하여 채무불이행위험을 추정하고 그 위험의 정도에 따라 신용등급을 산출한다. 정량적 모형의 예로는 신용평점모형(credit scoring models), 부도예측모형(default models)과 함께 Credit VaR(value at Risk) 모형 등이 포함된다. Credit VaR 모형은 금융기관 전체 포트폴리오의 신용위험을 측정·관리하는 모형으로 Chapter 12에서 구체적으로 다룬다. 본 Chapter에서는 개별여신에 대한 대표적인 정량적 모형인 신용평점모형을 위주로 살펴본다.

신용평점모형(credit scoring models)은 통계적 기법을 사용하여 채무불이행 확률을 반영하는 점수(score)를 추정하거나 신용등급을 산출한다. 신용평점모형에는 선형확률모형(linear probability model), 로짓모형(logit model) 그리고 선형판별모형(linear discriminant model) 등이 있다.

(1) 선형확률모형 및 로짓모형

선형확률모형(linear probability model)은 과거 대출금을 상환하는 데 중요한 결정요인으로 작용한 재무비율 등의 변수를 추정한 후, 이러한 변수들을 활용하여 신규대출의 상환확률을 예측한다.

이 모형의 분석과정을 살펴보면, 우선 과거 대출금 자료를 두 개의 그룹 즉, 디폴트(채무불이행)가 발생한 그룹($Z_i = 1$)과 그렇지 않은 그룹($Z_i = 0$)의 대출금으로 분리하여 1, 0 값을 부여한다. 다음으로는 이러한 자료를 종속변수로 두고 부채비율, 수익성 등 정량적 정보를 반영하는 설명변수들(Xij)에 대해 회귀분석을 진행한다.

$$Z_i = \sum_{j=1}^{n} \beta_j X_{ij} + \epsilon_t$$

여기서 β_j는 과거 대출금상환에 대한 각 설명변수의 상대적 중요성을 나타내는 회귀계수를 의미한다. 이렇게 도출된 β_j값을 신규 대출신청자의 설명변수(X_{ij})에 곱하면 그 신청자에 대한 Z_i의 기대값이 산출된다. 도출된 Z_i값은 대출신청자에 대해 추정된 디폴트 발생 확률이 된다.

이상의 선형확률모형의 단점은 추정된 디폴트 확률값이 0과 1사이의 범위를 벗어날 수 있다는 점이다. 로짓모형(logit model)은 이러한 단점을 보완하여 추정된 디폴트 확률값이 0과 1 사이에 있도록 제약을 주는 모형이다. 로짓모형은 선형확률모형과 분석구조가 동일하나 추정된 디폴트 확률을 나타내는 Z_i를 로지스틱분포(logistic distribution)를 따른다는 가정 하에 아래의 공식에 대입하여 F(Z_i)값으로 변형한다.

$$F(Z_i) = \frac{1}{1 + e^{-Z_i}}$$

여기서 e는 지수(exponential)이며 F(Z_i)는 Z_i가 로지스틱분포를 따르도록 변형된 디폴트 확률이 된다.

(2) 선형판별모형

선형판별모형(linear discriminant model)도 선형확률모형 및 로짓모형과 마찬가지로 과거 대출금을 상환하는 데 중요한 결정요인으로 작용한 설명변수를 추정한 후, 이러한 추정결과를 활용하여 신규대출의 상환확률을 예측한다.

선형판별모형에서는 부실기업 예측모형인 판별함수식을 도출하여 활용하며 분석과정은 다음과 같다.

선형판별모형에서는 부실기업과 건전기업으로 분류한 후 과거 대출금을 상환하는 데 중요한 결정요인으로써 설명력이 높은 몇 가지 변수(재무비율)를 계량분석을 통해 선정하여 판별함수식을 도출한다.

Altman(1985)의 Z-score 선형판별모형의 사례를 살펴보자. Z-score 선형판별모형에서는 제조업을 영위하며 상장된 33개의 부실기업과 33개의 건전기업에 대한 22개의 재무비율 데이터를 활용하여 회귀분석(판별분석)을 진행하였다. 회귀분석결과 부실기업과 건전기업을 판별하면서 과거 대출금을 상환하는 데 중요한 결정요인으로써 설명력이 높은 5가지 변수를 선정하여 다음과 같은 판별함수를 도출하였다.

$$Z = 1.2X_1 + 1.4X_2 + 3.3X_3 + 0.6X_4 + 1.0X_5$$

여기서 X_1 = 운전자본/총자산 비율

X_2 = 유보이익/총자산 비율

X_3 = 영업이익/총자산 비율

X_4 = 자기자본 시장가치/총부채 장부가치 비율

X_5 = 매출액/총자산 비율

이 모형에서는 Z값이 2.99보다 크면 차입자는 채무불이행 위험이 낮은 차입자로 평가되며, Z값이 1,81보다 작으면 채무불이행 위험이 높은 차입자로 평가된다. 즉, Z값이 높을수록 채무불이행위험이 낮은 것으로 평가되며 여신을 제공해도 좋은 기업으로 간주된다.

통계적 기법을 사용하는 신용평점모형(credit scoring models)은 편리성에도 불구하고 몇 가지 한계점이 있다. 먼저, 기업을 극단적인 두 그룹 즉, 부실기업과 건전기업으로 단순하게 분류한다는 점이다. 기업의 다양한 특성을 반영하여 여러 단계로 분류할 수 있을 것이다. 둘째, 판별함수 등 계량모형에 포함되는 재무비율과 가중치를 선정하는 데 이론적 근거가 약하다는 점이다. 그러므로 경제상황에 따라 판별함수에 선정되는 변수와 그 가중치가 달라질 수 있다.

연구결과에 의하면, 이러한 선형판별모형을 비롯한 정량적 모형의 한계점으로 인해, 특히 기업금융의 경우에 정량적 모형과 정성적 모형이 혼합된 방식이 신용위험 측정상의 정확도가 더 높은 것으로 나타난다. 실제 많은 금융기관들은 계량모형에만 의존하지 않고 신용분석 또는 여신담당자의 질적 평가를 동시에 고려하고 있다

4. 여신관리 규제 · 감독7)

금융감독을 금융감독 기능에 따라 구분하면 시스템 감독, 건전성 감독 그리고 영업행위 감독의 3가지로 크게 나눌 수 있다. 시스템 감독은 개별 금융회사에 대한 감독보다 큰 개념이다. 시스템리스크는 경제전반에 심대한 악영향을 미칠 정도로 금융시스템의 기능이 훼손될 리스크를 의미하며, 시스템 감독은 금융시스템의 안전성 확보에 초점을 두고 있다.

반면, 건전성 감독은 개별 금융회사의 건전성을 감독하는 것이다. 금융회사 재무제표의 건전성, 특히 자본이 충분한가를 분석하는데 중점을 둔다. 실무적으로는 자본적정성, 신용위험, 시장위험, 운영위험 및 기타 건전성과 관련된 지표를 중요시한다. 최근에는 시스템 감독은 거시건전성 감독, 개별 금융회사의 건전성 감독은 미시건전성 감독으로 표현하기도 한다.

한편, 영업행위 감독은 금융회사가 소비자와의 거래에서 어떻게 행동하는가와 관련된다. 이는 공시(公示) 및 건전한 영업관행과 같은 소비자 보호의 측면에 중점을 두는 것이다. 영업행위 감독은 고객을 상대하는 데 있어 적절

---

7) 금융감독원(2022)을 주로 참고함.

한 행위와 영업관행에 관한 규칙과 지침을 정하는 것에 초점을 둔다.

여신관리 규제·감독은 3가지 구분 중에서 건전성감독에 포함된다. 본 절에서는 건전성 감독 중에서 여신업무관련 금지업무와 제한업무(신용공여한도)의 내용을 살펴보고자 한다.

금융회사의 신용공여와 그에 따른 신용위험을 감독함으로써 금융회사의 자산건전성을 제고하는 한편, 부수적으로 기업 간의 건전한 금융거래질서를 확립하고 기업재무구조의 개선 및 건전 경영을 유도할 수 있다. 신용공여한도제도는 이를 위한 수단으로, 특정차주에 대한 신용공여 또는 거액신용공여의 총량을 일정한도로 제한함으로써 은행의 사금고화를 방지하고, 거래처가 부실화될 경우 은행이 동반 부실화되는 것을 방지하는 등 은행경영의 건전성을 확보하는 것을 목적으로 한다. 다시 말해, 신용공여한도제도는 동일인·동일차주·자회사 및 대주주 신용공여한도 관리, 거액신용공여 총액한도관리를 수단으로 하여 신용리스크 관리목적과 관계자(내부자) 거래 제한목적을 달성하기 위한 제도를 통칭한다고 하겠다.

구체적으로는 첫째, 거액편중여신 및 불공정 내부자여신을 규제하여 자산건전성을 제고한다. 특정차주에 대한 거액의 편중여신은 거래상대방의 부실화시 금융회사의 경영에 미치는 영향이 지대하며, 대주주, 자회사 등 특수관계인에 대한 내부자여신의 경우 불공정거래로 이용될 소지가 크다고 하겠다. 이러한 맥락에서 신용공여한도제도는 특정차주에 대한 신용공여(신용익스포져) 또는 거액신용공여(거액신용익스포져)의 총량을 일정 한도 내로 제한하여 거래처의 부실화시 당해 금융회사가 동반 부실화되는 것을 예방하는 한편(신용리스크 관리목적), 관계자가 금융회사와의 특수한 관계를 이용하여 과다한 신용공여를 제공받는 것 등을 방지(내부거래 규제목적)함으로써 금융회사가 부당한 내부거래에 의해 부실화되는 것을 예방하는 역할을 한다고 하겠다.

둘째로, 금융자금의 균형적 배분(균점)을 도모한다. 은행이 자금의 안정적 운용만을 위하여 일부 우량 대기업에 여신을 집중하여 제공할 경우 중소기업 및 벤처산업 등에 대한 금융자금의 균형적 배분이 어렵게 되어 결과적으로 국민경제의 균형 있는 발전을 저해하는 요인으로 작용할 가능성이 있기 때문이다.

셋째로, 금융회사에 의한 기업경영지배를 방지한다. 금융회사의 동일인에 대한 여신취급이 무제한 허용된다면 금융자산은 일개 또는 수 개의 법인에 의하여 독점되고 금융자본에 의한 기업 및 산업의 지배, 나아가서는 금융재벌의 형성이 가능하게 된다.

| 표 9-1 | 은행에 대한 신용공여한도제도

구분	거래 상대방	신용공여 한도(자본금대비)
신용리스크 관리 목적	동일인	20%
	동일차주	25%
	거액신용공여 총액	500%
관계자 거래 제한 목적	대주주	Min[25%, 출자비율]
	자회사	10%(개별), 20%(전체)
	모은행	금지
	다른 자은행	10%(개별), 20%(전체)
	임직원에 대한 대출	최대 6천만 원

자료 : 금융감독원(2022)

은행은 자산운용관련 다음과 같은 업무는 금지되고 있다. 우선, 은행은 유가증권 투자한도 규제를 받는다. 은행의 경영안정성을 도모하기 위하여 가격변동 위험이 큰 주식이나, 유동성위험 또는 금리변동 위험이 큰 장기채권에 대한 보유는 은행이 흡수 가능한 자본규모 이내로 제한할 필요가 있다. 따라서 은행의 지분증권, 상환기간 3년을 초과하는 기타 유가증권(국채, 통안증권 제외)에 대한 투자는 해당 은행의 「은행법」 상 자기자본(기본자본+보완자본)의 100% 이내로 제한되고 있다.

은행은 업무용부동산 한도 규제를 받는다. 과도한 업무용부동산 소유에 따른 자금의 고정화를 방지하기 위하여 「은행법」에서는 업무용부동산 소유한도를 정하고 있다. 일반은행, 특수은행, 외은지점은 「은행법」 상 자기자본(기본자본+보완자본)의 60%를 초과하여 업무용부동산을 소유할 수 없다. 그리고 은행은 업무용 부동산이 아닌 부동산(비업무용 부동산)의 소유가 원칙적으로 금지된다.

그리고 다음과 같은 대출은 부당대출로 간주되어 금지된다. 직접·간접을 불문하고 해당 은행의 주식을 담보로 하는 대출 및 해당 은행의 주식을 사게 하기 위한 대출, 해당 은행의 임직원에 대한 대출을 금지하고 있다.

연습 문제

01 여신업무 절차에 관해 간략히 설명하시오.

02 개인신용평가시스템(CSS)과 기업신용평가시스템(CRS)을 비교·설명하시오.

03 정성적 신용평가모형인 5C모형에 관해 설명하시오.

04 정성적 신용평가모형인 5P모형에 관해 설명하시오.

05 Z-score 선형판별모형을 설명하시오. 선형판별모형의 한계점은 무엇인가?

06 은행의 대출금리 산정체계를 설명하시오.

07 여신감리업무의 의미를 설명하시오.

08 신용공여한도제도의 의미와 목적을 설명하시오.

Chapter 10
부채 및 유동성관리

1. 유동성관리의 의의

금융기관의 경영에서 가장 중요한 업무 중 하나는 적절한 수준의 유동성(liquidity)을 항상 유지해야한다는 점이다. 유동성이란 저비용으로 쉽게 현금화할 수 있는 환금성의 정도를 말한다. 그러므로 유동성이 가장 높은 자산은 현금이다. 금융기관 경영에서 유동성이란 금융기관이 예금인출, 대출요구와 같은 고객의 요구에 대해 현금화하여 대응할 수 있는 능력을 의미한다. 즉, 은행의 유동성은 자금수요가 발생하는 경우에 은행이 적절히 대처할 수 있는 기능을 나타낸다. 자금수요가 발생하는 경우는 고객의 예금인출 요구, 기타 채무의 상환 요구, 고객의 신규 대출 요구, 적정한 성장에 필요한 자금수요 발생 등이 포함된다. 은행의 유동성위험이 낮은 상황이란 자금수요가 발생 시 시의 적절하게 충분한 자금을 적절한 비용으로 조달할 수 있을 때라고 할 수 있다. 다양한 요인에 의해 예기치 않게 자금이 부족해질 수 있으므로 금융기관은 항시 적정수준의 유동성을 유지해야 한다.

특히 은행의 경우 부채의 만기는 단기인 반면 자산의 만기는 장기적임에 따른 만기불일치(maturity mismatch) 문제가 상존하므로 유동성문제가 발생하기 쉽다. 단기 예금(부채)의 만기가 도래하여 예금인출요구가 있을 때 대출(자산)의 만기는 장기이므로 대출금을 만기 이전에 현금화하여 예금인출 자금을 마련하기는 어렵다. 만약 어떤 금융기관의 유동성이 부족한 상태에서 예금을 인출하려는 수요가 갑작스럽게 증가할 경우에 그 금융기관은 보유자산을 헐값에 매각하거나 자금시장에서 높은 비용을 부담하면서 자금을 긴급히 차입하여야 한다. 그러한 긴급한 자금 확보과정에서 금융기관은 손실을 입게 된다. 이와 같이 금융기관이 유동성 부족으로 인해 손실을 입을 위험을 유동성 위험(liquidity risk)이라고 한다. 더욱이 유동성 위험에 직면한 은행이 예금자들로부터 상당한 신뢰를 잃게 된다면 불안심리로 인해 예금자들은 한꺼번에 자신들의 예금을 인출하려는 예금인출사태(bank run)가 발생함으로써 은행이 도산할 수도 있다.

예금인출 수요 못지않게 대출수요에 대비하기 위해 유동성 관리가 필요하다. 우량한 고객의 은행에 대한 충성도(royalty)를 확보하기 위해서는 대출을 요구하는 고객들에게 적기에 충분한 자금을 제공해 줄 수 있도록 유동성을 관리해야 한다. 만약 대출수요에 대해 적기에 자금을 대출해 줄 수 없는 경우 그러한 우량고객은 타 은행으로 옮겨갈 것이며 신인도 하락으로 인해 상당한 영업 손실이 발생할 수 있다. 예금인출 및 대출수요 이외에도 타 은행이나 중앙은행에 대한 차입금 상환, 운영비 지출 등에 대한 대비 측면에서도 적정 수준의 유동성 관리가 필요하다.

예금인출이나 대출수요와 같은 유동성 수요를 변화시키는 원인으로는 계절적 요인, 주기적(cyclical) 요인, 추세적 요인, 시장금리 요인 등이 있다. 계절적 요인이란 자금조달(예금)과 자산운용(대출)의 흐름을 살펴볼 때 최근 몇 년간 시기(월, 주)별로 반복되는 요인을 의미한다. 가령, 매년 연말이나 명절 시기에는 예금인출이 반복적으로 증가하는 것이 이에 해당된다. 계절적 변동에 따른 유동성 수요의 변화는 사전에 예측하기 쉽다. 주기적 요인이란 경제활동의 흐름 즉 경기변동 주기에 따라 예금인출이나 대출수요가 변화하는 것을 말한다. 가령, 경기변동 주기가 경기확장 국면인 경우 기업들의 투자가 증가하고 이에 따라 대출수요도 증가하게 된다. 추세적 요인이란 과거 10년 이상의 장기간에 걸친 예금과 대출의 흐름을 살펴봄으로써 파악되는 장기추세에 의한 유동성 수요 요인이다. 그리고 시장금리의 변화도 예금인출이나 대출수요의 흐름에 상당한 영향을 미친다.

이상의 유동성 수요를 만족시키기 위해서는 상응하는 유동성 공급(원천) 관리가 적절하게 이루어져야 한다. 유동성 관리란 전술한 유동성 수요의 규모와 시기를 사전에 잘 예측하여 이를 만족시킬 수 있도록 최적의 상태로 유동성 공급을 조절하는 것이라고 할 수 있다. 유동성 공급이 증가할 경우 금융기관이 보유하는 유동성이 증가하게 된다. 유동성 공급이 증가하는 원천으로는 1) 예금이 증가하거나, 2) 고객이 대출받은 돈을 상환하거나, 3) 은행이 보유한 자산이 매각되는 경우, 4) 은행이 자금시장에서 차입하는 경우 등이 있다. 이 중에서 은행이 단기적으로 효율적으로 유동성을 관리할 수 있는 대상은 은행 보유자산을 매각하거나 자금시장에서 차입하는 방식이다. 예금을 증가시키거나 대출금이 상환되는 경우는 고객의 의사와 무관하게 은행이 단기적으로 직접 관리하는 데 한계가 있다.

| 표 10-1 | 유동성 수요와 유동성 공급 원천

유동성 공급 증가	유동성 수요 증가
예금증대	예금인출 증대
고객의 대출금 상환	대출수요 증대
보유자산 매각 혹은 유동화	타은행 등에 대한 차입금 상환
자금시장에서의 차입	운영비 지출 증대

〈표 10-1〉에 나타난 바와 같이 유동성 공급 규모에서 유동성 수요 규모를 차감한 값을 순유동성 포지션(net liquidity position) 혹은 유동성 갭(liquidity gap)이라고 한다. 유동성 수요가 유동성 공급을 초과하여 순유동성 포지션이

음(-)의 값인 경우 이 금융기관은 유동성 과부족(liquidity deficit) 상태이므로 유동성을 증대시키는 결정을 해야 한다. 반대로, 유동성 공급이 유동성 수요를 초과하여 순유동성 포지션이 양(+)의 값이면, 유동성 과잉(liquidity surplus) 상태이다. 그러므로 이 금융기관은 과잉 유동자금을 어떻게 얼마만큼 수익을 창출하도록 투자할 것인가를 결정해야 한다.

금융기관의 유동성과 수익성은 반비례 관계가 있다는 점은 유동성 관리에 있어서 중요한 문제이다. 현금 및 유동자산을 필요한 수준이상으로 많이 보유할 경우 금융기관의 유동성 위험이 낮아짐에 따라 공신력도 좋아질 것이다. 하지만, 현금 및 유동자산의 비중이 높아질수록 장기적인 자산운용을 하지 않음에 따른 기회비용이 높아지므로 수익성은 상대적으로 낮아지게 된다. 그러므로 유동성 관리란 수익성과 유동성위험을 감안하여 유동성이 최적 수준으로 유지되도록 동태적으로 관리하는 것을 의미한다.

2. 유동성관리 및 측정 방법

2.1 유동성관리 방식

유동성관리 방식은 크게 세 가지로 구분할 수 있다. 1) 자산 유동성관리(asset liquidity management) 방식 혹은 자산전환(asset conversion) 방식, 2) 차입 유동성관리(borrowed liquidity management) 방식 혹은 부채관리(liability management)를 통한 유동성관리 방식, 3) 균형 유동성관리(balanced liquidity management) 방식이 있다.

자산 유동성관리(asset liquidity management) 방식은 전통적인 유동성 관리 전략으로 평소에 현금 및 유동자산(liquid asset)을 충분히 보유하고 만일 유동성 부족이 발생하면 유동자산을 시장에 매각하여 현금으로 전환(conversion)하는 것이다. 유동자산(liquid asset)이란 환금성이 좋은 자산을 말한다. 그러므로 유동자산은 금융시장에 매각 시 지체 없이 매각이 가능하며 손실이 거의 없이 제값을 받을 수 있는 자산을 말한다. 유동자산의 예로 단기 국공채, 통화안정증권(통안채), CD매수, RP매수, 콜론, Eurocurrency loan 등을 들 수 있다. 이와 같이 환금성이 높은 단기금융자산을 제2선 지급준비금(secondary reserves)이라 한다.

중앙은행은 은행에게 예금대비 일정비율의 현금을 (법정)지급준비금(reserves)으로 보유하도록 의무를 부과하고 있다. 은행이 보유하는 지급준비금은 은행 보유 현금인 시재금(vault cash)과 중앙은행(한은) 예치금으로 구성된다. 법정지급준비금 및 타행예치금 등의 현금항목을 포함하여 제1선 지급준비금(primary reserves)이라 한다. 그러므로 자산전환 방식의 유동성관리는 법정지급준비금 이외에 추가로, 유동성 위험을 방어하기 위해, 유동자산을 보유한다는 의미이다.

차입 유동성관리(borrowed liquidity management) 방식은 유동성 수요를 미리 예측하여 적기에 자금시장에서 차입하는 방식이다. CD발행, RP매도, 콜머니, 차입금, Eurocurrency borrowing 등이 이에 해당된다. 이 방식은 자금이 실제 필요할 경우에만 시장에서 차입하므로 상대적으로 수익성이 좋다. 반면, 자산전환 방식은 전술한 바와 같이 유동자산을 계속 축적함에 따라 기회비용이 발생하므로 잠재적 수익성이 낮다.

그리고 차입 유동성관리 방식의 경우 자금차입 시 이자비용 부담이 발생하며 대형 금융기관일수록 이자비용 부담이 상대적으로 작다. 대형 금융기관일수록 거래 규모도 크고 신용도도 좋은 경우가 많기 때문이다. 더욱이 금융시장의 변동성이 높고 이자율이 급상승하는 경우 신용도가 낮은 금융기관은 자금 차입이 어려워져 유동성 위험에 직면할 수 있다. 따라서 차입 유동성관리 방식은 대형 금융기관에게 더 적합한 유동성 관리방식이다.

다시 말해, 유동성 위험 측면에서는 자산전환 방식이 상대적으로 더 안전하다. 자산전환 방식의 경우 평소에 유동자산을 보유하면서 유동성 필요시에 손쉽게 현금화할 수 있으므로 유동성 위험이 낮은 방식이다. 자산전환 방식은 차입 유동성관리에 비해 수익성은 좋지 않지만 유동성 위험이 낮으므로 주로 소형 금융기관에서 활용된다.

균형 유동성관리(balanced liquidity management) 방식은 자산 유동성관리와 부채를 통한 유동성관리를 종합적으로 활용하는 유동성관리 방식이다. 자산 유동성관리 방식은 유동자산을 축적함에 따라 수익성 측면에서 불리하며 차입 유동성관리 방식은 유동성 위험성이 높다는 단점이 있으므로 최근 많은 금융기관들은 두 방식을 혼합하여 활용함으로써 그러한 단점을 극복하고 있다. 균형 유동성관리 방식에서는 예측이 가능한 유동성수요에 대해서는 단기증권과 같은 유동자산을 보유하여 대비하며, 예측이 어려운 유동성 수요에 대비해서는 차입을 통해 자금을 충족시키는 방식이다. 균형 유동성관리 방식이 효과적으로 실행되기 위해서는 향후 유동성 수요가 얼마나 발생할 것인지 사전에 추정되어야 한다.

2.2 유동성 측정 방법

유동성 수요를 추정하고 유동성 상황을 측정하기 위해 다양한 유동성 지표을 활용한다. 금융감독당국이 은행의 유동성위험을 모니터링하는 수단으로 활용되는 대표적인 지표로를 위주로 살펴보면 유동성커버리지비율(LCR; Liquidity Coverage Ratio), 순안정자금조달비율(Net Stable Funding Ratio; NSFR), 원화예대율 등이 있다.

$$LCR(\%) = \frac{\text{고유동성자산 보유규모}}{\text{향후 30일간 순현금유출액}} \tag{10-1}$$

$$NSFR(\%) = \frac{\text{안정자금 가용금액}(ASF)}{\text{안정자금조달 필요금액}(RSF)} \tag{10-2}$$

$$\text{원화예대율}(\%) = \frac{\text{원화대출금}}{\text{원화예수금}} \tag{10-3}$$

유동성커버리지비율(LCR)은 향후 30일 동안 순현금유출액(net cash outflows) 대비 고유동성 자산(high quality liquid assets)의 비율로 측정한다. LCR 규제의 목적은 은행이 심각한 스트레스상황에서 30일 동안 순현금유출액(net cash outflows)을 충당할 수 있는 고유동성 자산을 100% 이상 보유해야 한다는 데 있다. 즉, LCR은, 유동성위험에 대한 단기 복원력을 제고하기 위해, 은행이 유동성위기 상황에서 30일 동안 순현금유출액을 충당하며 생존할 수 있도록 충분한 고유동성자산을 확보토록 하는 단기 유동성비율 규제이다. 고유동성 자산이란 유동성 위기상황 하에서도 필요시 큰 손실 없이 처분 가능하여 즉시 현금화할 수 있는 자산을 의미한다. 순현금유출액은 특정 스트레스 시나리오 하에서 30일간 예상되는 현금유출액(예금인출 등) 합계에서 현금유입액(대출 상환 등) 합계를 차감한 값으로 산출된다.[8] 유동성커버리지비율(LCR)에 대한 최소기준은 2019년부터 일반은행, 특수은행은 위기시를 제외하고 항상 100% 이상을 유지해야 한다.

우리나라는 2015년부터 기존의 원화유동성비율을 대체하여 유동성커버리지 비율(LCR)을 활용하여 유동성을 측정·규제한다. 원화유동성비율은 (잔존)만기 1개월 이내 원화유동성부채 대비 (잔존)만기 1개월 이내 원화유동성자산의 비율로 측정한다. 2015년까지 원화유동성비율규제는 이 비율이 100% 이상 유지하도록 규제하였다. LCR과 원화유동성비율은 유사한 단기유동성 규제이며 LCR이 원화유동성비율에 비해 더 정밀한 지표를 활용한다고 볼 수 있다.

순안정자금조달비율(Net Stable Funding Ratio, NSFR)은 유동성리스크에 대한 장기 복원력을 제고하기 위해 은행이 1년 이상 영업활동에 필요한 자금을 충분히 안정적인 자금조달원을 통해 확보토록 하는 중장기 구조적 유동성비율 규제이다. 국내은행(수출입은행 제외)은 2018년부터 순안정자금조달비율(NSFR)을 100% 이상으로 유지하여야 한다. 안정자금 가용금액(Available Stable Funding; ASF)은 부채와 자본 중 스트레스 상황에서도 향후 1년 이내 이탈 가

8) LCR 및 NSFR의 구체적인 측정방법은 chapter 11에서 살펴본다.

능성이 낮은 안정적인 조달금액이다. 안정자금조달 필요금액(Required Stable Funding; RSF)은 자산 및 부외항목 중 향후 1년 이내 현금화될 가능성이 낮아 1년 이상의 안정적 자금조달이 요구되는 금액이다.

국내에서는 추가적으로 은행의 유동성을 측정하는 중요한 지표로서 원화 예대율을 활용하는 원화 예대율 직접규제 제도를 2010년 8월 도입하였다. 원화예대율은 원화예수금 월평잔 금액 대비 원화대출금 월평잔 금액으로 정의되며 100% 이하로 유지되어야 한다. 예대율은 NSFR과 장기유동성을 측정·관리한다는 측면에서 유사성이 있다. NSFR은 다양한 비유동성 자산 대비 유효만기 1년 이상의 부채 등의 비율로 측정하므로 예대율에 비해 더 정밀한 지표를 활용한다고 볼 수 있다.[9)]

3. 부채관리의 목적과 의의

3.1. 부채관리의 목적

부채관리(liability management)란 금융기관 재무상태표의 부채계정에 해당하는 예금 및 부채항목을 최적으로 관리하는 것을 의미한다. 다시 말해, 금융기관의 자금조달을 최적으로 관리하는 것을 말한다.

부채관리의 목적은 크게 다음과 같은 세 가지로 구분할 수 있다. 첫째, 유동성 수요를 충족시키기 위한 것이다. 앞서 살펴본 바와 같이 유동성관리 방식 중 부채관리를 통한 유동성관리 방식은 적기에 자금시장에서 차입하여 유동성을 확보하는 것이다. 이와 같이 부채관리는 유동성관리와 밀접한 관련이 있으며 유동성 수요 충족은 부채관리의 주요 목적중 하나이다.

둘째, 대출수요 혹은 자산 성장성을 충족시킬 수 있도록 안정적으로 자금을

9) 이러한 예대율과 NSFR의 유사성으로 인해 국내에서 시행되고 있는 예대율규제에 대한 중복규제의 우려도 제기되고 있다.

조달하는 것이다. 만약 우량 기업고객이 대출을 요구할 경우에 자금조달이 부족하여 대출요구를 거절한다면, 고객들의 실망으로 인해, 현재 및 향후 영업력 손실이 발생할 것이다. 즉, 예금감소는 대출감소, 예금감소로 이어지는 악순환에 직면할 수 있다. 우량 고객에 대한 신규대출이 실행된다면 추가로 그 고객에 대한 예금상품 판매뿐만 아니라 다른 금융상품의 판매로 연결되는 교차판매(cross-selling)효과가 발생할 수 있다. 그러므로 부채관리의 목적 중 하나는 우수고객층을 확보하고 자산의 적절한 성장을 추구할 수 있도록 안정적인 지금조달을 뒷받침하는 데 있다.

셋째, 수익성을 극대화하는 것이다. 자금조달비용을 최소화하는 방식으로 부채관리를 함으로써 수익성 극대화에 기여할 수 있다. 즉, 비용 최소화의 목적을 감안하여 부채 구조의 선택과 부채의 가격인 이자율에 관한 의사결정이 이루어진다.

부채관리에 있어서 조달비용은 인출위험(조달위험)과 반비례관계가 있다. 조달비용이 낮은 부채포트폴리오를 구성하는 것은 그 만큼 높은 인출위험이 수반되는 것이 일반적이다. 가령, 요구불예금은 수시인출이 가능하므로 인출위험이 높지만 이자율이 매우 저렴하다. 반면, 장기 저축성예금은 인출위험이 낮지만 조달비용이 상대적으로 높다.

3.2 부채관리의 역사적 배경

부채관리가 미국에서부터 중요하게 인식되고 크게 발전하게 된 역사적 배경을 살펴볼 필요가 있다. 1970년대 이래 미국의 자본시장에서 높은 수익률을 보이기 이전에는 고객들은 여유자금이 생기면 은행위주로 저축하는 것을 당연하게 여겼다. 따라서 은행들은 부채관리보다는 수익을 창출하는 자산관리에만 관심을 가졌다.

더욱이 대공황 당시 1933년 도입되어 1983년까지 유지된 이자율규제(Regulation Q)로 인해 요구불예금은 0%의 이자율로 규제되었으며 저축성예금도 이자율의 상한선 제한이 있었다. 그러므로 그 당시 상업은행들은 저렴하고 안정적으로 자금조달할 수 있었다.

1970년대 들어서 베트남전쟁 이후 자본시장에서의 수익률과 시장이자율이 은행의 예금이자율규제 상한선보다 높은 모습을 보였다. 이로 인해 자금이 은행으로부터 Mutual Fund 등의 자본시장 상품으로 이탈하는 탈중개화(disintermediation) 현상이 가속화되었다.[10] 은행들은 이러한 탈중개화현상에 대응하여 고객을 유치하기 위해 서로 경쟁적으로 부채관리에 집중하였다. 1950년 미국 은행들의 예금의 비중은 자산대비 92%에 달하였으나 1998년 예금의 비중은 자산대비 65%로 크게 하락하였다. 부채관리는 전통적인 예금에서 탈피하여 CD, MMDA(money market deposit account), NOW(negotiable order of withdrawal), RP, CP, Federal fund market, Eurocurrency 등을 활용하는 형태로 발전하였다.

은행이 탈중개화에 대응하여 출시한 대표적인 예금상품은 이자를 지급하는 요구불예금이다. NOW(negotiable order of withdrawal)는 은행의 당좌예금에 대한 0% 이자율규제를 회피하여 1970년대에 출시된 이자가 지급되는 일종의 결제성예금이다. NOW 상품은 엄밀히 말해 저축예금(saving account)과 당좌예금(checking account)의 혼합형태이다. 저축예금이므로 이자가 지급되면서 동시에 당좌예금으로써 결제기능도 수행한다. MMDA(money market deposit account)는, 1982년 통과된 Garn-St. Germain Act에 의해, 상업은행이 투자은행의 MMF(money market mutual fund)에 경쟁하기 위해 출시된 일종의 수시입출식 저축성예금이다. 즉, 수시입출이 가능하면서 자금시장(money market) 금리를 지급한다.

---

10) 우리나라의 경우에도 1998년 아시아금융위기 이후 '바이코리아 펀드'를 비롯한 자본시장 상품으로의 탈중개화 현상이 본격화되었다고 볼 수 있다.

4. 부채구조의 선택

4.1 은행부채의 종류

은행의 부채는 조달원천에 따라 예금(예수금)과 차입부채로 분류한다. 예금은 은행의 자금조달 중에서 가장 중요하다. 2021년 말 기준 예금(원화예수금)는 일반은행 전체자산의 68.4%로 가장 큰 비중을 차지한다. 예금 종류는 크게 요구불예금과 저축성예금으로 구분된다. 요구불예금에는 당좌예금, 가계당좌예금, 보통예금, 별단예금 등이 포함되며 저축성예금으로는 정기예금, 정기적금, 저축예금(MMDA 포함), 기업자유예금, 근로자우대저축, 장기주택마련저축, 상호부금 등이 있다. 요구불예금은 지급결제 편의 또는 일시적 보관을 목적으로 하고 수시인출이 가능하며 저축성예금은 저축 또는 이자수입을 주목적으로 일정기간 예치한다. 2021년 말 기준 일반은행 요구불예금은 원화예수금중 16.1%를 차지하고 저축성예금은 83.7%를 차지하고 있다.

차입부채은 자금시장에서 조달하는 부채이며 예금 다음으로 비중이 높은 자금조달원이다. 2021년 말 기준 차입부채는 일반은행 전체자산의 10.9%를 차지한다. 은행의 차입부채는 원화차입금, 외화차입금, 콜머니, 환매조건부채권(RP)매도, 사채로 구성된다.

원화차입금중에서 한은차입금은 한국은행으로부터 차입하는 것으로 한국은행입장에서 재할인대출을 의미한다. 콜머니는 은행이 초단기로 타금융기관으로부터 자금을 차입하는 자금조달로 중요한 단기성 차입부채수단이다. 특히 일반은행들이 지준금 부족을 주로 콜거래를 통해 조정하고 있어 콜머니는 지준시장으로서의 의미도 있다. 환매조건부채권(RP)매도는 일반은행이 RP 매수자에게 국채와 같은 증권을 담보로 제공하고 자금을 차입하는 방식이다. 차입부채 중에서 사채는 금융기관 혹은 은행이 발행하는 채권이므로 금융채(혹은 은행채)라고 한다. 일반은행은 중장기 자금조달수단으로 금융채, 차입금을 활용하며 단기 자금조달수단으로 콜머니, RP매도 등을 활용한다.

차입부채는 예금과 비교하여 법정지급준비금 의무가 없으며 예금보험료가 없고 자금시장 등에서 신속하게 자금을 조달할 수 있다는 이점이 있다. 하지만 차입부채의 대부분은 자금조달 비용이 시중금리에 연동되는 시장성부채이다.

시장성부채는 시장금리의 변동에 민감한 부채를 의미한다. 시장성부채는 차입부채와 거액 저축성 예금, 거액 CD 등을 포함한다. 따라서 금융시장의 이자율은 변동성이 높으므로 예금과 비교하여 시장성부채의 비용은 변동성이 높으며 금융위기 혹은 금융충격이 발생하는 경우 이자율의 변동성이 크게 상승하고 자금조달이 어려워질 수 있다.

시장성부채와 대비되는 부채개념은 핵심예금(core deposit)이다. 핵심예금은 조달금리가 낮은 예금이면서도 시장금리 변동에 민감하지 않은 예금을 의미한다. 핵심예금은 요구불예금(당좌예금, 가계당좌예금, 보통예금, 별단예금 등), 정기예·적금, 저축예금(MMDA포함), 기업자유예금, 소액 CD 등을 포함한다.[11] 요구불예금은 높은 인출위험이 있지만 신용카드, 통신요금, 수표 등의 결제를 위한 결제성예금으로 많이 활용되므로 시장금리의 변동에도 불구하고 장기적으로 안정적인 수신고를 유지하며 핵심예금의 역할을 한다. 따라서 핵심예금의 비중이 높은 은행은 안정적이면서 상대적으로 저렴한 예금 기반을 확보하고 있음을 의미한다.

4.2 부채구조의 선택

부채관리는 앞에서 설명한 몇 가지 목적 즉, 유동성, 성장성, 수익성을 달성하기 위해 자금조달 규모, 부채항목별 비중, 부채항목별 이자율에 관한 의사결정으로 귀결된다.

부채구조를 선택함에 있어서 중요한 쟁점은 부채관리의 주요 목적인 안정적 성장성과 수익성을 동시에 달성하기가 어렵다는 점이다. 금융기관이 안정

11) 일부에서는 이자율이 낮고 수시인출이 가능한 '저원가성예금'을 핵심예금으로 정의하여 요구불예금, 저축예금, 기업자유예금만을 포함하기도 한다.

적으로 성장하기 위해서는 자금조달 부문에서 안정적인 자금의 뒷받침이 이루어져야 한다. 하지만 안정적으로 자금을 조달할 수 있는 금융상품은 상대적으로 높은 조달금리를 제공해야한다. 그러므로 부채구조의 선택 시 두 요소를 조화시킬 수 있는 의사결정이 필요하다.

부채관리에서 안정적 성장성과 수익성의 반비례관계는 핵심예금과 시장성부채 중에서 어떤 자금조달원의 비중을 증가시킬 것인지 선택문제와 밀접한 연관이 있다. 핵심예금은 시장금리 변동에 민감하지 않은 예금이지만 시장성부채는 시장금리의 변동에 민감하므로 안정적 성장성 측면에서 핵심예금을 늘리는 것이 유리하다. 시장성부채는 금융시장의 상황에 따라 만약 이자율이 상승하고 자금시장의 대부자가 자금을 공급하기 꺼려한다면 자금조달이 어려워질 수 있다. 그러므로 핵심예금이 상대적으로 더 안정성이다.

하지만, 핵심예금이 언제 얼마만큼 증가할 것인지는 사실상 예금주인 고객이 결정하는 것이므로 핵심예금을 은행이 원하는 시기에 원하는 규모만큼 증가시키기는 어렵다. 반면, 시장성부채는 자금이 필요할 때 신축적으로 조달할 수 있다는 장점이 있다. 특히 대형 은행인 경우 자금 차입자가 원하는 시기에 필요한 만큼 원하는 기간 동안 차입할 수 있다는 장점이 있다. 그러므로 신인도가 좋은 대형 금융기관일수록 시장성부채를 활용하는 데 유리한 측면이 있다. 또한 자금시장의 상황에 따라 시장성부채에 대한 의존도가 달라진다. 자금시장이 안정적일 경우 시장성부채를 통해 원활하게 저금리로 자금을 조달할 수 있지만, 자금시장이 불안정적일 때는 자금조달이 어려워진다. 따라서 금융기관이 처한 상황과 자금시장의 불안정성 정도에 따라 시장성부채에 대한 의존도가 달라진다.

수익성 측면에서 핵심예금 중 요구불 예금은 저원가성 예금이기 때문에 시장성부채에 비해 은행의 자금조달비용을 낮추고 수익성을 높이는 데 기여할 수 있다. 하지만, 핵심예금 중 저축성예금은 자금시장의 상황에 따라 시장성부채에 비해 조달금리가 더 높아질 수도 있다. 더욱이, 차입부채는 예금과 비교하여 암묵적 비용에 해당하는 법정지급준비금 의무가 없으며 예금보험료도 없다는 잇점을 고려할 필요가 있다.

이상에서 요구불예금 위주의 핵심예금은 은행의 수익성 및 안정성 측면에서 기여도가 높지만 핵심예금을 은행이 원하는 규모만큼 쉽게 증가시키기는 어렵다. 2021년 말 기준 일반은행 요구불예금은 원화예수금중 16.1%에 불과하며 저축성예금은 83.7%를 차지한다. 대부분의 예금은 금리에 민감한 저축성예금으로 구성되어있다.

예금금리는 예금종류, 만기, 은행의 신인도에 따라 금리차가 있으며 금리는 특히 저축성예금 구성항목을 선택하는 데 중요한 역할을 한다. 일반적으로 장기 예금일수록 금리가 높고 예금상품을 출시하는 은행이 신인도가 높은 대형은행일수록 금리가 상대적으로 낮다. 예금구성 항목별 조달금리가 변화하면 고객의 금리에 대한 반응도(탄력성)에 따라 항목별 조달규모와 비중이 달라지게 된다. 또한 예금 금리변화로 인해 예대마진의 변화가 나타난다. 결국 예금항목별 금리에 관한 의사결정은 은행의 예금구조와 아울러 자산성장성과 수익성(예대마진)도 변화시키는 결과를 가져온다.

은행의 예금금리 산정체계는 일반적으로 [기본금리 + 우대금리] 체계로 운영된다. 기본금리는 [시장금리 + 제비용 ± 조정항목] 체계로 구성하여 결정된다. 여기서 시장금리는 은행채(1년물) 금리를 반영하며 제비용은 예금보험료, 지준율 및 업무원가를 반영하여 설정된다. 기본금리는 통상 은행본점의 ALM (Asset Liability Management) 위원회나 담당임원(부서장)에 의해 결정된다. 우대금리에는 본점이 시장금리 및 예금조달 수요 등을 감안하여 결정하는 우대금리뿐만 아니라 영업점에서 급여이체 등 부대조건을 충족하는 고객에게 적용하는 우대금리가 포함된다.

연습 문제

01 금융기관 경영에서 유동성의 의미를 설명하시오.

02 은행의 만기불일치와 유동성위험의 관계에 관해 설명하시오.

03 A은행은 향후 1주일 동안 아래 표와 같은 현금 유출·입 거래를 추정한다고 하자. 이 은행의 향후 1주일 기간의 순유동성포지션(net liquidity position) 혹은 유동성갭(liquidity gap)을 구하시오

(단위 : 억 원)

예금 증대	90	예금 인출	100
고객의 대출금 상환	80	대출 수요	50
은행의 자산매각	30	은행의 차입금 상환	60
자금시장에서의 차입	70	운영비 지출	40

04 자산유동성관리(asset liquidity amangement) 방식과 차입유동성관리(borrowed liquidity management) 방식을 비교·설명하시오.

05 유동성커버리지비율(LCR)이란 무엇인지 설명하시오.

06 부채관리의 세 가지 목적을 설명하시오.

07 부채관리에서 안정적 성장성과 수익성은 어떤 관계가 있는지 설명하시오.

08 다음 용어를 설명하시오.

- 탈중개화현상(disintermediation)
- MMDA(money market deposit account)와 MMF(money market mutual fund)
- 핵심예금과 시장성 부채
- 콜머니와 한은차입금

09 원화 예대율 규제제도를 설명하시오.

10 은행의 예금금리 산정체계를 설명하시오.

Part Ⅳ

바젤 규제 : 자본관리와 위험측정

Chapter 11
자본관리

1. 자본의 역할

금융기관의 자본은 금융기관의 소유주인 주주에게 귀속되는 지분으로 주주지분 또는 자기자본(owners' capital)이라고 한다. 금융기관의 자본(capital)은 회계적으로 볼 때 다른 기업과 마찬가지로 자산에서 부채를 차감한 순자산을 나타낸다.

금융기관의 자기자본은 일반기업에 비해 더 중요한 역할을 한다. 금융기관의 자본은 예기치 않은 손실에 대한 완충장치로써 예금주를 비롯한 채권자들을 보호하는 역할을 하기 때문이다. 그리고 금융기관의 자본은 특정 금융기관의 도산이 다른 금융기관으로 연쇄적으로 확산되어 나타날 수 있는 금융 시스템위험(system risk)을 예방하는 역할을 한다. 다음으로, 자본은 금융기관의 중요한 자금조달 원천으로서 역할을 한다.

금융기관의 자본은 일반기업에 비해 자산대비 상대적으로 작은 비율을 차지한다. 이는 금융기관의 레버리지비율(부채비율)이 일반기업에 비해 상대적으로 높다는 것을 의미한다. 가령, 은행은 일반기업에 비해 생산공장과 같은 고정자본 투자가 작으며 예금 등 부채에 대한 의존도가 높다. 금융기관의 이러한 높은 레버리지비율과 낮은 자기자본비율의 특징은 자기자본 대비 수익성이 높은 사업을 영위하면서도 실패하면 도산할 위험성도 그 만큼 크다는 것을 의미한다. 각종 위험으로 인해 자산가치가 하락하는 등 손실이 발생하여 자산을 상각처리하면 그 만큼 자본금도 축소된다. 만약 자산부실화에 따른 손실규모가 커서 자본금으로 부채를 상환할 수 없는 지급불능(insolvency) 위험에 직면하면 채권자들이 보호받지 못하게 된다. 물론 지급불능 상태에서 예금자보험제도로 인해 예금의 일정부분을 보호받을 수 있으나 비부보 예금은 보호받지 못한다. 그러므로 금융기관은 충분한 자기자본을 관리함으로써 채권자들에게 안전성에 대한 공신력을 유지할 수 있다.

특정 금융기관이 도산할 경우, 동종 업계의 다른 금융기관에서도 예금을 상환 받지 못할 것이라는 정보와 불안감으로 인해, 예금인출사태가 다른 금융기관으로 확산되어 연쇄적 결제불능을 유발하는 시스템위험을 초래할 수 있다. 따라서 금융감독 당국은 금융산업의 시스템위험을 예방하기 위해 자기자본비율을 일정한 수준 이상으로 충분히 유지하도록 요구한다.

자본은 또한 중요한 자금조달 원천이 된다. 금융기관은 일반기업과 마찬가지로 사업영역 확장이나 설비투자를 위해 자금이 필요할 때 타인자본(부채)과 자기자본 중에서 선택하게 된다. 불확실성이 높은 M&A 등을 위한 자금조달 시 부채보다는 자기자본이 오히려 금융기관에게 더 유리할 수 있다. 부채는 원리금 상환책임이 확정되어 있으나 자기자본은 만기가 없으며 배당금 지급 시기가 확정되어 있지 않기 때문이다.

이상에서 살펴본 바와 같이 충분한 자기자본 비율은 중요한 순기능 역할을 한다. 하지만 자기자본의 적정보유 수준에 대해서는 이해관계자들의 입장에 따라 그 선호도에 차이가 있다. 예금자는 자본금이 예기치 않은 손실에 대한 완충장치로써 채권자들을 보호하기를 원하므로 높은 수준의 자기자본보유를 선호한다. 금융감독당국도 특정 금융기관의 도산이 다른 금융기관으로 연쇄적으로 확산되는 시스템위험을 예방하기 위해 높은 수준의 자본을 선호한다.

그러나 주주들은 높은 자기자본순이익률(ROE)을 원하므로 필요 이상으로 높은 자기자본비율을 선호하지 않는다. 주주들은 금융기관이 필요 이상으로 자본금을 보유하기보다는 오히려 수익성 있는 자산에 대한 투자를 통해 주가수익률을 높이기를 원하기 때문이다.

이러한 자본의 역할로 인해 금융감독당국은 금융기관의 자본 적정성과 관련하여 바젤(Basel) 협약에 따른 국제결제은행(BIS; Bank for International Settlement)의 자기자본비율규제를 적용하고 있으며, BIS기준 자기자본비율이 요구기준에 미달하는 금융기관에 대하여는 적기시정조치를 발동한다.

2. 장부가치 및 시장가치 자본

2.1 장부가치 자본

금융기관의 자본은 측정방법에 따라 두 가지 개념으로 정의할 수 있다. 장부가치로 측정한 장부가치 자본(book value of capital)과 시장가치로 측정한 시장가치 자본(market value of capital)으로 구분된다. 장부가치 자본은 금융기관 재무상태표의 자산에서 부채를 차감한 순자산을 나타낸다. 장부가치의 자본은 회계기준에 따라 회계장부상에 기록된 과거 시점 즉 역사적 장부가치를 나타낸다. 즉, 대출이 실행된 과거 시점의 대출채권 가치, 증권을 매입한 당시의 증권가치를 반영한다. 시간이 지나면서 자산과 부채의 실제 시장가치는 변화하므로 장부가치 자본과 시장가치 자본이 일치하지 않고 차이가 있다.

금융감독 당국의 자기자본비율 규제도 장부가치 자기자본에 기반하고 있다. 은행의 장부가치 자본은 다음과 같이 자본금, 자본잉여금, 이익잉여금, 자본조정으로 구성된다. 그 외에 신종자본증권 및 기타포괄손익누계액도 자본에 포함된다.[1)]

1) 신종자본증권은 은행이 발행한 주식과 채권의 중간적 형태로 하이브리드(hybrid) 채

① 자본금 : 은행이 발행한 주식의 액면 총액(액면가격 × 발행주식수)으로 보통주 자본금과 우선주 자본금을 포함한다.

② 자본잉여금 : 자본거래[2]로부터 발생한 잉여금을 말하며 주식발행초과금,[3] 감자차익[4] 등이 포함된다.

③ 이익잉여금 : 영업활동에 의하여 발생하는 이익을 원천으로 하여 은행 내에 축적(유보)되어 있는 잉여금이다. 이익준비금, 대손준비금[5] 등이 포함된다.

④ 자본조정 : 일반적으로 자본거래에 해당하나 은행에 최종으로 납입된 자본으로 볼 수 없거나 자본의 가감 항목이지만 자본금이나 자본잉여금으로 분류될 수 없는 항목을 포함한다.

앞서 설명한 바와 같이 금융기관의 자본은 예기치 않은 손실에 대한 완충장치로써 예금자들을 보호하는 역할을 한다. 이를 좀 더 구체적으로 살펴보고자 한다. 〈표 11-1〉은 A은행의 재무상태표이며 장부가치 자본을 표시하고 있다.

권이라고도 한다. 일정한 수준의 이자 지급 및 만기가 있다는 점에서는 채권과 유사하나, 그 계약상 원리금 지급의무를 재량에 따라 회피가능한 점은 주식과 유사하다. 기타포괄손익누계액은 자산 또는 부채의 미실현(평가) 손익 등 그 외의 변동을 포함한다.

2) 자본거래는 주주와의 투자 및 환원거래를 말하며, 이러한 거래 결과는 당기손익에 반영되지 않는다. 유상증자, 유상감자, 무상증자, 무상감자 등을 포함한다.

3) 주식을 발행시 주식발행가액이 액면가액을 초과하는 경우 그 초과하는 금액을 주식발행초과금으로 처리한다.

4) 감자차익은 자본의 감소에 의해 발생하는 것으로 자본의 감소액이 결손보전에 충당할 금액을 초과하는 금액을 말한다.

5) 은행은 대출채권 등에 대하여 자산건전성분류에 따라 대손충당금을 적립하여야 한다. 과거에는 은행업감독규정에서 요구하는 최소적립액에 미달하는 금액이 있는 경우 대손충당금으로 추가 적립도록 하였으나, 한국채택국제회계기준 도입 이후에는, 그 미달하는 금액을 대손충당금이 아닌 대손준비금으로 적립하도록 하고 있다. 과거에는 대손충당금도 자본에 계상되었으나 현재 대손충당금은 자산의 (-)항목으로 계상되며 대손준비금만 자본에 계상된다.

A은행의 장부가치로 측정한 단순자기자본비율은 10%이다. 국공채 2,000억 원, 대출채권(고정금리) 8,000억 원, 예금(변동금리) 9,000억 원은 각각 국공채를 매입한 시점 및 대출과 예금이 실행된 당시의 가치를 반영한다.

경제위기로 인해 A은행 대출채권의 상당부분이 부실화 되었다고 가정하자. 가령, 부실자산에 따른 추정손실액이 300억 원에 이른다고 하자. 감독규정에 따라 추정손실액 300억 원을 상각처리할 경우, 〈표 11-2〉와 같이 자산의 가치는 그 만큼 차감되고 자본의 가치도 700억 원으로 감소한다. 결국 단순자기자본비율은 약 7%로 감소하지만 지급불능상태에 이르지는 않는다. 그리고 이 과정에서 손실에 대한 완충장치 역할을 하는 자기자본으로 인해 예금자들의 예금가치 9,000억 원은 보호된다.

표 11-1 A은행의 재무상태표

자산		부채 및 자본	
국공채	2,000억 원	예금	9,000억 원
대출채권	8,000억 원	자본	1,000억 원
총액:	10,000억 원	총액:	10,000억 원

표 11-2 상각처리 후 A은행의 재무상태표

자산		부채 및 자본	
국공채	2,000억 원	예금	9,000억 원
대출채권	7,700억 원	자본	700억 원
총액:	9,700억 원	총액:	9,700억 원

만약 A은행의 자본이 〈표 11-3〉과 같이 250억 원만 보유하는 상황이라고 가정하자. 이 경우 A은행의 장부가치로 측정한 단순자기자본비율은 약 2.7%이다. 마찬가지로 부실자산에 따른 추정손실액 300억 원을 상각처리할 경우, 〈표 11-4〉와 같이 자산의 가치는 그 만큼 차감되고 자본의 가치는 -50억 원으

로 자본잠식 상태가 된다. 결과적으로 A은행은 지급불능상태가 되고 예금자(채권자)들은 보호받지 못하게 된다.

| 표 11-3 | A은행의 재무상태표

자산		부채 및 자본	
국공채	1,250억 원	예금	9,000억 원
대출채권	8,000억 원	자본	250억 원
총액:	9,250억 원	총액:	9,250억 원

| 표 11-4 | 상각처리 후 A은행의 재무상태표

자산		부채 및 자본	
국공채	1,250억 원	예금	9,000억 원
대출채권	7,700억 원	자본	-50억 원
총액:	8,950억 원	총액:	8,950억 원

이상에서 살펴본 바와 같이, 신용위험의 경우 장부가치 회계에서는 감독규정에 따라 주기적으로 부실자산에 대해 상각 혹은 매각처리하여 회계장부에 반영한다. 즉, 장부가치 회계에서는 신용위험을 상당한 시차를 두고 느리게 부분적으로 반영한다고 볼 수 있다. 하지만, 시장가치로 측정할 경우, 연체 등 신용위험 발생 시 변화하는 대출채권의 현재 시가를 즉각적으로 회계장부에 반영한다.

2.2 시장가치 자본

장부가치 자본은 회계장부상에 기록된 역사적 장부가치를 나타내지만 시장가치 자본은 현재의 금융시장에서 형성되는 자산 및 부채의 시장가격을 반영하는 시가평가(mark-to-market)에 따른 자본이다. 예를 들어, 장부가치 자본은 채권을 매입한 당시의 채권가치를 반영하지만 시장가치 자본은 채권의 현재 시장가격(시가)을 반영한다. 즉, 시장금리가 상승할 경우 채권의 시가는 하락하므로 시장가치 자본은 이러한 시장상황 변화를 반영한다.

앞서 ALM부분에서 살펴본 바와 같이, 일반적으로 장기자산과 단기부채를 보유하고 있는 은행의 경우 금리가 상승할 경우 그 은행의 순자산가치는 감소하게 된다. 시장가치 자본은 이와 같이 금리의 변동으로 인해 금융기관의 순자산가치가 변동하는 현재 상황을 즉각적으로 반영한다.

신용위험의 경우에 장부가치 회계에서 신용위험을 시차를 두고 부분적으로 반영한다고 볼 수 있으며 시장위험의 경우에도 장부가치 회계에서는 여전히 부분적으로 반영되고 있다. 즉, 금리변동과 같은 시장위험의 경우 금리가 변화하더라도 장부상의 자산과 부채의 가치가 그 시점에는 거의 변화하지 않으므로 장부가치 자본과 시장가치 자본의 격차가 크게 나타날 수 있다.

금리변동에 따른 시장가치 자본의 역할에 관해 좀 더 구체적으로 살펴보고자 한다. 마찬가지로 〈표 11-1〉과 동일하게 장부가치로 표시한 A은행의 초기 상태 재무상태표에서 시작한다고 가정한다. A은행은 국공채 2,000억 원, 고정금리 대출채권 8,000억 원, 변동금리 예금 9,000억 원을 보유하며 단순자기자본비율은 10%이다.

이후에 시장금리가 급격히 상승했다고 가정하자. 시장금리가 상승할 경우 국공채와 고정금리 대출채권의 시가는 하락하며 변동금리 예금의 가치는 시장가치는 변화하지 않는다. 시장금리 상승으로 인해 A은행의 국공채의 시장가치는 2,000억 원에서 1,800억 원으로, 고정금리 대출채권 8,000억 원에서 7,300억 원으로 각각 감소했다고 가정하자.

시장금리 상승 후 시장가치회계를 적용한 A은행의 재무상태표는 〈표 11-5〉과 같다. 시장금리 상승에 따른 자산의 감소를 시가평가함에 따라 A은행의 자본은 1,000억 원에서 100억 원으로 크게 감소함을 알 수 있다. 결과적으로 단순자기자본비율은 10%에서 약 1% 수준으로 악화되었다. 만약 A은행이 금리 상승 후에 시장에서 이러한 자산을 매각 시에는 그 만큼의 상당한 손실이 실현될 수 있다. 그러므로 시장가치 자본은 현시점에 금융기관이 청산할 경우 현재의 시가로 환산된 자산으로 모든 채무를 상환할 수 있는지를 평가하는 데 의의가 있다.

| 표 11-5 | 금리 상승 후 B은행의 재무상태표

자산		부채 및 자본	
국공채	1,800억 원	예금	9,000억 원
대출채권	7,300억 원	자본	100억 원
총액:	9,100억 원	총액:	9,100억 원

이상에서 살펴본 바와 같이 시장가치로 접근한 자본이 더욱 정확하게 현 시점의 경제적 기능을 반영한다고 볼 수 있다. 즉, 다양한 위험에 의해 예기치 못한 손실이 발생할 경우, 현 시점에 그러한 손실을 흡수하고 채무를 상환할 수 있는지를 평가하는 척도로써 시장가치 자본이 더욱 우월하다.

그러나 시장가치 자본은 여전히 부분적으로만 회계기준에 반영되고 있다. 그 이유는 시장가치 자본을 측정하는 데 현실적으로 몇 가지 한계가 있기 때문이다. 첫째, 시장가치 자본을 정확하게 측정하기 어렵다는 주장이다. 대출채권을 비롯한 금융기관들의 자산은 시장에서 거래되지 않는 경우가 많다. 그러므로 이러한 자산의 정확한 시장가치를 일일정산하여 즉각적으로 시가평가하기 어려운 한계가 있다. 자산증권화(asset securitization)의 발전으로 인해 대출채권의 가치도 어느 정도 추정이 가능해지고 있으나 소형은행의 소액 대출자산을 비롯하여 현실적으로 추정이 어렵거나 상당한 오차가 있을 수 있다. 둘째, 시장가치 회계는 금융기관의 수익과 순자산의 변동성을 불필요하게 증가시킨다는 주장이다. 가령 이자율이 상승/하락 시 채권의 시장가치는 감소/증가하여 미실현 자본손익이 발생한다. 이러한 미실현 자본손익을 일일정산하여 반영한다면 불필요하게 금융기관의 수익과 순자산의 변동을 초래한다는 내용이다.

이상의 시장가치 자본 적용에 대한 현실적인 한계에도 불구하고 시장가치 회계의 도입 필요성에 대한 압력은 지속되고 있다. 이러한 필요성에 의해, 2011년부터 우리나라 금융기관에 대해 '한국채택국제회계기준(K-IFRS)'을 적용함으로써 금융자산의 공정가치(fair value)를 정기적인 결산시점(분기별)에 반영하고 있다. 금융자산의 공정가액(fair value)은 시장가격을 구할 수 있는 경우 관련 시장가격으로 산정하며, 시장가격이 없는 금융자산의 공정가액은 평가기법을 사용한다. 즉, 주식, 채권 등 유가증권의 공정가액은 시장가격으로 평가하며 대출채권의 공정가액은 신용위험 위주로 평가기법을 활용하여 산출한다. K-IFRS에 의하면, 금융자산이 '당기손익-공정가치 측정 자산' 또는 '기타포괄손익-공정가치 측정 자산'으로 분류되는 경우, 결산기말 시점에 공정가액를 재무상태표 가액으로 하고 장부가액과의 차액은 손익으로 처리한다. (은행연합회, 2018)

3. BIS 자기자본 규제

3.1 바젤 I 협약

1970년대 이후 세계적인 금융규제 완화 및 국제화 진전에 따른 은행 간에 경쟁심화로 은행들이 고위험·고수익 위주의 자산운용전략을 추구함에 따라 잠재적 리스크가 급증하고, 1970년대 말부터 일본계 은행들의 국제금융시장 진출 확대로 구미제국과 일본 간 경쟁상 형평성 및 일본계 은행의 자본적정성에 대한 우려가 제기되었다. 이에 1988년 7월 바젤위원회(Basel Committee on Banking Supervision)는 「자기자본 측정과 기준에 관한 국제적 합의」 즉 바젤 I 협약(Basel Ⅰ)을 제정하였는데, 그 주된 내용은 국제업무를 영위하는 상업은행은 BIS기준 자기자본비율을 1990년 말부터 7.25% 이상, 1992년 말부터는

8% 이상을 유지토록 의무화하는 것이었다. 즉, 은행의 자산을 거래 상대방의 신용도, 채권의 만기, 담보 및 보증 유무 등을 기준으로 분류하고 위험이 높을수록 높은 가중치를 적용함으로써 은행들이 우량자산을 보유해야 할 유인을 높여 자산의 건전성을 제고하는 데 목적이 있다.

또한, 1990년대 들어서는 거대 국제은행을 중심으로 외환거래, 유가증권 및 파생상품거래가 증가함에 따라 은행이 보유하는 자산 가격의 급격한 변동으로 손실이 발생할 수 있는 가능성이 높아짐에 따라 바젤위원회는 1996.1월 자기자본규제 합의를 대폭 보완하여 1997년부터 신용리스크 외에 시장리스크(market risk)에 대해서도 일정한 자기자본을 보유토록 요구하게 되었다.

이에 따라 우리나라에서도 1988년 바젤합의에 기초하여 1992.7월 경영지도기준의 하나로 위험가중자산에 대한 자기자본비율 개념을 도입하였으며(1993년 말부터 7.25%, 1995년부터는 8% 이상 유지), 2002년 1월부터는 시장리스크를 추가로 감안한 자기자본보유제도를 시행하였다.

바젤 I 기준 BIS의 위험가중자산에 대한 자기자본비율은 개별 재무제표를 기준으로 하는 회계상 자기자본비율과 달리 자회사 등을 포함한 연결재무제표를 기준으로 하여 산출한다. 자기자본의 범위에 있어 자본금·이익잉여금 등 기본적인 자본(기본자본)은 자기자본으로 포함하고, 부채라 하더라도 장기적 성격이 있어 단기적으로 자기자본과 동일하게 손실위험으로 충당할 수 있는 장기은행채 등은 자기자본으로 포함(보완자본)하되, 회계상 자기자본이라 하더라도 실제 안전판으로 활용할 수 없는 계정항목은 제외(공제항목)한다. 또한 분모가 되는 자산 개념에 있어서도 자산별로 위험도가 차별되지 않는 회계상 총자산 개념 대신 자산종류별 위험도에 따라 가중평균한 위험가중자산 개념을 도입하고 있다. 즉, 현금 등 위험이 없는 자산은 0% 위험가중치를, 일반기업에 대한 대출자산에 대해서는 100%의 위험가중치를 부여하여 계산한다.(〈표 11-8〉 참조)

부외자산(off-balance-sheet asset)에 대한 위험가중자산은 아래 식과 같이 산출한다.

$$\text{부외자산의 신용위험가중자산} = \text{부외항목} \times \text{신용환산율} \times \text{위험가중치}$$

부외자산은 거래 당시에 당장 재무상태표에 나타나지 않고 미래시점에 특정 상황이 발생 시 재무상태표의 자산에 나타나는 항목이다. 그러므로 부외자산항목별 자산규모(익스포져)는 부외거래를 부내거래 상당액으로 환산하기위해 부외항목별 계약금액에 신용환산율을 곱하여 산출한다. BIS자기자본비율에 반영되는 부외항목은 확정지급보증, 미확정지급보증, 파생상품거래, 대손상각채권, 기타 항목이 포함된다. 일반 채무보증 및 인수 등 직접적인 신용대체수단, 원본 또는 이익보전계약이 있는 신탁상품 관련자산의 경우 100%, 특정거래와 관련된 우발채무(입찰보증, 계약이행보증, 특정거래관련 보증신용장 등) 등의 경우 50%, 원만기 1년 이내 자동결제성 무역관련 우발채무 등의 경우 20%, 계약만기 1년 이하 또는 항시 취소 가능한 기타약정의 경우 0%, 장외파생상품거래는 0~15%의 신용환산율을 적용한다.(〈표 11-9〉 참고)

이후 1996년 발표된 소위 '수정된 바젤 I 협약'에서는, 대출자산 등의 차주의 부도에 따른 손실위험을 통칭하는 신용위험 이외에, 시장가격 변동으로 인한 위험도 반영토록 하고 있는데, 일일기준으로 단기 투자차익 획득을 목적으로 하는 트레이딩 자산·부채가 1천억 원 이상 또는 총자산 대비 5% 이상이 되는 은행은 시장리스크 반영을 의무화하고 있다.

$$\text{신용위험기준 } BIS\text{비율} = \frac{\text{기본자본} + \text{보완자본}}{\text{위험가중자산}} \geq 8\%$$

$$\text{시장위험기준 } BIS\text{비율} = \frac{\text{기본자본} + \text{보완자본} + \text{단기후순위채무}}{\text{위험가중자산(신용} + \text{시장)}} \geq 8\%$$

그러나 신용리스크와 시장리스크를 반영한 1988년 BIS 자기자본규제(바젤 I)는 일반기업에 대해 우량·비우량기업을 불문하고 대출의 신용위험을 동등하게 평가하는 등 차주별로 신용리스크를 차별하여 반영하지 못하고 있으며, 신용·시장리스크 이외에도 운영리스크 등 다양한 리스크에 의해서도 손실이 발생할 수 있는데도 이를 반영하지 못하는 한계를 가지고 있을 뿐만 아니라, 은행의 자산유동화 등을 통한 규제회피 시도로 인해 규제 효과는 크게 감소되었다.(금융감독원, 2022)

바젤 I 협약에 따른 신용위험만을 고려한 자기자본비율의 산출과정을 사례를 통해 살펴보자. 예를 들어, 바젤 1하에서 어떤 은행의 기본자본(Tier 1), 보완자본(Tier Ⅱ)이 각각 400억 원, 200억 원이며 총자산(부외자산 제외)은 1조원이라고 가정하자. 이 은행의 단순 자기자본비율은 6% (600억 원/1조원)이 될 것이다. 하지만 BIS 자기자본비율을 산출하기 위해서는 자산유형별 위험가중치를 적용하여야 한다. 〈표 11-6〉에 나타난 바와 같이, 이 은행의 자산포트폴리오를 신용위험가중치별로 분류한 후 자산유형별로 위험가중치를 각각 곱하여 합하면 총위험가중자산이 산출된다. 따라서 BIS 자기자본비율은 약 9.92% (600억 원/6050억 원)가 되며, 기본자본(Tier 1)비율은 약 6.61% (400/6050억 원)가 된다.

표 11-6 바젤 I 협약하에서 신용위험가중자산 산출 사례

위험가중치	자산	위험가중자산
0%	2,500억 원	2500 × 0%=0
20%	1,500억 원	1,500 × 0.2=300억 원
50%	500억 원	500 × 0.5=250억 원
100%	5,500억 원	5,500 × 1=5,500억 원
	총자산 : 10,000억 원	총위험가중자산 : 6,050억 원

3.2 바젤 II 협약

Basel Ⅰ이 금융자유화 및 금융혁신에 따른 은행자산의 위험도 변화를 제대로 반영하지 못하면서 규제회피 거래를 적절히 통제하지 못하는 문제점이 나타나게 되었다. 이에 따라 바젤위원회는 1996년 7월부터 기존 BIS협약을 대체할 신BIS협약을 마련키로 하고 2004년 6월 Basel Ⅱ 또는 신BIS로 통칭되는 새로운 자기자본규제안을 발표하였다. 영국·일본 등 바젤위원회 회원국 상당수가 2007년부터 신BIS협약을 도입하였으며, 우리나라는 2008년에 도입하였다.

Basel Ⅱ는 은행이 직면한 리스크에 운영리스크를 추가해 Basel Ⅰ의 최저자기자본규제를 보완(Pillar 1)하고 감독기능 강화(Pillar 2) 및 시장규율 강화(Pillar 3)를 추가한 세 부분으로 구성되어 있다. 감독기능 강화는 은행의 최저자기자본 산정의 적정성 여부를 감독당국으로 하여금 점검·평가하고 필요한 경우 적절한 조치를 취하도록 하며, 시장규율 강화는 은행의 리스크 수준 및 자본적정성에 대한 공시 강화를 중점적으로 다루고 있다. 즉 Basel Ⅱ는 최저자기자본규제만으로는 은행의 건전성 확보가 어렵다고 판단하고 감독당국 및 시장참가자들의 은행에 대한 감시·평가 기능을 강화해 보완하고 있다.(한국은행, 2018)

바젤 Ⅱ 기준 위험가중자산에 대한 자기자본비율도 연결재무제표를 기준으로 하여 산출하며, 자기자본 산정방식은 바젤 Ⅰ 기준과 동일하다. 다만, 위험가중자산 산출시 신용리스크 및 시장리스크 외에 운영리스크에 대한 위험가중자산을 산출하여야 하는 점에 차이가 있으며, 신용리스크 산출방식을 체계화·정교화한 것도 주요한 차이를 이룬다. 시장리스크 위험가중자산 산출방식은 바젤 Ⅰ과 동일하다.

바젤 Ⅱ 기준 자기자본비율 산식은 바젤 Ⅰ 기준과 동일하게 자기자본을 총위험가중자산(신용위험가중자산+시장위험가중자산+운영위험가중자산)으로 나누어 산출하며 최저자기자본비율도 바젤 Ⅰ 기준과 동일한 8%이다.

$$\text{바젤}\,II\,\text{자기자본비율} = \frac{\text{자기자본}}{\text{위험가중자산}(\text{신용}+\text{시장}+\text{운영})} \geq 8\%$$

| 표 11-7 | 바젤 I 협약과 바젤 II 협약의 비교

	바젤 I 협약 (1988년 발표)	바젤 II 협약 (2004년 최종안 발표)
최저 자기자본 규제 (Pillar1)	신용리스크 (모든 기업에 대해 일률적으로 100% 위험가중치 적용)	① 표준방법(승인불필요, Standardised Approach) 적격 외부신용평가기관이 평가한 신용등급에 따라 위험가중치 차등 적용(0~1,250%)
		② 내부등급법(감독당국의 승인 필요) (IRB: Internal Ratings-Based Approach) 은행 자체의 내부신용평가모형 활용
	시장리스크 (1996년 발표: 수정된 바젤 I 협약)	바젤I 협약과 동일 (금리, 주식, 외환의 시장가격 변동에 따른 리스크)
	–	운영리스크 추가 (부적절한 내부절차, 직원, 시스템 또는 외부의 사건으로부터 초래되는 손실리스크)
		① 표준방법(승인불필요) 총이익을 기준으로 운영리스크 산출
		② 고급측정법(감독당국의 승인 필요) 자체의 손실자료와 리스크측정시스템을 활용하여 운영리스크 산출
감독기능 강화 (Pillar2)	–	감독당국은 은행의 내부 자본적정성평가절차를 점검하고 리스크가 높은 은행에 대해서는 최저비율(8%) 이상의 자본 보유 요구
시장규율 강화 (Pillar3)	–	자기자본 세부내역과 리스크별 측정방법에 대한 공시 확대

자료 : 금융감독원, 『한손에 잡히는 신BIS 개요』(2007).

바젤 Ⅱ 협약에서는 위험가중자산 산정에 이용되는 신용리스크 산출방식을 차주의 신용도에 따라 위험가중치를 차등화하고, 정교한 내부 신용평가모형을 갖춘 은행에 대해서는 리스크 측정과 규제자본 산출에 있어 은행의 재량을 허용하고 담보, 보증 또는 신용파생상품과 같은 신용위험 경감수단을 바젤 Ⅰ 기준보다 폭넓게 인정하여 그 동안 발전해온 리스크관리기법을 활용토록 하였다.

신용리스크 산출방식 중 표준방법(SA: Standardised Approach)을 살펴보면, 보유 익스포져를 국가·기업·은행, 자산유동화 등으로 나누고 각각에 대하여 적격 외부신용평가기관(eligible external credit assessment institution)이 평가한 신용등급에 따라 위험가중치를 차등(0%~1,250%) 적용하였다. 예를 들어, 기업 익스포져의 경우 바젤 Ⅰ 기준에서는 신용등급에 관계없이 일률적으로 100%의 위험가중치가 적용되나 바젤 Ⅱ 표준방법에서는 신용등급이 BBB+~BBB-일 경우 위험가중치는 100%가 되며 이보다 신용등급이 높을 경우 위험가중치는 100%보다 작아지고 신용등급이 낮을 경우 150%로 커지게 된다.

특히 바젤 Ⅱ에서는 자산유동화를 이용한 규제자본회피거래를 방지하기 위하여 유동화 익스포져에 대해서는 보다 엄격한 기준을 적용키로 하였다. 즉 신용등급이 일정수준(B+) 이하이거나 무등급일 경우 자본에서 직접 차감(1,250%의 위험가중치에 해당)하여 은행의 규제회피 유인을 차단하여 자기자본 규제의 효율성을 제고키로 하였다. 그 밖의 익스포져에 대해서는 각각 주택담보대출 35%, 소매 75%, 상업용 부동산담보대출 100%의 고정된 위험가중치를 적용한다.(〈표 11-8〉 참조)

표 11-8 바젤 II 기준 주요 익스포져별 신용등급별 위험가중치

	AAA~AA-	A	BBB	BB	B	B- 미만	무등급
기업 (바젤1기준)	20% (100%)	50% (100%)	100% (100%)	100% (100%)	150% (100%)	150% (100%)	100% (100%)
국가 (바젤1기준)	20% (0%)	20% (0%)	50% (0%)	100% (0%)	100% (0%)	150% (0%)	100% (0%)
은행 (바젤1기준)	20% (20%)	50% (20%)	100% (20%)	100% (20%)	100% (20%)	150% (20%)	100% (20%)
자산유동화 (바젤1기준)	20% (100%)	50% (100%)	100% (100%)	350% (100%)	자기자본에서 차감(1,250%) (100%)		

주: 신용등급은 S&P를 기준으로 함.
자료: 금융감독원, 『한손에 잡히는 신BIS 개요』(2007).

내부등급법(IRB: Internal Ratings-Based Approach)은 은행이 보유한 익스포져를 국가·기업·은행, 소매, 주식, 자산유동화로 구분하고 은행의 내부 신용평가모형을 이용하여 각각의 리스크를 측정하는 방법이다. 이는 선진은행이 내부적으로 사용하고 있는 신용리스크 관리시스템을 수용한 방식이다. 이것은 신용리스크를 산출하는데 필요한 위험요소인 부도율(PD), 부도 시 손실률(LGD), 유효만기(M), 부도 시 익스포져(EAD)를 각 익스포져별로 추정하고 이를 BIS에서 제시한 소요자기자본율 함수에 적용하여 위험가중자산을 산출한다.

내부등급법을 사용하고자 하는 경우 금융감독당국이 정한 최소요건을 충족하고 금융감독당국의 사전 승인을 받아야 하며, 신용평가시스템이 갖추어야 할 최소한의 양적·질적 요건을 최소 요건으로 규정하여 신용리스크 측정치의 신뢰도를 높이도록 하였다. 또한 신용평가시스템을 규제자본 산출 목적 이외에 여신승인, 여신한도설정, 충당금 적립과 같은 업무에도 활용하여 신용리스크 측정 및 관리의 일관성을 유지토록 요구하고 있다.

내부등급법은 은행이 자체 추정할 수 있는 위험요소의 범위에 따라 기본내부등급법과 고급내부등급법으로 구분할 수 있으며, 기본내부등급법(Foundation-IRB)은 위험요소 중 부도율(PD)만 은행 자체 추정치를 사용하고 LGD와 EAD는 바젤 Ⅱ에서 제시한 표준치를 사용하는 방법인 반면, 고급내부등급법(Advanced-IRB)은 PD를 포함한 모든 위험요소를 은행이 자체적으로 추정해 사용하는 방법이다.

바젤 II의 부외거래에 대한 규제자본 산출은 부내거래와 같이 표준방법, 기본내부등급법(F-IRB), 고급내부등급법(A-IRB) 중 은행이 선택한 방법으로 이루어지는데, 위험가중자산 계산의 기준이 되는 신용환산액을 표준방법 및 기본내부등급법에서는 바젤 I 협약안의 방법과 유사한 방법으로, 고급내부등급법에서는 은행이 자체적으로 추정하되 채무보증 등 표준방법에서 100% 신용환산율 적용대상이 되는 계약은 그대로 100%를 적용한다(〈표 11-9〉 참고). Basel Ⅱ에서 부외거래 자본규제의 가장 큰 변화는 1년 이내의 약정을 신용환산액 산출대상에 포함시키고 파생상품의 거래상대방에 대한 위험가중치 적용

시 바젤 I 협약에서는 최대 50%로 경감시켜왔으나 이러한 경감조항을 폐지함으로써 위험가중자산 산출량이 크게 증가했다는 점이다.(장병규, 2005)

| 표 11-9 | 바젤 I 및 바젤 II의 부외항목 신용환산율

환산율	항목		예시
	바젤 I	바젤 II 표준방법	
100%	(1) 일반 채무보증(대출과 유가증권에 대한 보증신용장 포함) 및 인수(인수성격의 배서 포함) 등 직접적인 신용대체수단 (2) 원본 또는 이익보전계약이 있는 신탁상품 관련자산	좌동	• 사채발행지급보증, 융자담보지급보증 등 • 신용파생상품 매도
50%	(3) 특정거래와 관련된 우발채무(입찰보증, 계약이행보증, 특정거래 관련 확정 보증신용장 등) (4) NIF(Note Issuance Facilities) 및 RUF(Revolving Underwriting Facilities) (5) 원만기 1년 초과 기타 약정(할인어음 및 외국환관련 약정 포함)	(3)~(5) 좌동 (6) 환매조건부대출 채권매각	• 수입화물선취보증, 계약이행보증, 입찰보증 등 • 당좌대출, 회전대출 약정액 중 미인출 한도 등
20%	(7) 단기(원만기 1년 이내)의 자동결제성 무역관련 우발채무(상업신용장 등)	(7) 좌동 (8) 단기 약정(할인어음 및 외국환관련 약정 포함)	• 신용장 개설관련 지급보증 등 • 당좌대출, 회전대출약정액 중 미인출한도 등
0%	(8) 계약만기 1년 이하 또는 은행이 사전통지 없이 항시 취소 가능한 기타약정	(9) 항시 취소가능한 약정 또는 거래상대방의 신용악화 시 자동적으로 취소되는 약정	
0~15%	(9) 장외파생상품거래	(10) 좌동	

자료 : 장병규(2005)

운영리스크 위험가중자산의 경우, 운영리스크는 신용·시장리스크와 달리 명시적인 익스포져가 없고 데이터도 절대적으로 부족하여 계량화가 어려운 실정임을 감안하여 계량화 기준을 구체적으로 명시하는 대신 리스크관리·통제절차구축, 경영진의 역할과 같은 질적 기준을 보다 강조하고 있다. 신용리스크의 경우와 마찬가지로 운영리스크에 대해서도 3가지 방법(기초지표법, 표준방법, 고급측정법)을 제시하여 은행의 능력과 실정에 맞는 방법을 선택할 수 있도록 하고 있다.(금융감독원, 2022)

4. 바젤 Ⅲ 협약

2008년 글로벌 금융위기를 계기로 Basel Ⅱ 자본규제가 은행의 레버리지 확대 및 유동성 위험을 규제하는데 한계가 있다고 지적되었다. 글로벌 금융위기의 주요 원인 중 하나는 은행들의 레버리지가 상당히 높았으며 유동성위험도 높은 수준이었다는 점이다. 상당수의 은행이 지나친 외형 성장으로 리스크가 확대되었는데도 Basel Ⅱ에 의한 자본비율은 양호한 것으로 나타나는 경우가 많았던 것이다. 이에 따라 바젤위원회는 금융위기 이후 은행산업의 위기대응력 강화를 위해 Basel Ⅲ 자본 및 유동성 규제 방안을 마련하였으며 2013년부터 단계적으로 시행하고 있다.(한국은행, 2018)

4.1 글로벌 자본규제의 강화

(1) 자본의 손실부담능력 강화

바젤위원회는 자본의 손실흡수능력을 높이고 규제의 투명성을 제고하기 위해, 자본분류체계에 있어서 바젤 Ⅱ에서는 총자본을 기본자본, 보완자본으로 분류하였으나 바젤 Ⅲ에서는 총자본을 보통주(Common Equity Tier 1)자본, 기타기본자본(Additional Tier 1), 보완자본(Tier 2)으로 분류하고 자본인정요건도 개선하였다(〈표 11-10〉 참조). 최소규제자본비율은 보통주자본비율 4.5%, 기본자본(Tier 1)비율 6%, 총자본비율 8%를 유지해야 한다. 아울러 영업권 등의 12개 공제항목을 명확히 규정하고 보통주자본에서 직접 차감토록 하는 한편, 규제자본의 주요 내용을 연차보고서에 공시하고 홈페이지에 자본구성 요소의 계약조건 등을 충분히 공시하도록 하였다.

표 11-10 바젤 Ⅲ에 따른 개선된 자본인정요건

보통주자본(A)	은행의 손실을 가장 먼저 보전할 수 있으며 은행 청산 시 최후순위이고 청산시를 제외하고는 상환되지 않는 자본 (예: 자본금(보통주), 보통주 발행과 관련된 자본잉여금, 이익잉여금)
기타기본자본(B)	영구적 성격의 자본증권의 발행과 관련한 자본금, 자본잉여금 등 (예: 금리상향조정(step-up) 요건이 없고 조건부자본증권 요건*을 충족하는 영구적 성격의 신종자본증권) * 경영개선명령 등이 있는 경우 보통주로 전환되거나 감액
기본자본(C)	A + B
보완자본(D)	청산 시 은행의 손실을 보전할 수 있는 후순위 채권 등 (예: 금리상향조정(step-up) 요건이 없고 조건부자본증권 요건을 충족하는 만기 5년 이상의 후순위채권)
총자본	C + D

자료 : 금융감독원, 보도자료(2013.11.25.).

$$\text{바젤}III\text{총자본비율} = \frac{\text{총자본}}{\text{위험가중자산(신용}+\text{시장}+\text{운영)}} \geq 8\%$$

$$= \frac{\text{보통주자본}+\text{기타기본자본}+\text{보완자본}-\text{공제항목}}{\text{위험가중자산(신용}+\text{시장}+\text{운영)}} \geq 8\%$$

$$\text{기본자본}(Tier1)\text{비율} = \frac{\text{보통주자본}+\text{기타기본자본}}{\text{위험가중자산(신용}+\text{시장}+\text{운영)}} \geq 6\%$$

$$\text{보통주자본비율} = \frac{\text{보통주자본}}{\text{위험가중자산(신용}+\text{시장}+\text{운영)}} \geq 4.5\%$$

$$\text{자본보전완충자본비율} = \frac{\text{자본보전완충자본}}{\text{위험가중자산(신용＋시장＋운영)}} \geq 2.5\%$$

또한 완충자본(capital buffer)을 신설하였다. 이는 위기 기간 동안 은행이 손실을 흡수하거나 신용공급기능을 지속하면서도 최저규제비율 수준 이상으로 자본비율을 유지하기에 충분한 자본량을 의미한다. 완충자본은 위기시의 손실흡수를 목적으로 하는 자본보전완충자본(conservation buffer)과 신용팽창기에 자본을 적립하여 경기침체기에 사용함으로써 대출의 경기순응성을 완화하는 경기대응완충자본(countercyclical buffer)으로 구분한다. 즉, 은행들이 위기 시에 활용하기 위해 자본보전완충자본이 도입되었으며, 위험가중자산이 경기팽창기에 크게 증가하고 경기수축기에 급감하는 경기순응적 요소가 있으므로 이에 대한 보완책으로 경기대응완충자본이 도입되었다. 자본보전완충자본은 모든 은행에 대해 상시적으로 보통주자본 기준 2.5%를 추가 보유토록 의무화하는 것이고, 경기대응완충자본은 0~2.5% 범위에서 변화하며 신용확장기에 최대 2.5%까지 자본을 추가로 부과하는 것이다.[6)]

표 11-11 바젤 Ⅲ에 따른 최저자본규제 변동

	'13.12월	'14년	'15년	'16년	'17년	'18년	'19년
필요자본비율 (총자본비율+자본보전 완충자본비율)	8.0	8.0	8.0	8.625	9.25	9.875	10.5
총자본비율	8.0	8.0	8.0	8.0	8.0	8.0	8.0
기본자본비율	4.5	5.5	6.0	6.0	6.0	6.0	6.0
보통주자본비율	3.5	4.0	4.5	4.5	4.5	4.5	4.5
자본보전완충자본비율	-	-	-	0.625	1.25	1.875	2.5

자료 : 금융감독원, 보도자료(2013.11.25.).

6) 경기대응완충자본은 감독당국이 적립시기 및 해제시기를 판단하게 되며 과도한 신용팽창 징후가 있는 경우에만 적립이 요구된다.

바젤위원회는 은행 및 실물부문의 규제부담을 완화하기 위하여 바젤 Ⅲ 자기자본규제를 2013년부터 단계적으로 도입하여 2019년부터는 완전한 규제수준을 적용하고 있다.(〈표 11-11〉 참조)

(2) 신용위험 및 시장위험에 대한 인식범위 확대[7)]

장외파생상품 거래 및 유동화거래 확대 등은 금융위기를 초래한 원인 중 하나였으나 바젤 Ⅱ 기준에서는 파생상품 등 관련 리스크를 충분히 인식하지 못한다는 비판이 제기되었다. 이에 따라 바젤위원회는 파생상품 거래, 환매조건부채권매매(Repo), (재)유동화 거래로부터 발생하는 거래상대방위험에 대하여 추가 자본을 부과하기로 하였다. 거래상대방위험이란 최종적인 결제가 완료되기 전까지의 기간 동안에 거래상대방이 결제를 이행하지 않을 리스크를 의미한다. 특히 장외파생상품거래의 경우 양자 간 계약 시에는 높은 거래상대방 신용리스크를 부과토록 하는 반면, 적격 중앙청산소(CCP, Central counterparty)를 통할 경우 2%의 위험가중치를 부과함으로써 중앙청산소로 파생상품 거래 이전을 유도하는 유인체계를 마련하였다.(금융감독원, 2022)

4.2 레버리지비율 규제의 도입

바젤 III 협약에서는 레버리지비율 규제를 신규로 도입하였는데 이는 급격하게 자산을 감축시키는 디레버리징(deleveraging)이 금융위기를 악화시킨다는 인식하에 은행의 과도한 레버리지를 사전에 관리하기 위한 규제이다. 기존의 바젤 Ⅱ 기준에 의한 자기자본규제는 은행이 고위험·고수익에도 불구 신용등급만 우량한 자산을 과도하게 확대하는 것을 제어하지 못하여 결과적으로 글로벌 금융위기의 충격을 증폭시켰다. 그러므로 은행들이 레버리지를 과도하게 증가하지 못하도록 한도를 부여함으로써 금융충격 시 많은 은행들이 급격하게 자산을 축소시킴으로써 시스템위험을 증가하지 못하도록 하는 데

7) 바젤 Ⅲ 협약의 구체적인 위험측정방법은 Chapter 12에서 살펴본다.

그 목적이 있다.

이에 바젤위원회는 자기자본비율에 대한 보완지표로서 리스크를 기반으로 하지 않은(non-risk based)[8] 레버리지비율 규제를 도입하였다. 바젤 Ⅲ 레버리지비율은 회계상 자산 및 부외항목을 기반으로 한 익스포저[9] 대비 기본자본(Tier1)으로 정의한다. 레버리지비율의 분자에 해당하는 자본은 양질의 자본을 반영하는 Tier 1 자본이 사용된다. 이는 은행들이 건전하지 못한 자본을 통해 과도한 레버리지를 확대하지 못하도록 하는 데 규제의 취지가 있기 때문이다. 레버리지비율은 2018년부터 최저규제수준을 3%로 적용한다.

$$\text{레버리지비율} = \frac{\text{자본}(Tier1)}{\text{총익스포저}}$$

4.3 글로벌 유동성 기준 도입

바젤 Ⅲ 협약에서는 금융위기 시 유동성리스크가 크게 증가하였던 문제점을 개선하고 유동성 위기 시 은행의 복원력을 강화하기 위해 유동성리스크 규제수단으로 유동성커버리지비율(Liquidity Coverage Ratio; LCR)과 순안정자금조달비율(Net Stable Funding Ratio; NSFR)을 새롭게 도입하였다.

$$LCR(\%) = \frac{\text{고유동성자산 보유규모}}{\text{향후 30일간 순현금유출액}} \geq 100\%$$

$$NSFR(\%) = \frac{\text{안정자금 가용금액}}{\text{안정자금조달 필요금액}} \geq 100\%$$

8) 자산의 위험도를 고려하지 않으므로 은행들이 수익성을 위해 레버리지비율은 충족하되 오히려 리스크를 추구하는 행태유인에 대한 우려도 제기된다.

9) 총익스포저(total exposure) = 총자산 + 부외 익스포저 + 파생상품의 대출동등가액

유동성커버리지비율(LCR)은 유동성리스크에 대한 단기 복원력을 제고하기 위해 은행이 유동성위기 상황에서 30일 동안 생존할 수 있도록 충분한 고유동성자산을 확보토록 하는 단기 유동성비율 규제이다. 국내 은행은 2019년 1월부터 LCR을 100% 이상으로 유지하여야 한다.

LCR의 분자에 해당하는 고유동성 자산(high quality liquid assets)이란 유동성 위기상황 하에서도 필요시 큰 손실 없이 처분 가능하여 즉시 현금화할 수 있는 자산을 의미한다. 고유동성 자산은 안전자산(현금, 지급준비금, 국채 등) 및 일부 시장성 자산(회사채 및 주식 등)으로 구성된다. Level 1으로 분류되는 고유동성 자산은 유동성 가중치 100%가 적용되며 현금, 지준예치금, 국공채, 특수은행채, 통안증권 등이 포함된다. Level 2A 자산은 가중치 85%가 적용되며 AA- 이하 회사채 등이 이에 해당된다. Level 2B 자산은 가중치 50~85%가 적용되며 BBB~A+ 회사채, 주식 등이 포함된다.

LCR의 분모에 해당하는 순현금유출액은 특정 스트레스 시나리오 하에서 30일간 예상되는 현금유출액(예금인출 등) 합계에서 현금유입액(대출상환 등) 합계를 차감한 값으로 산출된다.[10]

| 표 11-12 | 현금유출입[1] 유형 및 가중치

<table>
<tr><th colspan="3">유형</th><th>가중치</th></tr>
<tr><td rowspan="4">현금유출</td><td colspan="2">소매예금, 중소기업예금</td><td>5~10%</td></tr>
<tr><td rowspan="2">도매예금</td><td>영업적 예금[2]</td><td>5~25%</td></tr>
<tr><td>비영업적 예금</td><td>20~40%</td></tr>
<tr><td colspan="2">금융기관 예금, 시장성수신, 파생상품관련 현금유출거래</td><td>100%</td></tr>
<tr><td rowspan="2">현금유입</td><td rowspan="2">정상여신</td><td>중앙은행, 금융기관</td><td>100%</td></tr>
<tr><td>개인, 기업 등</td><td>50%</td></tr>
</table>

주 : 1) 향후 1개월간 현금 유출입액 기준.
2) 유가증권 보호예수(custody), 청산결제 (clearing & settlement), 현금관리(cash management) 목적의 예금.

자료 : 한국은행, 「금융시장업무정보」(2022.7.22.).

10) 30일간 순현금유출액 = 현금유출액 − Min[현금유입액합계, 현금유츨액합계 × 75%]

현금유입 및 현금유출 유형별로 이탈률과 유입률 가중치가 다르게 적용된다(〈표 11-12〉 참고). 특히, 가계예금 등 소매예금은 LCR의 분모에 해당하는 순현금유출액 산정 시 가중치가 여타 예금 대비 낮아 LCR이 커지는 효과로 인해 LCR 관리에 유리한 점이 있다.

순안정자금조달비율(Net Stable Funding Ratio, NSFR)은 유동성리스크에 대한 장기 복원력을 제고하기 위해 은행이 1년 이상 영업활동에 필요한 자금을 충분히 안정적인 자금조달원을 통해 확보토록 하는 중장기 구조적 유동성 비율 규제이다. 국내은행(수출입은행 제외)은 2018년부터 순안정자금조달비율(NSFR)을 100% 이상으로 유지하여야 한다.

NSFR의 분자에 해당하는 안정자금 가용금액(Available Stable Funding; ASF)은 부채와 자본 중 스트레스 상황에서도 향후 1년 이내 이탈 가능성이 낮은 안정적인 조달금액이다. 금융회사 자금조달원의 상대적 안정성에 대한 다양한 특성(계약상 만기, 유형별 자금제공자의 자금인출 성향 차이 등)을 기초로 측정한다.[11] 즉, 안정자금 가용금액은 유효만기 1년 이상의 부채 및 자본을 의미한다.

NSFR의 분모에 해당하는 안정자금조달 필요금액(Required Stable Funding; RSF)은 자산 및 부외항목 중 향후 1년 이내 현금화될 가능성이 낮아 1년 이상의 안정적 자금조달이 요구되는 금액이다. 1년 동안 지속되는 유동성 사건이 발생할 경우, 판매 혹은 담보부 차입 등으로 현금화하기 어려운 자산부분을 추정한 금액이다. 금융회사 보유 자산 및 부외 익스포저의 유동성리스크 구조에 대한 다양한 특성을 기초로 가중치를 적용하여 측정한다. 즉, 안정자금조달 필요금액은 비유동성자산을 의미한다.

11) 안정자금 가용금액은 다음 항목의 합계로 측정된다. 1) 자본, 2) 만기 1년 이상의 우선주, 3) 유효만기 1년 이상의 부채, 4) 스트레스 상황에서도 유출되지 않을 것으로 기대되는 비만기성예금 및 만기 1년 이내 기한부예금의 일정부분, 5) 스트레스 상황에서도 유출되지 않을 것으로 기대되는 만기 1년 이하 도매자금조달의 일정부분.

연습 문제

01 금융기관에서 자기자본의 주요 역할에 관해 설명하시오.

02 주주, 예금자, 감독당국은 은행 자기자본의 적정수준에 대해 어떤 선호도 차이를 보이며 그 이유는 무엇인지 설명하시오.

03 은행의 장부가치 자본을 구성하는 항목은 무엇인가?

04 예기치 못한 손실이 발생할 경우, 그 시점에 손실을 흡수하고 채무를 상환할 수 있는지를 평가하는 척도로써 시장가치 자본이 장부가치 자본보다 더 우월한 이유를 설명하시오.

05 다음은 C은행의 재무상태표이다. 대출채권의 부실화에 따른 추정손실액 40억 원만큼 상각처리할 예정이다. 상각처리 후 장부가치로 측정한 단순자기자본비율을 구하시오. 단, 시장위험과 운영위험은 고려하지 않는다.

자산		부채 및 자본	
국공채	200억 원	예금	900억 원
대출채권	800억 원	자본	100억 원
총액:	1,000억 원	총액:	1,000억 원

06 다음 용어를 설명하시오.

- 기본자본(Tier I)과 보완자본(Tier II)
- 표준방법과 내부등급법
- 부외항목 신용환산율
- 레버리지비율 규제

07 '한국채택국제회계기준(K-IFRS)'에 따른 금융자산의 공정가액(fair value) 평가기법을 설명하시오.

08 바젤 I 협약과 바젤 II 협약의 주요 차이점을 설명하시오.

09 어떤 은행의 기본자본(Tier 1), 보완자본(Tier II)이 각각 30억 원, 24억 원이며 총자산(부외자산 제외)은 1,000억 원이다. 다음 표는 이 은행의 자산포트폴리오를 신용위험가중치별로 분류한 것이다. 위험가중자산 대비 기본자본(Tier1)비율과 총자본비율을 구하시오. 단, 시장위험과 운영위험은 고려하지 않는다.

위험가중치	자산
0%	150억 원
20%	250억 원
50%	100억 원
100%	500억 원
	총자산: 1,000억 원

10 바젤 III 협약이 도입된 배경을 설명하시오.

11 바젤 III 협약에서 달라진 최소규제자본비율은 무엇인가?

12 LCR(liquidity coverage ratio)과 NSFR(net stable funding ratio)을 비교·설명하시오.

Chapter 12

바젤 Ⅲ의 위험측정

1. 서론

최근 금융회사는 경쟁의 격화와 시장의 급변, 새로운 리스크관리 규제의 증가(Basel Ⅰ, Basel Ⅱ, Basel Ⅲ의 도입) 등으로 인해 리스크의 측정 및 관리를 최우선 과제로 인식하고 있으며, 독립적인 리스크 평가와 통제를 위한 리스크 관리체제 구축과 적절한 대책을 수립하여 이행하고 있다. 특히 VaR(Value at Risk) 개념이나 민감도를 이용한 리스크 측정 시스템을 구축하고 측정된 리스크량을 금융회사의 전략 수립과 연계·활용하고 있다.

그간의 리스크관리 규제의 개선작업에도 불구하고 위험량(위험규모) 산출기준(BIS비율의 분모를 의미, 2010년 12월에 발표된 바젤 Ⅲ 기준서는 대부분 BIS비율의 분자에 대한 내용을 다룸)의 개선 필요성에 대한 지적이 계속되어 왔다. 특히 표준방법의 리스크 차별성이 충분치 않고, 내부모형 사용 은행간 위험량이 상당한 차이를 보이는 등 그 신뢰성 및 비교가능성에 대한 의문이 지속적으로 제기되었다. 이러한 문제점을 해소하기 위하여 바젤위원회는 「Basel Ⅲ: Finalising post-crisis reforms(2017.12월)」과 「Minimum capital requirements for market risk(2016.1월 초안, 2019.1월 개정)」을 발표하였다. 동 규제체계는 신용, 시장, 운영리스크 등의 산출방법을 개편하는 내용 등을 담고 있으며, 2023년 1월부터 시행되고 있다. 다만 우리나라는 2020년 6월부터 신용리스크에 한하여 조기도입을 원하는 은행 및 은행지주회사가 희망하는 시점부터 개편안을 적용할 수 있도록 하였다.(금융감독원, 2022)

2. VaR(Value at Risk)의 개념

바젤위원회는 금융기관에게 예기치 않은 위험이 발생할 경우에 이에 따른 손실을 방어할 수 있을 만큼 충분한 자본금을 미리 보유하도록 규제하고 있다. 그러므로 신용위험 및 시장위험이 발생함으로써 입게 될 손실 규모 즉, 위험규모(위험량)를 측정해야 한다. 바젤위원회에 의하면 내부모형(내부등급법) 방식으로 신용위험 및 시장위험의 위험량을 측정할 경우에 VaR(Value at Risk)값을 활용하여 측정한다. 즉, VaR는 위험량 측정의 대표적 도구로 사용된다고 볼 수 있다. 그러므로 내부등급법에서 신용위험 및 시장위험의 측정방법을 이해하기 위해서는 먼저 VaR에 대한 이해가 필요하다.

VaR(Value at Risk)를 일반적으로 정의하면, VaR는 주어진 기간 동안 어떤 자산포트폴리오에 대해 발생할 수 있는 최대한의 손실금액이다. VaR의 측정 단위 기간은 짧게는 1일 길게는 1년 단위로 측정·관리한다. VaR는 가격분포에 대해 신뢰구간(예, 95%, 97.5%, 99%)을 설정하고 주어진 기간 동안 금융기관이 직면하게 될 최대의 손실규모를 추정하게 된다. 예를 들어, 99% 신뢰구간에서 하루 동안 발생할 수 있는 손실금액 즉, 100일 중에서 1일 발생할 수 있는 최대손실을 추정할 수 있다.(조갑제, 2017)

[그림 12-1]에서 나타난 바와 같이, 가령 오늘 특정 금융상품의 자산금액이 $1백만 달러이고 하루 동안의 변동성 즉, 표준편차(σ)는 0.55%라고 하자. 가격변동의 확률분포가 정규분포를 따른다고 할 때 내일 시장가격의 변화에 의

해 1일 기준 99% 신뢰구간(단측 분포)하에서 자산가치가 \$1 million − 2.33σ × \$1 million 이하로 떨어질 확률은 1%이다. 즉, 내일 99%의 경우는 자산가치가 \$1 million − 2.33σ × \$1 million 이하로 떨어지지 않는다. 따라서 예상하지 못한 시장가격의 변화에 의해 발생할 수 있는 최대 손실액은 다음과 같다.

$$VaR = 2.33 \times 0.0055 \times \$1,000,000 = \$12,815$$

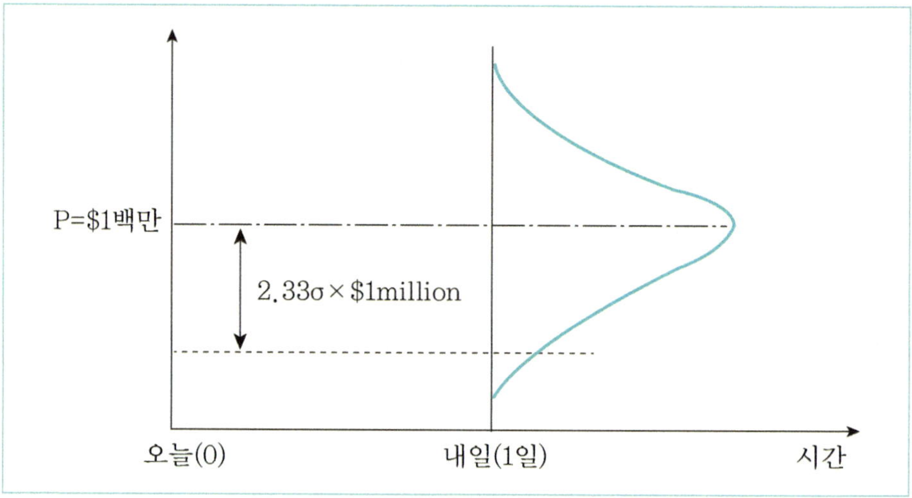

| 그림 12-1 | VaR의 측정

3. 신용위험의 측정

3.1 표준방법(Standardised Approach)

표준방법에 따르면 은행 대차대조표 부내자산(on-balance sheet asset)에 대한 신용위험가중자산은 거래금액에 거래상대방의 신용등급 또는 익스포져 유형별로 정해진 위험가중치를 곱하여 산출하고, 부외자산(off-balance sheet asset)에 대한 신용위험가중자산은 거래금액에 부외항목별 신용환산율과 거래상대방의 신용등급 또는 익스포저 유형별로 정해진 위험가중치를 곱하여 산출한다.(〈표 12-2〉 및 〈표 12-3〉 참고)

신용위험가중자산(부내자산) = 거래금액 × 거래상대방의 위험가중치

신용위험가중자산(부외자산) = 거래금액 × 신용환산율 × 거래상대방의 위험가중치

파생상품 거래에 대한 규제자본은 거래상대방 신용위험(장내·외 파생상품 대상, Counterparty Credit Risk)과 거래상대방 신용도 하락위험(장외 파생상품 대상, Credit Valuation Adjustment risk)의 합으로 계산한다.

표 12-1 표준방법에 의한 신용위험가중자산 산출 사례

부내자산	위험가중치	금액	위험가중자산
기업대출(AAA)	20%	2,500억 원	2,500 × 0.2=500억 원
기업대출(A)	50%	5,500억 원	5,500 × 0.5=2,750억 원
기업대출(BB)	100%	1,500억 원	1,500 × 1=1,500억 원
국채(AAA)	0%	500억 원	500 × 0=0원
합계		10,000억 원	4,750억 원

표 12-2 바젤 III 기준 주요 익스포저별 신용등급별 위험가중치

	AAA~AA-	A	BBB	BB	B	B- 미만	무등급
기업	20%	50%	75%	100%	150%	150%	100%
국가	0%	20%	50%	100%	100%	150%	100%
은행	20%	30%	50%	100%	100%	150%	-

주 : 적격외부신용평가기관이 부여한 신용등급에 따른 위험가중치.
자료 : 금융감독원, 『금융감독개론』(2022).

표 12-3 부외항목의 신용환산율

환산율	항목	예시
100%	(1) 일반 채무보증(대출과 유가증권에 대한 보증신용장 포함) 및 인수(인수성격의 배서 포함) 등 직접적인 신용대체수단 (2) 원본 또는 이익보전계약이 있는 신탁상품 관련자산	• 사채발행지급보증, 융자담보지급보증 등 • 신용파생상품 매도
50%	(3) 특정거래와 관련된 우발채무(입찰보증, 계약이행보증, 특정거래관련 확정 보증신용장 등) (4) NIF(Note Issuance Facilities) 및 RUF(Revolving Underwriting Facilities) (5) 원만기 1년 초과 기타 약정(할인어음 및 외국환관련 약정 포함)	• 수입화물선취보증, 계약이행보증, 입찰보증, 확정 수출선수금환급보증 등 • 당좌대출, 회전대출 약정액 중 미인출 한도 등
20%	(6) 단기의 자동결제성 무역관련 우발채무(상업신용장 등) (7) 단기의 약정(할인어음 및 외국환 관련 약정 포함) (8) 특정거래관련 미확정 보증신용장	• 신용장 개설관련 지급보증 등 • 당좌대출, 회전대출약정액 중 미인출한도, 미확정 수출선수금환급보증 등
0%	(9) 은행이 사전통지 없이 항시 취소가능한 약정 또는 거래상대방의 신용악화 시 자동적으로 취소되는 약정	

자료 : 금융감독원, 「은행업감독업무시행세칙, 별표3」(2023.2).

표준방법 하에서 익스포져는 거래상대방 또는 거래 특성에 따라 정부, 은행, 기업, 주거용 주택담보, 상업용 부동산담보, 소매, 주식 등으로 구분된다. 이 중 정부, 은행, 기업 익스포져는 신용등급에 따라 규정하는 위험가중치를 적용한다.

주거용 주택담보 및 상업용 부동산담보 익스포져는 상환재원의 담보물 의존도와 담보인정비율(LTV)에 따라 위험가중치를 적용한다. 다만 고위험 또는 고위험 Ⅱ 주택담보 익스포져로 분류되는 경우, 위험가중치에 각각 50% 또는

70%의 하한을 적용한다. 이때, 적격요건을 충족하는 보증서 등에 대해서는 신용위험경감효과를 적용할 수 있으나, 위험가중치 적용을 위한 LTV 산출 시에는 보증서 금액을 차감하여서는 아니 된다.

소매 익스포져는 개인 또는 중소기업에 대한 익스포져로 75%의 위험가중치를 적용한다. 주식 익스포져는 250%의 위험가중치를 적용하되, 매매 목적의 비상장주식이면 400%, 후순위채권 및 주식외 자본조달수단이면 150%, 정부감독 하에 법적 절차에 따른 특정 경제지원 목적이면 100%를 적용한다.

예를 들어 어떤 은행의 부내자산이 〈표 12-1〉과 같다면 표준방식을 적용할 경우, 자산유형별로 위험가중치를 각각 곱하여 합하면 신용위험가중자산이 산출된다. 따라서 총거래금액 10,000억 원에 대한 신용위험가중자산은 4,750억 원이 된다. 소요자기자본은 신용위험가중자산 대비 8%를 적용하여 380억 원이 산출된다.

3.2 내부등급법(IRB : Internal Ratings Based Approach)

내부등급법은 내부등급법 최소 요건을 충족하는 은행이 정부, 은행, 기업과 소매 익스포져에 대해 자체 추정하여 감독당국의 사전 승인을 받은 리스크 요소(PD, LGD, EAD, M)를 바젤위원회에서 정의한 소요자기자본율(K) 함수에 대입하여 위험가중자산을 산출한다.[12] 소요자기자본율(K)은 BIS자기자본비율의 분자에 해당하는 값으로 신용위험에 대비하기 위해 필요한 자본금 규모를 의미한다.

내부등급법은 리스크 요소의 자체 추정범위에 따라 기본내부등급법(Foundation-IRB)과 고급내부등급법(Advanced-IRB)으로 구분된다. 기본내부등급법은 리스크요소 중 부도율(PD)만 은행이 자체 추정한 값을 사용하고, 나머지 요소는 바젤위원회에서 정한 값을 사용하며, 고급내부등급법은 모든 리스크

12) 부도율(PD: Probability of Default), 부도시손실(LGD: Loss Given Default), 부도 시 익스포져(EAD: Exposure at Default), 유효 만기(M: effective Maturity)

요소(PD, LGD, EAD, M)를 은행이 자체 추정한 값으로 사용하여 위험가중자산을 산출한다. 고급내부등급법의 경우 대기업, 은행 및 기타 금융기관 익스포져에는 적용할 수 없다.

소요자기자본율(K) 함수는 신용VAR 모형을 바탕으로 정의된다. 바젤은행감독위원회는 신용VaR산출시 99.9% 신뢰구간에서 관리하도록 요구하고 있다. 99.9% 신뢰구간에서 발생할 수 있는 최대의 손실금액인 신용VaR(value at risk)는 EL(예상손실, expected loss)과 UL(비예상손실, unexpected loss)을 합한 값이다. EL(예상손실)에 대해서는 은행들이 대손충당금으로 미리 대비하고 있으므로 소요자기자본율(K)은 UL(비예상손실)에 대응하는 소요자기자본을 추정하는 신용VaR모형에 의해 정의된다.([그림 12-2] 참고)

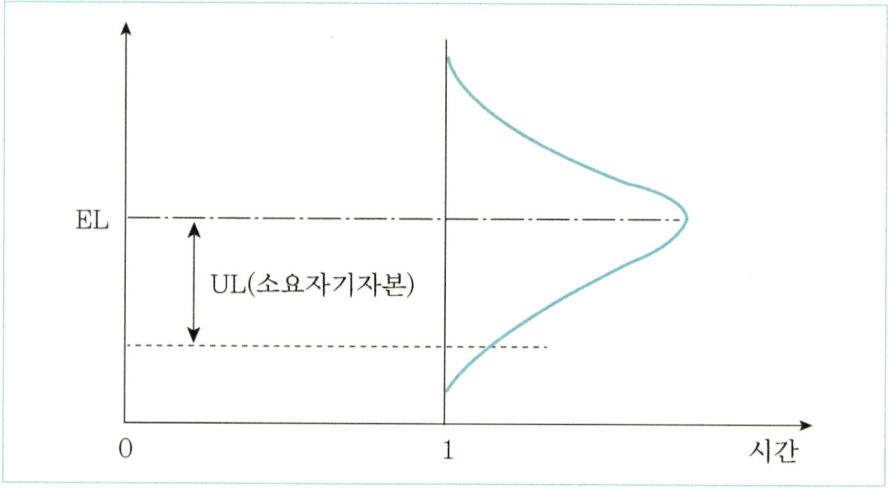

| 그림 12-2 | 신용VaR의 측정

따라서 소요자기자본율(K)은 다음 식에 나타난 바와 같이 신용VaR(value at risk)에서 EL(예상손실, expected loss)을 차감한 비예상손실에 대해 만기를 조정한 값이다.[13] 신용VaR는 매우 불리한 시장상황에서의 조건부 부도율($PD_{conditional}$)과 부도시손실(LGD: Loss Given Default)의 곱으로 나타낼 수 있으며 EL(예상

손실)은 평상시의 평균적 부도율(PD)과 부도시손실(LGD)의 곱으로 나타낼 수 있다.

바젤 Ⅲ 협약에서는 시장상황이 매우 안 좋은 경우에도 부도시손실(LGD)은 고정된 것으로 가정하고 있으나, 조건부 부도율($PD_{conditional}$)은 상당히 높아질 것이다. 그러므로 악화된 경제여건에서 부도율이 높아지면 소요자기자본도 증가하게 된다.

$$소요자기자본율(K) = [VaR - EL] \times 만기조정$$

$$단, VaR = PD_{conditional} \times LGD$$

$$EL = PD(부도율) \times LGD(부도시 손실)$$

$$신용위험가중자산 = K \times 12.5 \times EAD$$

바젤위원회는 소요자기자본율(K) 함수에 투입되는 상관관계(R)를 익스포져 유형에 따라 다르게 투입함으로써 소요자기자본율(K) 함수가 기업인 경우와 소매인 경우에 각각 차이가 있다. 한편, 장외파생상품 거래에 대한 신용위험가중자산 산출은 익스포져 금액에 거래상대방별 내부등급법 소요자기자본율(K) 함수를 통해 산출된 소요자기자본율 K에 12.5[14]를 곱한 값을 위험가중치로 적용한다. 결국, 소요자기자본율 K값의 산출이 신용위험가중자산을 도출하는 데 중요한 부분임을 알 수 있다.

---

13) 소요자기자본율(K) 함수는 구체적으로 다음과 같다.

$$소요자기자본율(K) = [VaR - EL] \times 만기조정$$

$$= \left\{ LGD \times N\left[(1-R)^{-0.5} \times G(PD) + \left(\frac{R}{1-R}\right)^{0.5} \times G(0.999) \right] - EL \right\}$$

$$\times (1 - 1.5 \times b)^{-1} \times (1 + (M - 2.5) \times b)$$

단, $N[\ ]$는 표준정규분포의 누적분포함수, $G[\ ]$는 $N[\ ]$의 역함수, R은 상관계수, M은 유효만기, b는 유효만기 조정을 각각 나타낸다.

14) 12.5는 BIS자기자본비율 8%에 대한 자산승수값이다. 즉, 1/0.08=12.5를 의미한다.

부도 시 익스포져(EAD)는 차주의 부도 시 동 차주에게 노출되어 있는 여신의 경제적 가치이다. 이는 미래 특정시점(예를 들어, 신용리스크 측정기간이 1년인 경우 현재부터 1년 후의 시점)에 차주에게 노출된 여신의 기대치로 정의할 수 있다. 대출과 채권 등 부내항목의 EAD는 리스크 측정 당시의 장부가액이 EAD로부터 크게 벗어나지 않으므로 이를 적정 대용치로 사용할 수 있다. 그러나 약정과 같은 부외항목의 경우에는 신용공여수단에 따라 리스크 측정 당시의 익스포져와 EAD는 매우 상이할 수 있다. 따라서 부외항목은 부도 시의 잔액뿐만 아니라 미사용 한도에 대한 부도 시까지의 추가 사용률을, 차주 데이터에 대한 분석을 바탕으로, 추정한다.

4. 시장위험의 측정

4.1 시장위험 측정의 구분

시장리스크는 시장가격의 변동으로 인한 금융회사 트레이딩계정 포지션의 손실위험으로 정의되며, 일반시장리스크(general market risk)와 개별리스크(specific risk)로 구분한다. 일반시장리스크는 금리, 주가, 환율 등 시장전체에 영향을 미치는 사건과 연관되어 발생하는 손실을 말하며, 개별리스크는 채권 및 주식 등 유가 증권 발행자의 개별적인 사건과 연관되어 발생하는 손실을 말한다.

시장리스크에 대한 소요자기자본은 금융회사의 선택에 따라 표준방법 또는 내부모형에 의해 산출하나, 내부모형은 질적·양적 기준을 충족하고 금융감독원장의 승인을 받은 경우에 한해 사용이 가능하다.

표준방법은 바젤위원회가 제시하는 세부적인 가이드라인에 따라 금리, 주식, 외환 및 옵션리스크를 구조적으로 측정하는 방식으로, 각 포지션 별로 측정된 개별리스크와 일반 시장리스크를 단순히 더해서 소요자기자본을 산출하는 구성요소접근법(Building-block approach)을 취하고 있다.

내부모형은 금융회사가 자체 개발한 리스크 측정시스템으로 통계적인 기법을 이용해 트레이딩계정 포지션의 최대 손실예상액인 VaR 값을 산출하여 시장리스크에 대한 소요자기자본을 계산하는 방식이다.(금융감독원, 2022)

그러므로 시장위험가중자산은 표준방법의 경우 산출된 일반시장위험과 개별시장위험을 합한 값에 12.5를 곱하여 도출한다. 내부모형의 경우 개별시장위험까지 포함하여 산출된 VaR값에 12.5를 곱하여 시장위험가중자산을 도출한다.

표준방법: 시장위험가중자산 = [일반시장위험+개별시장위험] × 12.5

내부모형: 시장위험가중자산 = VaR × 12.5

4.2 내부모형

바젤위원회나 금융감독원은 시장리스크 기준 자기자본량 산출을 위한 내부모형 이용 시 VaR는 1년 이상의 시장데이터(금리, 주가, 환율 등) 관측기간을 사용, 10일 보유기간 및 99%의 단측 신뢰구간을 적용하여 산출하도록 규정하고 있다.

상이한 보유기간 가정 하에 산출된 VaR, 예를 들어 1일 VaR는 다음의 식에 의해 10일 VaR로 전환할 수 있다.

$$\text{10-day VaR} = \sqrt{10} \times \text{1-day VaR}$$

VaR 산출에 이용되는 신뢰수준은 경영진의 리스크 성향에 따라 결정된다. 예를 들어 20일 중 1일은 초과될 수 있는 금액으로 한다면 95%, 100일 중 1일 정도 초과될 수 있는 금액으로 한다면 99% 신뢰수준으로 산출한다.

신뢰수준을 결정할 때 금융회사는 목표신용등급과 연계하여 설정하기도 하는데, 신용등급 AA(S&P기준)를 목표로 하는 금융회사의 경우 S&P기준 1년간 부도율이 0%이므로 99.98%나 99.95%의 신뢰수준을 적용하기도 한다.

VaR는 금융상품의 포지션금액(거래금액)에 그 금융상품의 가격변동성(σ)과 신뢰 수준을 곱하여 1일 VaR를 계산하고 금융상품의 보유기간을 곱하여 산출한다. 단측신뢰구간 95%인 경우 1.65σ, 99%인 경우 2.33σ가 되며, 보유기간은 5일간의 경우 $\sqrt{5}$, 10일간의 경우 $\sqrt{10}$을 적용하여 산출한다.

$$\text{VaR} = \text{포지션금액} \times \text{가격변동성}(\sigma) \times \text{신뢰수준}(z\text{값}) \times \sqrt{\text{보유기간}}$$

VaR는 시장리스크를 측정하는 하나의 개념이며, 금융회사는 VaR를 측정하기 위해 사용되는 여러 가지 기법 중에서 각 금융회사가 보유하고 있는 포트폴리오와 리스크 특성에 적합한 기법을 선택하여 사용할 수 있다. 이에는 RiskMetrics(분산-공분산법)에 의한 VaR 측정 방법, Historical 시뮬레이션법에 의한 VaR 측정 방법, Monte Carlo 시뮬레이션법에 의한 VaR 측정 방법 등이 있다. 본서에서는 전통적으로 많이 활용되는 RiskMetrics(분산-공분산법)에 의한 VaR 측정 방법에 관해 구체적으로 살펴보고자 한다.

VaR는 리스크량이 하나의 수치로 표현되므로 이해가 용이하며, 주가·환율·금리 등 상이한 리스크 간의 비교 및 전사적인 리스크 측정이 가능하다는 장점이 있다. 그러나 VaR는 금융자산의 과거자료를 기초로 변동성 및 상관관계를 추정하여 미래 잠재 손실을 예측하는 방법이므로 VaR 산출시 적용되는 가정을 벗어나는 특이 상황에서는 수치의 왜곡이 나타날 수 있다.

예를 들어, 금융자산 수익률의 비정규성 문제가 발생하는 경우나 VaR 산출에 이용되는 신뢰수준, 예를 들어 99% VaR의 경우 나머지 1% 확률로 발생될 수 있는 손실에 대한 정보가 없다.

VaR 방법의 단점을 잘 이해하고 각 금융회사의 포트폴리오 평가에 적합한 방법론을 선택하되, 경영진의 경험 및 시장에 대한 이해에 바탕을 두고 리스크 파악의 보조수단으로 이용하면 유용한 도구가 될 수 있을 것이다. 그리고

VaR의 단점을 보완할 수 있는 사후검증(Back Testing)이나 위기상황분석(Stress Testing)을 통해 금융회사의 시장리스크 수준을 인식하고 대응하도록 한다.(금융감독원, 2022)

내부모형에 의한 시장리스크 소요자기자본은 다음 중 큰 금액으로 설정한다.(다만, 내부모형에 의해 개별리스크를 측정하지 않는 경우에는 표준방법에 따라 산출하여 가산한다)

① 전 영업일의 VaR 측정치

② 직전 60영업일간의 VaR 측정치의 평균값×(3+α)

(단, α는 질적·양적기준 충족수준과 사후검증 결과에 따라 0과 1사이에서 결정됨)

4.3 RiskMetrics(분산-공분산)모형에 의한 VaR 측정[15)]

(1) 채권

어떤 금융기관이 보유하는 할인채(zero-coupon bond)의 현재 시장가격이 $1 million, 액면가는 $1,631,483, 만기는 7년이라고 하자. 현재 이 채권의 (만기)수익률은 7.243%이다.

만약 시장이자율이 이 금융기관에게 불리하게 변화한다면 하루 뒤에 예상손실액이 얼마나 될 것인지 살펴보자. 예상손실액은 그 채권의 가격변동성에 따라 달라진다. 앞서 살펴본 듀레이션 모형으로부터 채권의 가격변동성은 다음과 같음을 알 수 있다.

$$
\begin{aligned}
1\text{일 가격변동성} &= (\text{수익률변화에 대한 가격민감도}) \times (\text{잠재적 1일수익률 변동폭}) \\
&= (MD) \times (\text{잠재적1일 수익률변동폭})
\end{aligned}
$$

15) Saunders and Cornett(2014) 참고함.

이 채권의 수익률이 7.243%이므로 수정듀레이션(MD: modified duration)은:

$$MD = \frac{D}{1+R} = \frac{7}{1.07243} = 6.527$$

채권의 가격변동성을 추정하기 위해서 MD와 잠재적 1일 수익률 변동폭을 곱해야한다. 잠재적 1일 수익률 변동폭은 과거의 수익률 변동 데이터를 바탕으로 확률적으로 추정해야 한다. 금융기관에게 최대한 불리한 수익률 변동폭을 초과하는 변동폭이 나타날 확률이 좌·우 1%라고 가정하자. 만약 수익률의 변동이 정규분포를 따른다고 가정하면, 정규분포의 평균으로부터 +/-2.33×표준편차(σ) 사이 구간의 면적은 총면적의 98%에 해당한다.[16] 예를 들어, 지난 1년 동안 7년 만기 할인채의 1일 수익률변동의 평균은 0%였으며 표준편차는 10bp(0.001)라고 가정하자. 따라서 2.33×σ 즉 23.3bp이다. 즉, 지난 1년 동안 수익률변동이 23.3bp 보다 더 크게 변동할 확률은 1년 중 2% 기간에 해당된다. 불리한 수익률 변동은 채권가치를 하락시키는 방향이므로 이는 1% 즉 100일 중 하루만 발생하는 확률이다.([그림 12-3] 참고)

$$\begin{aligned} 1\text{일 가격변동성} &= (MD)\times(\text{잠재적 1일 수익률변동폭}) \\ &= (6.527)\times(0.00233) \\ &= 0.01521 \text{ 혹은 } 1.521\% \end{aligned}$$

7년물 채권의 1일 가격변동성과 포지션 금액이 주어졌으므로 1일 위험노출손실(DEAR: daily earnings at risk)을 구하면 다음과 같다

$$\begin{aligned} DEAR &= (\text{포지션 금액})\times(\text{가격변동성}) \\ &= (\$1,000,000)\times(0.01521) \\ &= \$15,210 \end{aligned}$$

DEAR은 1일 VaR에 해당하므로 보유기간 N일간의 위험노출손실(VaR)은

16) 단측 분포 99% 신뢰수준과 동일하다.

DEAR에 $\sqrt{N}$을 곱하여 구한다. 만일 N=10이라면:

$$10 - day\ VaR = \$15,210 \times \sqrt{10} = \$48,098$$

이상에서 살펴본 바와 같이 각 채권에 대한 VaR는 다음과 같은 식으로 정리할 수 있다.

$$\text{VaR} = \text{포지션금액} \times \text{수정듀레이션(MD)} \times \text{가격변동성}(\sigma) \times \text{신뢰수준(z값)} \times \sqrt{\text{보유기간}}$$

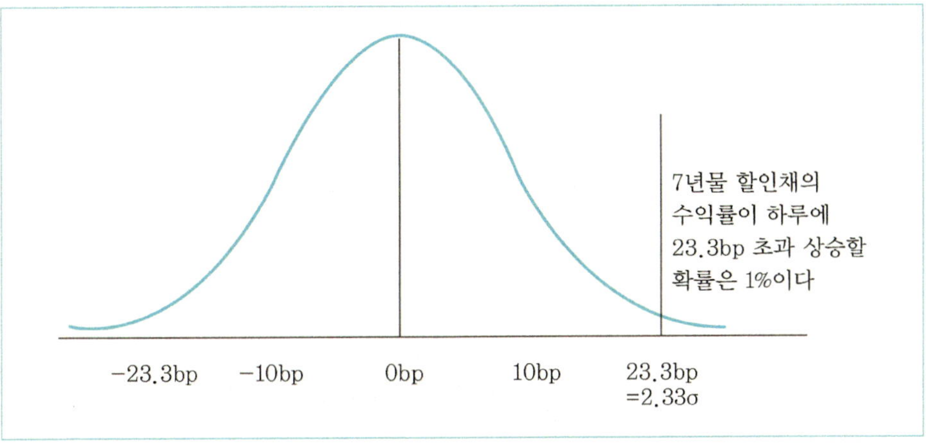

그림 12-3 **7년 만기 할인채의 수익률 변동 분포**

(2) 주식

많은 금융기관들이 자산포트폴리오에 주식을 포함하고 있다. 자본자산가격결정모형(CAPM: capital asset pricing model)에 의하면, 주식 i에 대한 위험은 다음의 두 가지 위험으로 구성된다.

$$\text{총위험}(\sigma_{ii}^2) = \text{체계적 위험}(\beta_i^2 \sigma_{mt}^2) + \text{비체계적 위험}(\sigma_{eit}^2)$$

체계적 위험(systemic risk)은 그 주식과 시장포트폴리오의 동행성을 반영하며 베타값(β_i)이 그 정도를 나타낸다. 비체계적 위험(unsystemic risk)는 그 주식의 개별회사에 특정된 위험이다. 분산이 잘 이루어진 포트폴리오의 경우에는 비체계적 위험은 제거되고 체계적 위험만 남게 된다.

만약 금융기관의 주식포트폴리오가 시장 주가지수를 따르는 지수 포트폴리오인 경우에는 베타값(β_i)이 1이 될 것이다. 어떤 금융기관이 $1 million의 주식 트레이딩 포지션을 보유하며, 시장 주가지수를 따르는 지수 포트폴리오를 취하고 있다고 하자. 지난 1년 동안 주가지수 수익률의 1일변동성 σ_m가 200bp(2%)라고 가정하면, 단측 분포 99% 신뢰수준에서 DEAR은 다음과 같다.

$$
\begin{aligned}
DEAR &= (\text{포지션금액}) \times (\text{주가지수의 가격변동성}) \\
&= (\$1{,}000{,}000) \times (2.33\sigma_m) \\
&= (\$1{,}000{,}000) \times (0.0466) \\
&= \$46{,}600
\end{aligned}
$$

이상에서 살펴본 바와 같이 각 주식에 대한 VaR는 다음과 같은 식으로 정리할 수 있다.

$$
\text{VaR} = \text{포지션금액} \times \text{베타값}(\beta) \times \text{가격변동성}(\sigma) \times \text{신뢰수준(z값)} \times \sqrt{\text{보유기간}}
$$

4.4 표준방법

(1) 채권(금리)

채권의 개별리스크에 대한 소요자기자본은 시장금리의 변동과는 구분되는 유가증권 발행인에 특정된 개별사건(issuer-specific events)과 연관되어 발생하는 가격 변동성으로부터의 손실을 대비하기 위한 것으로, 시가로 평가된 각

채권금액에 다음의 채권 발행자별, 표준신용등급별, 잔존만기별 위험가중치 (0~12%)를 곱하여 계산한다.

| 표 12-4 | 채권종류별 위험가중치

	표준신용등급	잔존만기	위험가중치
정부발행 채권	AAA ~ AA-		0.00%
	A+ ~ BBB-	6개월 이하	0.25%
		6개월 초과 24개월 이하	1.00%
		24개월 초과	1.60%
	BB+ ~ B-		8.00%
	B-미만		12.00%
	무등급		8.00%
우량채권	AAA ~ BBB-	6개월 이하	0.25%
		6개월 초과 24개월 이하	1.00%
		24개월 초과	1.60%
기타	BB+ ~ BB-		8.00%
	BB-미만		12.00%
	무등급		8.00%

자료 : 금융감독원, 「시장위험기준 자기자본보유제도 해설」(2008).

일반시장리스크에 대한 소요자기자본은 시장이자율의 변화로부터 발생하는 손실에 대비하기 위한 것으로 만기법, 듀레이션법 또는 사전처리기법을 사용하여 산출할 수 있다. 단, 듀레이션법 또는 사전처리기법을 사용하고자 하는 경우에는 감독원장의 사전승인을 받아야 한다.

첫째, 만기법은 시가로 평가된 채권 및 금리관련상품(파생상품 포함)의 매입 혹은 매도 포지션을 만기표상에 규정된 13개(이표금리 3% 미만의 저금리 상품의 경우에는 15개)의 해당 기간대에 배정한 후 규정된 기간대별 위험가중치를 곱해 가중매입 혹은 매도포지션을 산출한다.

둘째, 듀레이션법은 채권의 매입(매도)포지션에 대해 수정듀레이션(modified

duration)을 산출하고 만기법의 기간대를 수정듀레이션으로 대체한다. 수정듀레이션에 따라 시가로 평가된 매입(매도)포지션을 규정된 해당 기간대에 구분하여 배정한 후 만기법의 의한 일반시장위험 산출절차에 따라 소요자기자본을 산출한다.

① 개별위험 소요 자기자본 : 채권시장가격 × 채권포지션별 위험가중치
② 일반시장위험 소요 자기자본 : 만기법 혹은 듀레이션법에 의한 일반시장위험
③ 총소요자기자본 : ① + ②

만약 어떤 은행의 채권 및 금리관련 파생금융상품을 분해하고 포지션의 시장가격을 산출한 결과가 〈표 12-5〉와 같다고 가정하고 만기법 및 듀레이션법에 의한 소요자기자본 산출과정 사례를 살펴보자.

표 12-5 채권 및 금리관련 파생상품 포지션 분해 및 시장가격

보유포지션	국채	우량채	금리스왑		금리선물	
포지션분해	long	long	long	short	long	short
	위험가중치 (0%)	위험가중치 (1.6%)	국채12월	국채 8년	국채3.5년	국채 6월
시장가격(억 원)	79.0	14.2	149	133.4	47.5	47.5
듀레이션(년)	0.47	5.78	0.93	5.8	2.95	0.47

자료 : 금융감독원, 「시장위험기준 자기자본보유제도 해설」(2008).

만기법에 의한 소요자기자본 산출은 다음과 같다.

- 개별위험 소요 자기자본 : 79억 × 0% + 14.2억 × 1.6% = 0.227억 원
- 일반시장위험 소요자기자본 : 3,898억 원(계산과정은 〈부록 1〉 참고)
- 총소요자기자본 : 0.227억 원 + 3,898억 원 = 4,125억 원

듀레이션법에 의한 소요자기자본 산출은 다음과 같다.

- 개별위험 소요 자기자본 : 79억 × 0% + 14.2억 × 1.6% = 0.227억 원
- 일반시장위험 소요자기자본 : 3,824억 원(계산과정은 〈부록 2〉 참고)
- 총소요자기자본 : 0.227억 원 + 3,824억 원 = 4,051억 원

(2) 주식

개별위험 소요자기자본은 당해 금융기관의 총 주식포지션(매입포지션과 매도포지션의 합계)에 대하여 8%를 곱하여 산출하되, 주식포지션이 다음의 유동성 기준과 분산도 기준을 모두 충족하는 우량한 경우에는 4%를 곱하여 산출한다.[17] 일반시장위험 소요자기자본은 매입주식포지션와 매도주식포지션의 차액의 절대값에 대하여 8%를 곱하여 산출한다. 일반시장위험 소요자기자본은 모든 주식리스크 대상포지션을 통합하여 계산한다.

① 개별위험 소요 자기자본 : 유동성 및 분산도 기준 충족 포지션 × 4%
+ 유동성 및 분산도 기준 미충족 포지션 × 8%
② 일반시장위험 소요 자기자본 : (매입포지션 – 매도포지션) × 8%
③ 총소요자기자본 : ① + ②

만약 어떤 은행의 주식 포지션과 유동성, 분산도 충족여부가 〈표 12-6〉과 같다고 가정하고 표준방법에 의한 소요자기자본을 산출과정 사례를 살펴보자.

17) 유동성 기준은 감독당국에서 규정한 지수에 편입된 종목은 유동성 기준을 충족한 것으로 본다. 분산도 기준의 경우 다음 조건을 충족하는 경우 분산도 기준을 충족한 것으로 간주한다. 1) 금융기관의 동일종목 시가총액 비중이 보유주식포지션 시가총액의 10%이내일 것. 다만, 국내 상장주식시가 총액의 10%를 초과하는 종목의 경우에는 동 비중 범위 내에서 10%를 초과할 수 있음. 2) 금융기관이 보유한 주식 중 개별 종목의 시가금액이 유동성을 충족하는 종목들을 합산한 금액 대비 5%를 초과하는 경우, 동 초과 종목들을 합산한 금액이 유동성을 충족하는 종목들을 모두 합산한 금액 대비 50% 이내일 것

| 표 12-6 | 표준방법에 의한 주식의 소요자기자본 산출 사례

구분	매입포지션	매도포지션	유동성 충족 여부	유동성 충족 포지션 중 비중	유동성, 분산도 충족여부
주식1	5,000		N	-	N
주식2	7,000		N	-	N
주식3	17,000		Y	19.32%	N
주식4	7,500		Y	8.52%	N
주식5	15,000		Y	17.05%	Y
주식6	3,000		Y	3.41%	Y
주식7	4,000		Y	4.55%	Y
주식8	8,500		Y	9.66%	Y
주식9	3,400		Y	3.86%	Y
주식10	2,000		Y	2.27%	Y
주식11	4,300		Y	4.89%	Y
주식12	3,000		Y	3.41%	Y
주식13	5,300		Y	6.02%	Y
주식14		7,000	Y	7.95%	Y
주식15		8,000	Y	9.09%	Y
포지션총계	85,000	15,000		100.00%	
유동성충족 포지션계	88,000천원				

자료: 금융감독원, 「시장위험기준 자기자본보유제도 해설」(2008).

주식1과 주식2는 KOSPI200 편입종목이 아니므로 유동성 기준을 충족하지 못한다. 주식3은 시가총액비중이 유동성충족 보유포지션 시가총액의 10%를 초과하므로 제외하고, 주식5는 국내 상장주식시가총액에서 차지하는 비중이 18%(가정)이므로 포함한다. 동비중이 5%를 초과하는 주식의 시가총액 합계비중은 58.30%(주식4, 주식5, 주식8, 주식13, 주식14, 주식15)으로 50%를 초과하므로 주식4를 포트폴리오에서 제외하여 유동성, 분산도 기준을 충족하는 포트폴리오를 재구성(주식5~주식15)한다. 따라서 유동성 및 분산도 기준을 모두 충족하는 주식포지션은 63,500천원이고 나머지 36,500천원은 동기준을 충족시키지 못하기 때문에 표준방법에 의한 주식리스크에 대한 소요자기자본은 다음과 같이 산출된다.

- 개별리스크 : 63,500천원×4%+36,500천원×8%=5,460천원
- 일반시장리스크 : (85,000천원-15,000천원)×8%=5,600천원
- 총소요자기자본 : 5,460천원+5,600천원=11,060천원

5. 운영위험의 측정

5.1 운영위험 측정·관리의 의의

전통적으로 운영리스크는 신용, 시장, 금리, 유동성 리스크를 제외한 모든 리스크로 넓게 정의되어 왔으며 동 리스크에 대한 관리는 사전적(proactive) 관리의 개념이 아닌 사후적(reactive) 대응의 차원에서 수행되어 왔다. 즉 영업과정상의 실수, 사기, 사고 등에 의한 주요 운영 손실(operational loss)에 대해 사후적으로 리스크 관리 정책이나 절차를 강화하는 방식으로 관리하였으나 이러한 접근방법으로는 운영리스크 관리가 형식적·기계적으로 되어 1995년 Barings 파산과 같은 대형 손실을 방지하고 예측하는 것이 어려웠다.

Barings의 파산은 몇몇 대형은행들이 운영리스크에 대한 인식을 전환하는 계기가 되었으며, Basel Ⅱ에서도 운영리스크에 대한 자기자본 규제를 도입하는 등 감독기구 차원의 대응이 가속화되었다.

Basel Ⅱ에 따르면 운영리스크는 "부적절하거나 잘못된 내부 절차, 직원 및 시스템 혹은 외부 요인에 의해 발생하는 손실 위험"으로 정의되고, 법적리스크(legal risk)는 포함되나 전략 및 평판리스크(strategic and reputational risk)는 포함되지 않는다. 이러한 정의는 운영리스크와 기타 리스크(특히 신용리스크)의 구분을 명확히 하고 운영리스크 중 계량화가 가능한 부분을 식별할 수

있도록 한 것이다.

Basel Ⅱ에서 운영리스크에 대한 자기자본 규제를 도입한 것은 괄목할만한 발전이었으나, 고급측정법의 경우 국가간·은행간 규제자본량의 일관성이 떨어지고, 기초지표법 및 운영표준방법은 총이익 기반의 규제자본 산출로 인해 리스크민감도가 떨어진다는 지적이 계속되어 왔다. 이에 2017년 12월 바젤위원회는 기존의 세 가지 산출방법(기초지표법, 운영표준방법, 고급측정법)을 모두 폐지하고, 영업이익 및 내부손실 데이터에 기반하는 새로운 표준방법(SMA)으로 단일화하는 개편안(「Basel Ⅲ: Finalising post-crisis reforms」)을 마련하였다. 동 개편안은 준비 과정을 거쳐 2023년 1월부터 시행되고 있다.

표 12-7 운영위험 규제자본 산출방법

<table>
<tr><th></th><th>① 영업지수 요소(BI component, BIC)</th><th>② 손실 항목(loss component, LC)</th></tr>
<tr><td>산출
방법</td><td>• 영업지수에 대해 누진적으로 증가하는 계수를 적용하여 산출
BIC = BI(영업지수) × α_i(계수)
<table><tr><th colspan="2">영업지수(단위 : 100만 유로)</th><th rowspan="2">계수</th></tr><tr><th>초과</th><th>이하</th></tr><tr><td>0</td><td>1,000</td><td>0.12</td></tr><tr><td>1,000</td><td>30,000</td><td>0.15</td></tr><tr><td>30,000</td><td>∞</td><td>0.18</td></tr></table></td><td>• 과거 10년간 평균 연간손실액*의 15배를 적용하여 산출
* 10만유로 이상 규모의 손실사고 대상
- 단, 반복 불가능한 손실사고는 감독당국의 승인 하에 손실 항목에서 제외 가능</td></tr>
<tr><td>가중
평균
산식</td><td colspan="2">운영리스크 규제자본 = BIC(영업지수요소) × ILM(내부손실승수)
(단, 내부손실 승수(internal loss multiplier, ILM)는 손실 항목(LC)이 영업지수 요소(BIC)보다 클 경우 1 이상, 작을 경우 1 이하의 값으로 산정되며, 각국 감독당국의 재량으로 승수를 1로 설정할 수 있도록 허용)</td></tr>
</table>

자료 : 한국은행, 「보도자료」(2017.12.8.).

5.2 Basel III의 운영위험 측정 방법

새로운 표준방법(SMA)은 은행 영업손익 규모와 내부 손실사건 발생 정도를 종합적으로 감안하여 운영리스크 규제자본을 산출하는 방식이다(〈표 12-7〉 참조). 은행에게 운영리스크 관리 강화 유인을 부여하기 위해서는 내부손실자료(internal loss data)를 활용할 필요성이 있다는 주장이 제기됨에 따라 동 자료를 표준화하여 활용할 수 있는 방안을 표준방법에 반영하였다.

영업지수(business indicator, BI)로부터 도출된 적정 규제자본(영업지수항목)과 내부손실자료로부터 도출된 적정 규제자본(손실 항목)을 가중평균 산식에 대입하여 운영리스크 규제자본을 산출한다. 영업지수(BI)는 이자손익, 서비스손익 및 금융거래손익 절대값의 합으로서 은행 영업규모 측정치를 나타낸다. 따라서 운영리스크 규제자본은 영업 규모가 클수록, 과거에 대규모 운영리스크 손실을 겪을수록 높게 산출된다.

운영리스크 손실은 은행의 영업손익 규모와 비례한다고 가정하여 영업지수요소(BIC; Business Indicator Component)로 반영하였고, 과거 운영리스크 손실을 경험한 은행일수록 미래에도 손익 발생 확률이 높다고 가정하여, 과거 손실발생 통계를 내부손실승수(ILB; Internal Loss Multiplier)로 반영하였다. 손실사건은 과거 10년간 양질의 내부손실데이터를 축적·사용토록 하고, 이를 위해 모든 은행에 손실데이터 관리 의무를 부과하였다.(금융감독원, 2022)

연습 문제

01 바젤 Ⅲ 협약하에서 은행 A의 부내자산이 아래와 같다면 표준방식을 적용하여 신용위험가중자산과 소요자기자본을 계산하시오.

부내자산	위험가중치	금액
기업대출(AAA)	20%	1,500억 원
기업대출(A)	50%	2,500억 원
기업대출(BB)	100%	1,000억 원
국채(AAA)	0%	500억 원

02 VaR(value at risk)의 의미를 설명하시오.

03 신용위험에 대해 내부등급법(IRB)을 이용하여 측정할 경우 소요자기자본율(K)을 결정하는 핵심적인 요소는 PD, PDconditional, LGD, EAD 중에서 무엇인지 설명하시오.

04 시장위험의 의미와 종류를 설명하시오.

05 DEAR(daily earnings at risk)란 무엇인가? DEAR을 산출하기 위한 요소들을 설명하시오.

06 은행 B는 시가 100억의 5년물 할인채 자산을 보유하고 있다. 이 채권의 수정듀레이션은 3이며, 1일 수익률변동의 표준편차는 0.002라고 하자. 단측 분포 99% 신뢰수준에서 DEAR을 구하시오. 그리고 10일간 VaR을 구하시오.

07 은행 C는 20억 원의 주식 트레이딩 포지션을 보유하며, KOSP지수를 따르는 지수포트폴리오를 취하고 있다고 하자. 지난 1년 동안 KOSPI 주가지수 수익률의 1일변동성 σm가 100bp라고 한다면, 단측 분포 99% 신뢰수준에서 DEAR을 구하시오

08 운영위험의 의미를 설명하시오. 바젤 III에서 운영위험에 대한 자기자본규제 측면에서 달라진 점은 무엇인지 설명하시오.

Appendix 01

만기법에 의한 일반시장위험 측정방법[18)]

1) 시가로 평가된 채권 및 금리관련상품(파생상품 포함)의 매입·매도 포지션을 만기표상에 규정된 13개(이표금리 3% 미만의 저금리 상품의 경우에는 15개)의 해당 기간대에 배정함.
2) 각 기간대별로 배정된 매입·매도포지션에 규정된 기간대별 위험가중치를 곱해 가중매입·매도포지션을 산출함.
3) 동일 기간대내의 가중매입포지션과 가중매도포지션을 서로 상계하여, 기간대별 순포지션(net position)을 산출하고, 상계되는 매입 및 매도 포지션 중 절대값이 작은 포지션에 대해 10%를 곱해 소요자기자본을 부과함. 이 때 부과되는 소요자기자본은 동일 기간대에 포함된 상이한 채권간의 basis risk나 gap risk에 대비한 것으로 'vertical disallowance'라고 부름.
4) 3)단계에서 산출한 기간대별 순포지션 중 동일 소그룹(0~1년, 1~4년, 4년 이상)에 속하는 순매입포지션의 합과 순매도포지션의 합을 서로 상계하여, 동일 소그룹별 하나의 순매입 또는 순매도포지션을 산출함. 상계된 매입 및 매도 포지션의 절대값에 대해 자본할당율(소그룹1: 40%, 소그룹2: 30%, 소그룹3: 30%)을 곱해 소요자기자본(horizontal disallowance1)을 부과함.
5) 소그룹별 순매입포지션 혹은 순매도포지션을 인접 소그룹의 반대 포지션과 상계하고, 상계된 매입·매도 포지션의 절대값에 대해 40%를 곱해 소요자기자본(horizontal disallowance2)을 산출함.
6) 비인접그룹(소그룹1과 소그룹3)간에 대해서 반대포지션을 상계하고 상계된 매입·매도포지션의 절대값에 대해 100%의 자본할당율을 곱해 소요자기자본 (horizontal disallowance3)을 부과함.

---

18) 금융감독원, 「시장위험기준 자기자본보유제도 해설」(2008).

7) 상계되지 않고 남은 순포지션의 절대값에 대해서는 100%를 곱해 소요자기자본을 부과함.

8) 일반시장리스크에 대한 총 소요자기자본은 금리관련 포지션에 위험가중치를 곱해 산출한 위험가중포지션 중 vertival disallowance와 세 차례의 horizontal disallowance 및 상계되지 않고 남은 순포지션에 해당하는 자본할당액을 합한 금액이 됨.

<table>
<tr><th>구 분</th><th colspan="4">소그룹1</th><th colspan="3">소그룹2</th><th colspan="6">소그룹3</th></tr>
<tr><td rowspan="2">기간대</td><td>0-1</td><td>1-3</td><td>3-6</td><td>6-12</td><td>1-2</td><td>2-3</td><td>3-4</td><td>4-5</td><td>5-7</td><td>7-10</td><td>10-15</td><td>15-20</td><td>20~</td></tr>
<tr><td colspan="4">月</td><td colspan="9">年</td></tr>
<tr><td>금리관련 포지션 (a)</td><td></td><td></td><td>+79.0
(국채)
-47.5
(선물)</td><td>+149
(스왑)</td><td></td><td></td><td>+47.5
(선물)</td><td></td><td></td><td>+14.2
(우량채)
-133.4
(스왑)</td><td></td><td></td><td></td></tr>
<tr><td>위험가중치(%) (b)</td><td>0.00</td><td>0.20</td><td>0.40</td><td>0.70</td><td>1.25</td><td>1.75</td><td>2.25</td><td>2.75</td><td>3.25</td><td>3.75</td><td>4.50</td><td>5.25</td><td>6.00</td></tr>
<tr><td>위험가중 포지션
(c=a×b)</td><td></td><td></td><td>+0.316
-0.190</td><td>+1.043</td><td></td><td></td><td>+1.069</td><td></td><td></td><td>+0.533
-5.000</td><td></td><td></td><td></td></tr>
<tr><td>vertical
disallowance(d)</td><td></td><td></td><td>0.199×0.1=0.019</td><td>0</td><td></td><td></td><td>0</td><td></td><td></td><td>0.533×0.1=0.053</td><td></td><td></td><td></td></tr>
<tr><td>동일기간대
잔여포지션</td><td></td><td></td><td>+0.126</td><td>+1.043</td><td></td><td></td><td>+1.069</td><td></td><td></td><td>-4.467</td><td></td><td></td><td></td></tr>
<tr><td>horizontal
disallowance1(e)</td><td colspan="4">0</td><td colspan="3">0</td><td colspan="6">0</td></tr>
<tr><td>소그룹 잔여포지션</td><td colspan="4">+1.169</td><td colspan="3">+1.069</td><td colspan="6">-4.467</td></tr>
<tr><td>horizontal
disallowance2(f)</td><td colspan="4">0</td><td colspan="9">1.069×40%=0.428</td></tr>
<tr><td>인접소그룹간 상계후
잔여포지션</td><td colspan="4">+1.169</td><td colspan="3">0</td><td colspan="6">-3.398</td></tr>
<tr><td>horizontal
disallowance3(g)</td><td colspan="13">1.169×100%=1.169</td></tr>
<tr><td>비인접소그룹간
상계후 잔여포지션</td><td colspan="13">-2.229</td></tr>
<tr><td>net open
position (h)</td><td colspan="13">|−2.229| = 2.229</td></tr>
<tr><td>일반시장리스크 소요
자기자본</td><td colspan="13">d+e+f+g+h = 0.019+0.053+0.428+1.169+2.229 = 3.898</td></tr>
</table>

Appendix 02

듀레이션법에 의한 일반시장위험 측정방법[19)]

1) 채권 및 금리관련상품(파생상품 포함)의 매입·매도포지션에 대해 수정듀레이션(modified duration)을 산출하고 수정듀레이션에 따라 시가로 평가된 매입매도포지션을 규정된 해당 기간대에 구분·배정함.
2) 기간대별로 배정된 매입매도포지션에 규정된 상정금리변동폭(0.6%~1.0%)과 수정듀레이션을 곱해 가치변동규모(price sensitivity)를 산출함. 이때 발행자, 이표금리, 통화 및 만기 등이 일치하는 동일 채권에 대한 반대 포지션은 상계하여 금리리스크 산출대상으로부터 제외할 수 있음.
3) 동일 기간대내의 매입포지션과 매도포지션의 가치변동규모를 상계하여 기간대별 순포지션(net position)을 산출하고, 상계된 가치변동규모의 절대값에 대해 5%를 곱하여 소요자기자본(vertical disallowance)을 부과함.
4) 상계되지 않은 각 기간대의 순포지션에 대해 만기법과 동일한 방식으로 1차에서 3차에 걸친 동일소그룹내, 인접그룹 및 비인접그룹간 포지션의 상계포지션에 대해 규정된 해당 자본할당율을 곱해 소요자기자본(horizontal disallowance 1~3)을 부과함.
5) 상계되지 않고 남은 순포지션의 절대값에 대해 100%를 곱해 소요자기자본을 부과함.
6) 일반시장리스크에 대한 총 소요자기자본은 만기법에서와 마찬가지로 금리관련 포지션에 듀레이션과 상정금리폭을 곱해 산출한 가치변동규모 중 vertical disallowance와 세 차례의 horizontal disallowance 및 상계되지 않고 남은 순포지션에 해당하는 자본할당액을 합한 금액이 됨.

---

19) 금융감독원, 「시장위험기준 자기자본보유제도 해설」(2008).

구 분	소그룹1				소그룹2			소그룹3					
기간대 (상정된 듀레이션)	0-1	1-3	3-6	6-12	1-1.9	1.9-2.8	2.8-3.6	3.6-4.3	4.3-5.7	5.7-7.3	7.3-9.3	9.3-10.6	10.6-12
	月				年								
금리관련 포지션 (a)			+79.0 -47.5	+149			+47.5			+14.2 -133.4			
상정금리변동폭(%) (b)	1.00	1.00	1.00	1.00	0.90	0.80	0.75	0.75	0.70	0.65	0.60	0.60	0.60
계산된 듀레이션(c)			0.47 0.47	0.93			3.32			5.78 5.80			
가치변동규모 (d=a×b×c)			0.371 -0.223	1.386			1.183			0.533 -5.029			
vertical disallowance(e)			0.223 × 0.05 =0.011	0			0			0.533 × 0.05 =0.027			
동일기간대 잔여포지션			0.148	1.386			1.183			-4.496			
horizontal disallowance1(f)	0				0			0					
소그룹잔여포지션	1.534				1.183			-4.496					
horizontal disallowance2(g)	0				1.183×0.40=0.473								
인접소그룹간 상계후 잔여포지션	1.534				0			-3.313					
horizontal disallowance3(h)	1.534×1.0=1.534												
비인접소그룹간 상계후잔여포지션	-1.779												
net open position(i)	|− 1.779| =1.779												
일반시장리스크 소요자기자본	e+f+g+h+i=0.011+0.027+0.473+1.534+1.779= 3.824												

참고문헌

강병호·김대식·박경서, 『금융기관론』, 2013년 1월, 박영사.

금융감독원, 『금융통계월보』, 2022년 2월.

__________, 『은행경영통계』, 2022년 2월.

__________ 「금융정보통계시스템」, 2022년(https://fisis.fss.or.kr/fss/fsiview/indexw.html)

__________, 『금융감독개론』, 2022년 2월.

__________, 『한손에 잡히는 신BIS 개요』, 2007년 12월.

__________, "바젤Ⅲ에 따른 강화된 자본규제를 국내은행에 시행", 보도자료, 2013년 11월 25일.

__________, 『대학생을 위한 실용금융』, 2021년 2월.

__________, 「은행업감독업무시행세칙, 별표3」, 2023년 2월.

__________, 「시장위험기준 자기자본보유제도 해설」, 2008년 8월.

금융기관연구회, 『금융기관론』, 2011년 8월.

금융투자협회, 「종합통계서비스」, 2022년.

김영진, 『금융기관경영』, 경문사, 2005년.

김자봉, "금산분리 법제의 역사적 및 철학적 기초에 대한 검토", 『은행법연구』 제14권 2호, 2021년, pp.301-328.

보험개발원, 『보험통계연감』, 2020년.

새마을금고중앙회, 『새마을금고통계』, 2021년 12월.

손해보험협회, 『손해보험통계』, 2022년 6월.

안성윤, "은행의 BIS자기자본비율과 부외거래에 대한 실증분석", 『회계연구』 제16권 3호, 2011년, pp.1-23.

우정사업본부, 『우체국예금 현황』, 2022년 8월.

예금보험공사, https://www.kdic.or.kr/protect/protect_product_list.do, 2023년 2월 16일.

은행연합회, 『은행회계해설』, 2018년 10월.

이제영, "핀테크 산업 확대에 따른 정책과제와 발전방향", 『한국통신학회논문지』 제43권 9호, 2018년 9월, pp.1550-1560.

이기만, "합리적인 여신의사결정 방식", 『금융』, 제725호, 2014년 8월.

장병규, "은행 부외거래의 리스크와 규제감독", 『금융시스템 리뷰』, 2005년 봄, pp.41-65.

조갑제, "한국의 금융발전과 경제성장의 관계", 『지역발전연구』, 제21권 제2호, 2012년 8월, pp.55-73.

______, "한국의 금융발전과 경제성장의 관계", 『지역발전연구』, 제21권 2호, 2012년 12월, pp.55-73.

______, "금융위원회의 출범과 금융감독체계에 관한 고찰", 『경영경제』, 제41권 1호, 2008년 2월, pp.269-286.

______, 『국제금융: 현대이슈 및 이론』, 2017년 6월, 도서출판 두남.

조갑제·윤영진, "금융통화정책 60년", 『한국행정 60년』, 2008년 8월, 서울: 한국행정연구원.

조윤제, "광복 이후 우리나라의 금융정책에 대한 평가 및 앞으로의 정책과제", 『광복 후 50년간의 조세 및 금융정책의 발전과 정책방향』, 한국조세연구원, 1995.12. pp.13-84.

한국은행, 『한국의 금융제도』, 2018년 12월.

________, "2021년 자금순환", 「보도자료」, 2022.4.7.

________, "바젤III 규제개혁 완료", 「보도자료」, 2017.12.8.

________, "LCR 규제 단계적 정상화에 따른 금융시장 영향 점검", 「금융시장업무정보」, 2022.7.22.

________, 『한국의 금융시장』, 2021년 12월.

Altman, E. I., 1985, "Managing the Commercial Lending Process", in Handbook of Bankong Strategy, eds. R. C. Aspinwall and R. A. Eisenbeis (New York: John Wiley & Sons, 1985) pp.473-510.

Arrow, Kenneth J., 1964, "The Role of Securities in the Optimal Allocation of Risk Bearing", Review of Economic Studies, April 1964, 31(2), pp.91-96.

Borio, C., 2003, "Towards a macroprudential framework for financial supervision and regulation?", BIS Working Papers, No.128.

Debreu, Gerard., 1959, Theory of Value, New York: Wiley.

Diamond, Douglas W., 1984, "Financial Intermediation and Delegated Monitoring", Review of Economic Studies, 51(3), pp.393-414.

Furman, Jason and Stiglitz, J. E, 1998, "Economic Criis : Evidence and Insights from East Asia", Brookings Papers on Economic Activity, 1998(2), pp.1-135.

Gambacorta, L., J. Yang and K. Tsatsaronis, 2014, "Financial structure and growth", BIS Quarterly Review, 09 March 2014.

Jo, Gab-Je, 2002, "Financial Structure and Economic Growth in Korea", The Journal of Korean Economy, Volume 3, No.1.

________, 2001, "The Composition of International Capital Flows in Asia", Asia Pacific Journal of Economics and Business, Volume 5, No.2.

La Porta, R. F., Lopez-de-Silanes and A Shleifer, 1998, "Law and finance", Journal of Political Economy, 106(6), pp.1113-55.

Mishkin, Frederic S., 2012, The Economics of Money, Banking, and Financial Markets, New York: Pearson.

Rose, P. S. and S. C. Hudgins, 2013, Bank Management & Financial Services, McGraw-Hill.

Saunders, A. and M. M. Cornett, 2014, Financial Institutions Management: A Risk Management Approach, McGraw-Hill.

Schumpeter, Joseph A., 1934, The Theory of Economic Development, 1912, translated by Redvers Opie. Cambridge, MA: Harvard University Press.

찾아보기

▌사▐

| 아 |

자

| 차 |

C

D

| O |

| P |

| Q |

| R |

저자 소개

조 갑 제

고려대학교에서 경제학사와 석사학위 과정을 졸업하였고, 미국 클레어몬트 대학원(Claremont Graduate University)에서 경제학 석사학위와 박사학위를 받았다. KB국민은행에서 수년간 근무한 이후, 2005년부터 계명대학교 경제금융학과 교수로 재직 중이다. 현재 한국글로벌무역학회 부회장, 한국경제통상학회 이사로도 활동하고 있으며, World Economy, Emerging Markets Finance & Trade, Pacific Economic Review, Asia Pacific Journal of Economics and Business, 「국제경제연구」, 「응용경제」, 「경제연구」 등 국내외 유수 학술지에 다수의 논문을 발표하였다.

금융기관경영 : 자산/부채 이론과 쟁점

초 판 1쇄 인쇄 —— 2023년 4월 24일
초 판 1쇄 발행 —— 2023년 4월 28일
지은이 —— 조 갑 제
펴낸이 —— 전 두 표
펴낸곳 —— 도서출판 두남
서울시 강동구 성내로 6길 34-16 두남빌딩
신 고 : 제25100-1988-9호
TEL : 02) 478-2065~7, 2311
FAX : 02) 478-2068
E-mail : dnbooks@dunam.co.kr
http://www.dunam.co.kr

정가 29,000원

ISBN 978-89-6414-967-6 93320